GEORG WILHELM FRIEDRICH HEGEL

Über die Reichsverfassung

Herausgegeben von

HANS MAIER

Nach der Textfassung von

KURT RAINER MEIST

FELIX MEINER VERLAG
HAMBURG

PHILOSOPHISCHE BIBLIOTHEK BAND 557

Bibliographische Information Der Deutschen Bibliothek

Die Deutsche Bibliothek verzeichnet diese Publikation in der Deutschen Nationalbibliographie; detaillierte bibliographische Daten sind im Internet über ‹http://dnb.ddb.de› abrufbar.

www.meiner.de

 Satz: Type & Buch Kusel, Hamburg. Druck: Strauss, Mörlenbach. Buchbinderische Verarbeitung: Schaumann, Darmstadt. Werkdruckpapier: alterungsbeständig nach ANSI-Norm resp. DIN-ISO 9706, hergestellt aus 100% chlorfrei gebleichtem Zellstoff. Printed in Germany.

INHALT

ZUR TEXTEDITION DER VERFASSUNGSSCHRIFT

Von Kurt Rainer Meist

In der vorliegenden Ausgabe wird der Text von Hegels Schrift über die Verfassung Deutschlands in einer Textkonzeption dargeboten, die von sämtlichen früheren Versionen aus den bisher geläufigen Ausgaben abweicht. Die Grundlage bildet die von der Nordrhein-Westfälischen Akademie der Wissenschaften zu Düsseldorf veranstaltete historisch-kritische Edition der *Gesammelten Werke* Hegels, in deren Band 5 (*Schriften und Entwürfe 1799–1808. Unter Mitarbeit von Theodor Ebert hrsg. v. Manfred Baum und Kurt Rainer Meist. Verfasser des Anhangs Kurt Rainer Meist.* Hamburg 1998) der Text nunmehr in der verbindlichen Gestalt vorgelegt worden ist.

Dabei wurde auf eine Modernisierung des Lautstandes und der Orthographie verzichtet. Im übrigen ist anzumerken, daß ein senkrechter Strich als diakritisches Zeichen das Ende bzw. den Beginn einer Seite im Band 5 der *Gesammelten Werke* Hegels markiert. Die jeweiligen Seitenübergänge werden im Kolumnentitel innenstehend angegeben. Dabei ist zu beachten, daß die einzelnen Textstücke in der vorliegenden Studienausgabe in einer anderen Abfolge wiedergegeben werden als in Band 5 der *GW*; die Seitenangaben sind daher nicht stetig fortschreitend, sondern sie springen vor und zurück. Dort, wo nicht nur die Abfolge der Wiedergabe der Texte geändert, sondern die Texte neu zusammengefügt wurden, werden die entsprechenden Seitenübergänge nach *GW* 5 in eckigen Klammern [ ] dem Trennstrich im fortlaufenden Text hinzugefügt. Zur Begründung der von *GW* 5 abweichenden Anordnung der Textstücke vgl. die nachfolgenden Ausführungen, insbes. S. XIVff.

Zusätzlich wurden selbstredend die im editorischen Anhang des Bandes 5 gebotenen besonderen Berichte über die Materialien der Verfassungsschrift nach den für diese Leseausgabe maßgeblichen Gesichtspunkten ausgewertet, da dort sämtliche Quellenangaben und Mitteilungen auch aus der sekundären Überlieferung sowie die übrigen Recherchen im Dienste der historisch-kritischen Edition gesammelt vorliegen, auf die im folgenden von Fall zu Fall ohne besondere Einzelverweise Bezug genommen wird. Insgesamt sind für die Entscheidungsfragen der Textkonstitution daselbst auch weitere Untersuchungen über die Manuskriptbeschreibungen, die Entstehungsgeschichte jedes einzelnen Textdokumentes, die chronologische und sachliche Anordnung der einzelnen Textfragmente, ferner Quellennachweise der Exzerpte, eingehendere Darstellungen der Überlieferungsgeschichte sowie der Textverhältnisse auf den unterschiedlichen Arbeitsstufen und nicht zuletzt auch die Diskussion der Konkretisierung gewisser Übergänge von der relativen zugunsten der absoluten Chronologie aufgeführt. Der Editorische Bericht des Bandes 5 der *Gesammelten Werke* Hegels bildet demnach die Informations- und Verständigungsgrundlage für sämtliche speziell im Dienste dieser Studienausgabe zu besprechenden besonderen Fragestellungen.

Im übrigen werden die folgenden Darlegungen über die hier unternommene Anordnung der Texte auch hin und wieder gewisse zeitgeschichtliche Aspekte erwähnen, welche den wirklich gegebenen »Sitz im Leben« der Textstraten je nach Erfordernis zur Sprache bringen. Denn es liegt auf der Hand, daß der Autor einer politischen Publikation, der an diesem Projekt über vier Jahre hinweg festhält und dabei eine dramatische realgeschichtliche Entwicklung in den zeitgenössisch gegebenen Dimensionen von einer selten außerordentlichen Tragweite zu durchqueren hat, dieses Vorhaben kaum wie losgelöst von den Ereignissen verfolgen können und daher selber auch nicht bei seinen Entscheidungen über die Entwicklung seines Vorhabens letztlich ohne eine hinreichend zu vergegenwärtigende Berücksichtigung jener Ereigniszusammenhänge zu verstehen sein wird.

Die Hegelschen Manuskripte zur Verfassungsschrift und ihrem weiteren Umkreis befinden sich heute in zwei Bibliotheken. Die Hauptmasse der Fragmente einschließlich sämtlicher Nebenstudien, Exzerpte und Notizen bildet einen Teilbestand des Hegel-Nachlasses, der heute in der Staatsbibliothek Preussischer Kulturbesitz aufbewahrt wird. Zwei größere Fragmente in Folio dagegen befinden sich im Besitz der Bibliotheca Bodmeriana zu Genf. Sie haben ihren Weg dorthin unabhängig von der Hauptmasse des Nachlasses zu Berlin gefunden und waren bis zu der Publikation der Editio maior zuvor noch niemals der Forschung zugänglich oder überhaupt in ihrer Existenz bekannt. Das ist ein zusätzlicher Grund, weshalb die vorliegende Studienausgabe sich auch in dem Umfang des absoluten Textbestandes nächst der Editio maior von sämtlichen früheren Leseausgaben abhebt.

Das eine der beiden Genfer Fragmente weist eine kurze und außerdem datierte Notiz aus, durch die Hegels Schüler Eduard Gans die Echtheit dieses Hegelschen Autographs offenkundig für einen Sammler bestätigt. Ob diese Notiz jedenfalls auch das weitere Folioblatt zu Genf, das in keinem direkten Textzusammenhang zu dem eben erwähnten steht, zum Zeitpunkt ihrer Niederschrift gleichfalls beglaubigen sollte, kann nicht entschieden werden.

Da eine detaillierte Würdigung jedes einzelnen Manuskripts im vorliegenden Kontext dieser Studienausgabe nicht erforderlich und wünschbar sein dürfte, mögen die folgenden knappen Anmerkungen wenigstens eine grobe Orientierung über die hiermit erstmals nach Erscheinen der Editio maior in einer Studienausgabe vorgestellten Materialien, die Beschaffenheit der Textstraten und diversen Entwürfe, Pläne oder Bruchstücke skizzieren. Denn die überlieferten Fragmente bilden ein vergleichsweise buntscheckiges Bild, insofern keineswegs alle Textstücke auch umstandslos als Teile der von Hegel geplanten Schrift zu begreifen sind. So finden sich mehrere separate Einzelstudien, Materialsammlungen und auch Exzerpte, aber auch einzelne Aufzeichnungen, die in unterschiedlicher Weise dem Vorhaben dieser Publikation zugeordnet sind. In einzelnen Fällen kann man sogar daran zweifeln, ob die betreffenden Niederschriften tatsächlich zu dem Projekt der Verfassungsschrift zählten und vielleicht erst nach Aufhebung der frühesten – noch auf Hegel selbst zurückgehenden – Fundlage zu einem späteren Zeitpunkt diesem Konvolut mehr oder weniger zufällig von fremder Hand zugeordnet wurden. Jedenfalls wurde ganz überwiegend bei der Übergabe des Hegelschen Nachlasses aus der Hand von Hegels Erben in die königliche Bibliothek zu Berlin diejenige Fundlage der Texte weitgehend aufgehoben oder doch mehr oder weniger ignoriert, welche beispielsweise noch von Hegels Biographen Karl Rosenkranz, aber auch von Rudolf Haym bei ihrer jeweiligen Sichtung der damals noch erheblich größeren Nachlaßbestände angetroffen worden war.

Im Rahmen der handschriftlichen Textüberlieferung in Hegels Nachlaß handelt es sich um ein vergleichsweise auffälliges Konvolut, weil Hegel darauf verzichtet hat, die für ihn offenbar niemals gänzlich abgegoltenen Vorarbeiten und Entwürfe nach der Aufgabe des Reinschriftprojektes seiner Gewohnheit folgend zu vernichten. Deshalb bietet dieses Konvolut die aus Hegels Nachlaß in dem hier gebotenen Umfange sowie in der Detaillierung des rekonstruierbaren Arbeitsprozesses sogar einzigartige Möglichkeit, um die sukzessive Entstehung, die Umbrüche der Planung, Verzögerungen der Arbeiten Hegels aufgrund des politischen bzw. realgeschichtlichen Kontext der Zeit, die entsprechenden Schübe der textschöpferischen Arbeitsweise Hegels und den dabei vielleicht zu berücksichtigenden »Sitz im Leben« vergegenwärtigen zu können.

Sämtliche Manuskripte sind ausnahmslos fragmentarisch überliefert. Daraus ergibt sich eine zwiefach pointierte kritische Entscheidung und Auswertung des Befundes im Blick auf die Rekonstruktion des gesamten Gedankenansatzes dieser Schrift. Denn in jedem Einzelfalle ist zu entscheiden, ob diese Fragmentierung entweder auf Hegels Eingriffe zurückzuführen, oder ob sie dem Zufall der Überlieferungsgeschichte anzulasten ist. Gelegentlich kommt es vor, daß die

Indizien auf beide Möglichkeiten zugleich deuten bzw. es läßt sich nur schwer entscheiden, ob die jeweils eingetretene Texteinbuße aus heutiger Sicht zugleich mit dem Verlust einer von Hegel erwogenen sachlichen Pointierung der Aussageintention zusammenfallen, oder ob der gegebenen Fragmentierung durch die Überlieferung lediglich marginale Bedeutung beizumessen sein mag. Auch gibt es kleinere Manuskriptstücke, von denen man die Meinung bilden kann, daß Hegel sie lediglich zufällig bei der Aussonderung des ursprünglich zugehörigen größeren Textzusammenhanges übersehen oder aus anderweitigen Rücksichten erhalten haben mag, wiewohl er sie bei seinen späteren Arbeiten an der Schrift mit an Sicherheit grenzender Wahrscheinlichkeit unberücksichtigt gelassen haben wird.

Davon zu unterscheiden sind wiederum andere Textstücke, die beispielsweise im Falle der Exzerpte von vornherein als fragmentarische Notizen aus einem längeren Kontext durch Hegel selbst gezogen wurden. Hier muß jedenfalls eine sachliche Verständigung über Hegels spezifisches Interesse an den fraglichen Dokumenten davon ausgehen, daß er die betreffenden Texte selbstredend in ihrem ganzen zeitgenössisch publizierten Umfange zur Kenntnis genommen hat. Das ist darum von keineswegs marginaler Bedeutung, weil es sich bei dergleichen aus heutiger Sicht mehr oder weniger informativ anmutenden Notizen ausnahmslos um Zeitungsmeldungen handelt, welche gewisse diplomatische Urkunden betreffen, die in dem damaligen politischen Kräftespiel (auch aus heutiger Sicht) als Schlüsseldokumente bezüglich der geschichtlichen Ereignisse zu gelten haben.

Oder es handelt sich um die Meldung gewisser realgeschichtlicher Begebenheiten, deren Mitteilung etwa im Falle der französischsprachigen Notizen von den Zeitgenossen aus guten Gründen als bedeutsam registriert wurden. Denn dergleichen Nachrichten wurden über die ansonsten insgesamt von der polizeilichen Zensur gelenkte Zeitungspublizistik in Sonderheit von Napoleon ausdrücklich sowie mit einem auffälligen Erfolg im Sinne einer absichtsvoll dabei instrumentalisierten Beeinflussung der öffentlichen Meinung sowohl in Frankreich wie zugleich auch – hier – in England als informationspolitisches Mittel bewußt genutzt, um gewisse diplomatische Demonstrationen an die Adresse der betreffenden fremden Regierungen öffentlich je nachdem zugunsten der diplomatischen Handlungsstrategie legitimierend oder gelegentlich auch als Täuschungsmanöver provozierend zu lancieren. Nicht selten gingen dergleichen stets sorgfältig bis in unscheinbarste Details kalkulierte, vermeintlich bloß beschreibende und wie zufällig anmutende Nachrichten sogar auf eine persönliche Initiative des ersten Consuls zurück oder folgten bei Bulletins bezüglich seiner Person genauen Instruktionen aus den damit beauftragten Regierungskreisen. Dieser generell zu unterstellende Sachverhalt war aber dem allgemeinen Bewußtsein der Zeitgenossen keineswegs fremd oder irgend undurchschaubar, sondern wurde von jedem politischen Beobachter eigens vorausgesetzt und in der von Fall zu Fall intendierten Pointierung je nachdem gedeutet. Dabei kam infolgedessen der von Hegel gewöhnlich vorangestellten Notiz über die publizistische Quelle gleichfalls eine eigene und aufschlußreiche Bedeutung zu, weil das Gewicht der Meldung in direkter Korrelation zu der mehr oder weniger öffiziösen Autorität des Nachrichtenorgans zu entschlüsseln war. Da dergleichen einschlägige Angaben jedoch auch im Falle einer bloß sekundär von anderen Blättern nachgedruckten Verbreitung solcher Meldungen just aus den genannten Gründen mitaufgenommen zu werden pflegten, ist wegen des vielfältigen Aufscheinens der betreffenden Nachrichten in den relativ zahlreichen zeitgenössischen Presseorganen nur schwer bzw. gar nicht mit hinreichender Eindeutigkeit zu entscheiden, ob Hegel diese Informationen jedesmal aus den originalen Veröffentlichungen oder eventuell etwas später aus anderweitigen Quellen zur Kenntnis genommen haben mag.

Daher wird im folgenden stets darauf zu achten sein, daß eine hin und wieder unternommene Erörterung die im engeren Sinne relevante Problematik einer Fragmentierung in erster Linie nur solche Textstücke betrifft, die einen konzipierenden Charakter im Blick auf Hegels Schrift ausweisen, während es im Falle der Exzerpte, aber auch anderer Notizen Hegels nur gelegentlich einen Sinn macht, von einer Fragmentierung des Wortlautes zu sprechen.

Alle Textstücke sind – mit Ausnahme der meisten Exzerpte und losen Notizen – entweder auf Quartbögen geschrieben, die in der Regel auf acht Seiten gefaltet und mit einem relativ schmalen und dabei in der Breite schwankenden Außenrand auf jeder Seite beschrieben wurden, oder es handelt sich um einfach gebrochene Foliobögen bzw. einzelne Folioblätter, die Hegel nach seiner Gewohnheit in der Mitte gehälftet hat. Dadurch entstand bei den Foliobögen ein freier Außenrand für Korrektureintragungen. Die Exzerpte finden sich teils auf Quartblättern und gelegentlich auch auf abgerissenen Zetteln unterschiedlicher Größe.

Diese Aufteilung in unterschiedliche Formate der verschiedenen Manuskripte ist für eine Einschätzung der betreffenden Texte insofern auch von inhaltlichem Belang, weil dabei ein Arbeitsprinzip Hegels faßbar wird, das zugleich durch den Wechsel der Formate die von vornherein ins Auge gefaßte Zweckbestimmung der jeweiligen Niederschriften anzeigt. So sind naturgemäß die Manuskripte in Folio von Hegel als Vorstufen späterer Textentwicklungen bzw. erst recht des definitiv angestrebten endgültigen Wortlautes vorgesehen worden. Die Manuskripte in Quartformat hingegen scheinen wegen des schmaleren Außenrandes als relativ endgültige Textkonzeptionen aufzufassen sein, soweit deren inhaltliche Beschaffenheit die fraglichen Niederschriften nicht ersichtlich als Nebenarbeiten qualifiziert. Doch gibt es auch einzelne Fragmente, die Hegel ohne Rand und daher auch nur mit wenigen Besserungen im Zuge der Niederschrift abgefaßt hat. In solchen Fällen dürfen wir annehmen, daß diese Textstücke ihm mit großer Wahrscheinlichkeit bloß zur eigenen Selbstverständigung gedient haben und jedenfalls nicht für eine unmittelbare

Auswertung als Schreibvorlage der Reinschriftfassung bestimmt gewesen sein dürften.

Weil aber Hegel in der Folge auch Ausarbeitungen aus früherer Arbeitszeiträumen auf Quartbögen bei späteren Arbeitsdurchgängen fragmentiert bzw. als Vorstufen in seinen Unterlagen behalten hat, kann das genannte Prinzip nicht überall mechanisch zum Zuge kommen. Doch scheint der differierende Gebrauch im Übergang von der dritten zur vierten Arbeitsstufe, d.h. bei der Unterscheidung der (heute vorliegenden) Hauptmasse der Vorentwürfe in Folio sowie kontrastierend dazu der Reinschrift in Quart, relativ sicher anwendbar zu sein. Die Schreibvorlage der in Quart abgefaßten Reinschrift ist in der überwiegenden Masse auf Foliobögen geschrieben und bildet heute den bei weitem größten Anteil an dem insgesamt überlieferten Textbestand.

Die Anordnung und Abfolge der Textstücke wurde in der Editio maior gemäß den Prinzipien jener Edition aus der Anwendung der historisch-kritischen Maßgabe entwickelt, daß jedes einzelne Manuskriptstück aufgrund seiner jeweiligen Qualifikation als Vorarbeit im Dienste der endgültigen und d.h. zugleich chronologisch spätesten Reinschriftversion innerhalb einer relativen Chronologie des jeweils ermittelten Entstehungszeitpunktes und d.h. zugleich entsprechend der dadurch definierten zeitlichen Reihung sämtlicher Textstücke nacheinander abzudrucken ist. Hier sind die Herausgeber konsequent der chronologischen Reihung der Entstehungsverhältnisse gefolgt, welche bereits Heinz Kimmerle durch die von ihm weiterentwickelte buchstabenstatistische Methode für die chronologische Bestimmung von Hegels Manuskripten erarbeitet hat. Wo Gruppierungen verschiedener Fragmente gebildet werden, dort geschieht dies unter Berücksichtigung gewisser unzweideutig identifizierbarer inhaltlicher Indizien gleichfalls im Wesentlichen auf der Grundlage der Kimmerleschen Angaben. Die von Kimmerle entwickelte chronologische Tabelle sämtlicher Jenaer Schriften ist in Band 8 der *Gesammelten Werke* Hegels als besonderer Anhang mitgeteilt, doch sind zu den Details auch die verschiedenen Abhandlungen von Kimmerle in den Hegel-Studien zu vergleichen. Darüber finden sich im editorischen Anhang des Bandes 5 der *Gesammelten Werke* ausführliche Nachweise.

Dabei kommen inhaltliche Bezüge zwischen den Manuskriptstücken erst in einer zweiten Linie konstitutiv ins Spiel, falls nämlich durch gewisse Indizien die Absicht des Verfassers unzweideutig identifiziert werden kann, durch eine – hier von den Editoren zu befolgende – Entscheidung letzter Hand in einzelnen Fällen eine nachträgliche Verbindung zwischen gewissen Fragmenten herzustellen. Ansonsten wird bei der Gruppierung von Textstücken aus der selben mutmaßlichen Entstehungsstufe unterstellt, daß die gewählte Anordnung mit mehr oder weniger großer Wahrscheinlichkeit derjenigen sachlichen Abfolge entsprochen haben könnte, die aus Hegels Arbeitsplan für die betreffende Arbeitsstufe erschlossen werden kann.

Insofern der Anspruch der vorliegenden Ausgabe auf die Präsentation einer Leseausgabe beschränkt ist, unterscheidet sie sich von der kritischen Textdarbietung zunächst durch den grundsätzlichen Verzicht auf den textkritischen Apparat der Editio maior, in welchem von Fall zu Fall nicht nur Entstehungsstufen des vom Verfasser intentionierten Wortlautes verzeichnet werden. Vielmehr finden sich dort auch analysierende Diskussionen gewisser Manuskriptbefunde, welche gegebenenfalls darstellen, wie Hegel durch Montage, Einschübe und sonstige Kennzeichnungen eines nachträglich eingeschalteten Textüberganges einen Zusammenhang zwischen Manuskriptstücken für seine Zwecke hergestellt hat, deren jeweilige besondere Entstehung in Einzelfällen auch unterschiedlichen Arbeitsstufen zugeordnet werden muß. Solche Montageanalysen werden hier ebenfalls nicht eigens reproduziert, weil dergleichen detaillierte textkritische Untersuchungen als Aufgabenstellung des kritischen Apparates zu gelten haben und deshalb zusammen mit diesem entfallen. Die von der kritischen Edition erarbeiteten Erkenntnisse im Dienste der Textkonstitution sind als eigentliche wissenschaftliche Rechtfertigung des endgültigen Wortlautes zugleich auch als spezifisches Verdienst derselben zu betrachten und müssen daher in dem fraglichen Band der Gesammelten Werke nachgeschlagen werden.

Lediglich im Falle des Einleitungsfragments »Sollte das politische Resultat« wurde die in der Editio maior erarbeitete Rekonstruktion der zuerst von Hegel niedergeschriebene Textversion als parallel begleitende »Erststufe« unter der von Hegel später revidierten Fassung des Wortlautes ausnahmsweise mitabgedruckt. So gewinnt der Leser die Möglichkeit, Hegels frühen Entwurf aus der Frankfurter Zeit mit der späteren Version aus Jena zu vergleichen, insofern die letztere rund zwei Jahre später unter gänzlich veränderten politischen Voraussetzungen eigens hergestellt wurde. Die Erklärung der dort verwendeten textkritischen Zeichen erfolgt weiter unten bei der besonderen Besprechung dieses Fragments.

Der genannten Einschränkung gegenüber der Editio maior entspricht auch der Verzicht auf eine Reproduktion des spezifischen Erkenntnisbeitrages, welcher in den sachlichen Anmerkungen zu einzelnen Textstellen der Verfassungsschrift in dem selben Bande zusammengetragen wurde und der darüber hinaus von Fall zu Fall bei der Untersuchung der Textverhältnisse im Anhang des editorischen Berichtes zu verschiedenen neuen Einsichten geführt hat, welche die bloße textkritische Bearbeitung des Wortlautes als solche nicht beibringen konnte. Da eine Kommentierung oder eine sonstige mehr oder weniger erläuternde Erschließung der hier vorgelegten einzelnen Texte aber nicht in den Prinzipien dieser Studienausgabe vorgesehen ist, sei der Leser gegebenenfalls auf den Vergleich des Anhangs in der Editio maior hingewiesen.

Grundsätzlich entfallen also die Beschreibungen der verschiedenen Manuskripte und auch eine Erörterung ihres Zusammenhanges wird nur von Fall zu Fall in verkürzter Form unternommen, soweit solche Überlegungen für eine Einschätzung des Stellenwertes der fraglichen Textstücke aus dem Blickwinkel dieser Leseausgabe förderlich scheinen. Diese Notwendigkeit tritt jedoch lediglich in Einzelfällen der weiter unten eigens zu rechtfertigenden Textanordnung auf, wenn in Sonderheit gewisse editorische Erkenntniszusammenhänge in ihrem Resultate aus dem Anhang der Editio maior beigezogen werden müssen. Das ist darum zuweilen geboten, weil die Legitimation gewisser Gesichtspunkte einer Zuordnung der fraglichen Fragmente untereinander oder mit Beziehung auf den »Sitz im Leben« einer bestimmten Arbeitsstufe Hegels im jeweils abzuschätzenden gedanklichen und inhaltlichen Rapport zu realgeschichtlichen Anhaltspunkten nur durch eine relativ komplexe vergleichende Abwägung gewisser Angaben in den entstehungsgeschichtlichen Berichtsteilen und deren Verknüpfung mit anderen Schlußfolgerungen schlüssig dargetan werden kann.

Die historisch-kritische Edition zeichnet sich gegenüber sämtlichen früheren Ausgaben dadurch aus, daß sie den erstmals vollständigen und in dem Wortlaut ungekürzten Bestand sämtlicher zu diesem Arbeitsprojekt Hegels zählender Manuskripte in deren wirklichem Umfange und authentischen Textbestand jedes einzelnen Dokumentes erschlossen hat. Darüber hinaus unterscheidet sie sich ferner naturgemäß dadurch von den anderen Ausgaben der Verfassungsschrift, weil sie die überlieferten Texte als Fragmente aus vier Arbeitsstufen Hegels unterscheidbar darstellt. Diese selbstredend von dem historisch-kritischen Editionsansatz geforderte Differenzierung aber mußte in der Konsequenz alle früheren und bisher geläufigen Darbietungen des gesamten bis dahin bekannten Textbestandes der Verfassungsschrift für eine wissenschaftliche Beschäftigung mit Hegels Ausarbeitungen ungültig machen, weil durch die Präsentation des unreduzierten Wortlautes die von den früheren Herausgebern unternommenen Versuche einer integralen Rekonstruktion des von Hegel angestrebten Ganzen naturgemäß aufgehoben wurden.

Die Vorgabe für eine solche Rekonstruktion fanden die früheren Herausgeber in jenem Ansatz einer reinschriftlichen Endfassung, die Hegel selbst begonnen hatte und die heute jedoch – seit ihrer Übergabe aus der Hand von Hegels Erben – in einer zwiefachen Rücksicht fragmentarisch vorliegt. Denn einerseits hat Hegel selbst die Fortsetzung seiner reinschriftlichen Ausarbeitungen unverkennbar mitten auf der letzten Manuskriptseite und obendrein auch ohne eine Vollendung des zuletzt begonnenen Satzes abgebrochen. Darüber hinaus ist andererseits auch eine Lücke im Verlauf der Manuskriptzusammenhänge der Reinschrift zusätzlich durch Eingriffe der Überlieferung entstanden. Da jedoch bei einem Vergleich mit den Vorentwürfen sowohl zu Beginn dieser Lücke wie auch an deren Ende festzustellen ist, daß Hegel sich hier auf den jeweils an beiden Stellen zwanglos übereinstimmenden Wortlaut des betreffenden Stückes seiner Arbeitsvorlage gestützt haben muß, so läßt sich der hier entstandene Textverlust aus dem betreffenden Fragment ohne schwerwiegende Bedenken ergänzen und ausbessern.

Diese hier offenkundig schlüssig zulässige vereinzelte Möglichkeit einer unbedenklichen Verwertung der Textstufen aus Hegels Vorentwürfen mag jedoch den früheren Herausgebern bei einer Würdigung der z.T. breit ausgeführten übrigen Vorentwürfe die Überzeugung eingegeben haben, daß jedenfalls unter gewissen modifizierenden Bedingungen einer von Fall zu Fall jedoch unvermeidlichen Reduktion des originalen Wortlautes an den Nahtstellen der betreffenden Fragmente eine Rekonstruktion des Ganzen im Sinne des von Hegel mutmaßlich intendierten endgültigen Textverlaufs vermeintlich legitim durchgeführt und dabei auch die Absichten des Autors mehr oder weniger schlüssig eingelöst werden können. Über dieses Verfahren ist nachher gesondert zu handeln.

Das im Dienste einer Leseausgabe gewählte Prinzip der Textordnung mußte im Blick auf die von der Editio maior erzielten Fortschritte zuerst darauf bedacht sein, im Gegenzug zu den früheren Studienausgaben den fundamentalen Zugewinn der von der kritischen Edition erarbeiteten Erschließung des authentischen Wortlautes sämtlicher Textdokumente in dem wirklich überlieferten Umfange grundsätzlich festzuhalten. Denn jener überhaupt zum ersten Male unreduziert veröffentlichte Wortlaut sämtlicher Fragmente bildet de facto zugleich eine Neuschöpfung des bisher bekannten Bildes der wirklichen Textverhältnisse, insofern deren authentischer Umfang und Überlieferung zuvor niemals bezüglich der verschiedenen Arbeitsstufen sowie der hierher gehörigen Niederschriften hinreichend unterscheidbar vergegenwärtigt und nach wissenschaftlichen Maßstäben für den Nachvollzug des Lesers hinlänglich kontrollierbar dargeboten worden war. Die Ursache für diese objektive Unklarheiten war in dem generellen Ansatz der älteren Editionen gegeben, weil dort von vornherein ausnahmslos eine integrative Verschmelzung im Sinne einer durchlaufend zu lesenden Rekonstruktion der von Hegel nicht vollendeten Schrift unternommen worden ist. Dabei hat einzig die im Suhrkamp-Verlag veranstaltete Ausgabe der Werke Hegels auf den damals bereits veröffentlichten Resultaten der buchstabenstatistischen Chronologie von Heinz Kimmerle aufbauen können; sie bietet insofern gemäß den selbstgesetzten Grenzen ihres Konzeptes als ein auch hier billigerweise zu verzeichnendes beachtliches Verdienst der darin investierten Mühen immerhin verläßliche Mitteilungen über die Schnittstellen der komponierten Texte, indem sie es jedoch im übrigen dem Leser anheimstellt, von Fall zu Fall das komplexe Bild der tatsächlichen Textverhältnisse durch eine hilfsweise orientierende Konsultation der Angaben aus Kimmerles Chronologie für sich zu vergegenwärtigen.

Zur Frage der Textintegration

Ein erster und in den Konsequenzen schwerwiegender Fehlschluß scheint sämtliche Herausgeber der früheren Ausgaben irregeführt zu haben, sobald sie sich über die Problematik der z. T. extrem auseinandergezogenen Entstehungszeitpunkte der einzelnen Manuskripte zu verständigen hatten. Denn bei einer jeden – immer zugleich inhaltliche Konsequenzen zeitigenden – Einschätzung der einzelnen Manuskriptfragmente aus den Vorstufen der Reinschrift muß im Blick auf deren vermeintlich problemlose Integrationsmöglichkeit der Einwand erwogen werden, daß Hegel selber eine wie auch immer erst zuletzt von ihm selber entschiedene Verwertung jener Vorentwürfe sich vorbehalten hatte und diese daher als mehr oder weniger anheimgestellte bloße Formulierungsvorgaben des zuletzt erstrebten Wortlautes für seine eigene Selbstverständigung einstufen konnte. Das bedeutet jedoch für die Herausgeber die keineswegs geringfügige Aufgabe, daß sie aus dem von ihnen hypothetisch besetzten Gesichtspunkt der Hegelschen Abwägung seiner diversen Entwürfe zugleich diejenigen eigenen Beweggründe ins Auge zu fassen haben, die den Verfasser über den bereits vorliegenden Wortlaut der von ihm zuvor erarbeiteten Niederschriften hinaus in letzter Instanz bei jenen Entscheidungen geleitet haben würden, wenn er bis zu einer Vollendung seines Planes fortgeschritten wäre.

Diese Beweggründe aber werden aufgrund der spezifischen Natur der in dieser projektierten Schrift in allererster Linie exklusiv intendierten politischen Stellungnahme zu den für ihn selber aktuellen realgeschichtlichen Ereigniszusammenhängen just in deren persönlicher Einschätzung aus dem zugleich immerfort zeitgeschichtlich bedingten Urteil des Verfassers aufzusuchen sein, wenn außerdem zu bedenken ist, daß Hegel als unmittelbar betroffenen Zeitgenossen jener objektiven Geschehnisabläufe mit Sicherheit immer nur ein mehr oder weniger subjektiv konditioniertes Gesamtbild derselben zu Gebote stehen konnte, das in einzelnen Zügen einerseits zwar bei weitem differenzierter als jede von heute her erfolgende Rekonstruktion der historischen Verhältnisse sein mochte, wie umgekehrt aber eben dasselbe Bild aus der Sicht und dem Urteil heutiger Forschungen nicht minder auf einer vergleichsweise eingeschränkteren Informationsgrundlage aufgebaut erscheinen muß. So genügt keineswegs der schlichte Rekurs auf die vorliegenden Textmaterialien, deren Entstehung obendrein über vier zeitlich auseinanderliegende Stufen hinweg anzusetzen ist und bei jeder derselben eine jeweils gegebene – soeben andeutend umrissene – mehr oder weniger differierende Konditionierung von Hegels Informationsgewinnung bezüglich der von ihm aufgegriffenen Fakten und vor allem seiner jeweiligen Urteilsbildung in Rechnung zu stellen hat.

Hier ist grundsätzlich aus der Aufgabenstellung eines jeden Herausgebers der beinahe unvermeidliche methodische Zirkelschluß zu besorgen, indem just das vorwiegende Interesse an dieser Hegelschen Schrift auf eine objektive Erkenntnis und Einsicht in die für Hegel selber resultierende sowie ihm allein zugebilligte Einschätzung und Bewertung der von ihm thematisierten politischen Ereigniszusammenhänge gerichtet sein wird, so daß Hegels Gedankenansatz selber als Teil des damaligen geschichtlichen Ereigniszusammenhanges zu erörtern ist. Doch eben dieses Ziel der Auseinandersetzung mit Hegels Beurteilung der zeitgenössischen Verhältnisse muß im Dienste desselben Interesses der Lektüre um jeden Preis vermeiden, daß dem dergestalt thematisierten Autor gleichsam a tergo just das Bild und Urteil der von ihm aufgegriffenen realgeschichtlichen Ereignisse aus dem ganz anders orientierten und informierten Blickwinkel eines heute verbindlichen Wissens bzw. einer Einschätzung eben derselben Tatsachen im Wege einer Montage seiner eigenen Textentwürfe untergeschoben wird, deren vermeintlich »objektiv richtige« Organisation dem Autor ausgerechnet jenes Wissen unterstellt, über das er mit allergrößter Gewißheit niemals verfügen konnte, da ihm unbeschadet irgendeiner noch so staunenswerten Kraft der Divination auf gar keinen Fall jene gänzlich unergründbaren Folgelasten und Konsequenzen bekannt und bewußt sein konnten, über die das gegenwärtige Bewußtsein wie von selbst gebieten muß. Denn was immer in einer vergangenen Zeit und konkreten geschichtlichen Situation ein individuelles Bewußtsein jemals als Befürchtungen erwogen oder als Hoffnungen in Betracht gezogen haben mag, darüber muß über den von Lessing konstatierten

»garstig breiten Graben« der von keiner hermeneutischen Kunst der »Einfühlung« überwindbaren historischen Distanz hinweg das damals wie heute zu nichts als dem Zeugnis der Wahrheit verpflichtete Bewußtsein aus der unvertauschbaren Verschiedenheit des Wissens unfehlbar verschieden urteilen.

Da die vermeintlich auf nichts als den tatsächlich überlieferten Textbestand gestützte methodische Maxime einer sachlich »neutralen« Rekonstruktion sich aber angesichts der zu unterstellenden gedanklichen und d.h. zugleich in den Konsequenzen konzeptionellen Differenzen zwischen dem endgültig vorschwebenden Plan im Herbst 1802 einerseits, der im Sommer 1801 vorläufig zusammengestellten Schreibvorlage und deren offensichtlich noch unter davon verschiedenen politisch-historischen Bedingungen strukturiertem »Sitz im Leben« andererseits nur durch letztlich unerweisliche Hypothesen durchführen ließe, deshalb wurde in dieser Leseausgabe die Konsequenz zugunsten einer anderen Entscheidung gezogen, indem die späteste Reinschriftkonzeption als unausgeführter Ansatz von Hegels Hand auf der einen Seite der approximativen Gesamtrekonstruktion jener im Sommer 1801 von Hegel gleichfalls aus seinen bis dahin niedergeschriebenen Vorentwürfen hergestellten bzw. vorläufig abgeschlossenen Schreibvorlage auf der anderen Seite gegenübergestellt wird. Dadurch mag ausgeschlossen werden, daß die an sich begreifliche Erwartung an eine integrative Rekonstruktion im Dienste einer flüssig gemachten Lektüre in der Kernfrage der gleichwohl nicht weniger erstrebten Authentizität scheitern würde, weil ein derartiger Versuch auch ohne eine ausdrückliche fälschende subjektive Absicht jedenfalls die sachlichen Verschiebungen der konzeptionellen und gedanklichen Grundlage dieser politischen Abhandlung irreführend verzerren und einer darauf aufgebauten Fehldeutung der Hegelschen Konzeptionsidee dergestalt auch noch unfreiwillig Vorschub leisten müßte. Denn wenn immer die Verschiebungen in der fortgehenden Präzipitation einer realgeschichtlichen Entwicklung für die Erkenntnis der wirklichern Intentionen eines philosophischen Autors überhaupt ausschlaggebend sein mögen, so wird dieses Argument jedenfalls ein unüberwindbarer Einwand immer dann werden müssen, wenn es sich um eine politische Abhandlung handelt, die im vorliegenden Falle auf jede Weise ihren Verifikationsanhalt in eben dieser für den Autor stets unabgeschlossen gegebenen geschichtlichen Realität sucht.

Daß dies keine künstlich quisquilierende Bedenklichkeit ist, das kann leicht der Hinweis auf die früheste Ausgabe von G. Mollat aufzeigen. Denn dieser Herausgeber erklärt in dem kurzen und offenbar von keinerlei Einwänden oder Bedenken behelligten Vorwort seiner Ausgabe rundheraus, daß ihm bei seinen Studien der Originalmanuskripte der zündende Einfall entstanden sei, als ob die hiermit durch ihn legitim zu rekonstruierende »Verfassungsschrift« Hegels als visionäre Vorwegnahme der von Bismarck endlich eingelösten Neugründung eines deutschen Reiches zu gelten habe. Hegels schneidende Kritik der ruinösen Ohnmacht jenes alten Reichverbandes, welches zur fraglichen Zeit unter den militärischen Schlägen der französischen Republik rechtens zusammengebrochen sei, weise demnach überdies gleichzeitig bzw. vorauseilend schon die ideologische Gesinnungsfarbe der nationalen »Befreiungskriege« aus und habe daher als frühes und verwegen vorausgreifendes Dokument nationalstaatlicher Gesinnung im Sinne der wilhelminischen Reichsidee den spezifischen politischen Bürgersinn des (für Mollat) eben erst nach dem Sieg von Sedan per Akklamation erstandenen deutschen Kaiserreiches aus dem Munde des großen Philosophen zu ermuntern. Deswegen aber, so erklärt Mollat, habe er sich nicht bloß zu einer absichtsvollen selektiven Verknüpfung von Hegels Manuskripten ermächtigt gefühlt, sondern er habe auch – wo immer nötig – den Wortlaut aus eigenem Bedünken nicht minder hintersinnig ohne Umschweife korrigiert und von Fall zu Fall sogar durch geeignet erscheinende Formulierungshilfen aus jenen frühesten Referaten bei Rosenkranz der leitenden Zielsetzung seiner Ausgabe geschmeidig gemacht, weil das durch den Fortgang der Realgeschichte um die fehlende Einsicht bereicherte und dergestalt befugte Wissen des Herausgebers dem begreiflicherweise noch schwankenden Bewußtsein des Autors vorzeichnen könne, was das letztere »eigentlich gemeint« haben müsse.

Auch wenn man – als wohltuender Gegenfall zu diesem erstaunlichen Bekenntnis zur herausgeberischen Manipulation – im Falle des jüngsten Ansatzes einer derartigen Rekonstruktion, welche die Herausgeber des betreffenden Bandes in der Gesamtausgabe der Hegelschen Werke des Suhrkamp-Verlages unter ausdrücklichem Rekurs auf die damals bereits vorliegenden und allerdings unentbehrlichen Untersuchungsresultate von Heinz Kimmerle mit einer bemerkenswerten Sorgsamkeit der Einfühlung in die interne Agogik der Hegelschen Intentionen vorgelegt haben, dem Resultat jener Anstrengungen zubilligen darf, daß diese Bemühung um die Herstellung eines insgesamt schlüssig konzipierten Studientextes als vergleichsweise elaborierteste und auch methodisch überaus reflektierte, daher vielleicht beste Leistung im Dienste jener früher wie normativ verfolgten Zielsetzung mit Respekt anzuerkennen ist, vermag freilich auch diese Ausgabe die grundsätzlichen Einwände a limine nicht zu beseitigen. Denn auch hier gibt es Gründe, welche den Ansatz einer rekonstruierenden Zusammenfassung der Manuskriptfragmente prinzipiell problematisch erscheinen lassen. Die methodisch unhinterfragte prinzipielle Unterstellung bei einer derartigen Textrekonstruktion geht nämlich – wie Lassons Bemühungen in der selben Absicht letztlich erkennen lassen – von der unreflektierten Überzeugung aus, daß mehr oder weniger sämtliche Vorarbeiten, die in irgendeiner Weise als verwertbare Vorstudien einer schlußendlich angestrebten Version zu verstehen sein mögen, in Beziehung auf die reinschriftliche Endstufe in ihrer eigenen Aussagefunktion als bloße Formulierungsvorgaben der darin erörterten Gedankenansätze einzelner thematischer Problemstellungen vorzustellen und irgendwie in ein desto reicher untergliedertes Gesamtgefüge jener

– fiktional rekonstruierten – resumierenden Textgestalt einzubringen seien, um durch solche approximativ restlose Verwertung die vom Herausgeber angenommene vermeintliche Idealgestalt des Textes anstelle des Autors selber einzulösen. Diese Unterstellung indessen setzt sich in dem Maße, wie sie die unterschiedliche Abfassungsintention des Autors auf den vier verschiedenen Arbeitsstufen mehr oder weniger ignoriert und zwangsläufig durch die Verschmelzung aufheben muß, dem inhaltlichen Befund der einzelnen Fragmente entgegen, da sie zwangsläufig davon absieht, daß diese einzelnen Stücke überwiegend von Hegel selbst ausdrücklich als Vorstufen im Zuge einer ihm selber vorderhand noch gar nicht vom definitiv erst später zu erreichenden Resultat her wirklich absehbaren Arbeitsintention als lediglich vorläufige Formulierung entworfen wurden, die der Autor selbst nicht unbesehen und überall ungeändert in den definitiven, da immer noch zu erarbeitenden Text der irgendwann angestrebten Publikation aufzunehmen gedachte. Dabei sei zugestanden, daß zuvor eine Absonderung der eindeutig als Nebenarbeiten qualifizierten Textfragmente stillschweigend vorauszusetzen ist.

Welche definitive Gestalt die von Hegel wirklich intendierte Darstellung seiner letzten reinschriftlichen Fassung als insgesamt vollendete Schrift jemals angenommen haben würde, darüber entscheidet – unangesehen der Vorgabe von Hegels fragmentarischer Reinschrift und der darin vorgeführten wirklichen Verwertung gewisser Vorarbeiten – die rekonstruierende Verschachtelung der Textvorstufen letztlich niemals aus einem sicheren Vorwissen bezüglich des zwangsläufig von ihr selbst als unbekannt vorausgesetzten Ganzen. Denn dieses Ganze ergibt sich letztlich aus dem hier stillschweigend unterstellten fragwürdigen Kriterium der Textkonstitution, insofern die Triftigkeit des unternommenen Verschmelzungsprozesses an dem äußerlichen mechanischen Kriterium der Minimierung jeweils übrigbehaltener und als unintegrierbar ausgesonderter Reste der gegebenen Textvorlagen gemessen werden müßte. Dabei bleibt die Gegenfrage freilich außer Betracht, ob und inwiefern die Absicht des Autors tatsächlich darauf festzulegen ist, wirklich sämtliche heute überlieferte Vorarbeiten unbedenklich auf irgendeine normative Harmonisierungsmaxime zurechtzuschneiden, wenn in Sonderheit auch Fälle nachweisbar sind, wo Hegel offenkundige Dubletten einer Behandlung des Stoffes aus differierenden Entstehungsstufen aufbewahrt hat und mithin aus einer ihm allein vorbehaltenen Abwägung heraus zu entscheiden gedachte, welche Version er bevorzugen bzw. in welchem Sinne er die andere vielleicht nur teilweise berücksichtigen wollte. Die Schreibvorlage einer Reinschrift, selbst wenn sie überwiegend die endgültige Textversion vorbereiten und sogar im vorliegenden Falle mehr oder weniger den Wortlaut des endgültig entschiedenen Textverlaufs innerhalb eines – obendrein vom Autor selber fragmentarisch abgebrochenen – reinschriftlichen Ansatzes für gewisse Teile des Textverlaufs vorprägen mag, bedeutet keinerlei Verpflichtung des Autors zu deren wörtlicher oder gedanklich restloser Übertragung in die definitiv zuletzt gewählte Gestalt der geplanten Schrift. Denn der Autor kann niemals an die normative Maxime seiner Herausgeber gebunden sein, denen eine Abscheidung gewisser Textstraten gegebenenfalls – unter den hier zu bedenkenden speziellen Bedingungen dieser Hegelschen Schrift – als selbstverschuldetes Versagen vor der in Wahrheit kaum jemals einlösbaren selbstgewählten Aufgabenstellung vorzuhalten wäre.

Immer dann, wenn unter vergleichbaren Vorgaben der hier angetroffenen Textverhältnisse ein Herausgeber die Überzeugung faßt, daß ihm die fraglichen Rekonstruktion einer vom Autor nie vollendeten Reinschriftversion im Blick auf den gegebenen Fundus der Materialien mit dem expliziten Anspruch einer mehr oder weniger kompletten und stringenten Vorstellung von den authentischen Konzeptionsumrissen des Autors durchführbar dünkt, wird er umgekehrt zu fragen sein, ob er zunächst einmal hinreichend entscheiden könne, daß und inwiefern ihm dafür überhaupt sämtliche einstmals vom Autor selber zu diesem Zweck vorgesehenen Materialien immer noch vollzählig verfügbar seien. Denn erst unter dieser Bedingung der Vollständigkeit der Baumaterialien bzw. deren hinlänglich definierbarer Funktionsbestimmung wird man ihm hypothetisch zugestehen können, daß er wirklich jenen vermißten authentischen Bauplan bloß durch eine nach Möglichkeit restlose Zusammenfügung der gegebenen Materialien bzw. eine – bis zum Schluß jedoch unsichere – Verschmelzung wie das Surplus der obendrein erst zuletzt gefundenen Einsicht in die Absichten des Verfassers als Rechtfertigung seines Vorgehens ex eventu aufzeigen könne. Dabei ist – im Blick auf die spezifische Arbeitsweise Hegels – obendrein der erst recht cruciable Umstand zu erwägen, daß just dieser Autor nicht einmal den fraglichen (wohl erst in der Arbeit an der Reinschrift für ihn selbst klar entschiedenen) Bauplan des intendierten Ganzen jemals für sich selbst vervollständigt haben dürfte und mithin auch nicht der Nachwelt hinterlassen konnte. Diese zweifelnde Überlegung muß aber im Falle von Hegels Verfassungsschrift erst recht an Plausibilität gewinnen, wenn man berücksichtigt, daß die Materialien, welche Hegel aus insgesamt vier zeitlich sogar relativ weit auseinanderliegenden Arbeitsansätzen bis zuletzt aufgehoben hat, eine rückwärts schreitende progressive Abnahme ihres Umfanges erkennen lassen. Dieser Befund wird unstreitig seine nächste und zweifellos vernünftige Erklärung darin finden, daß der hier zu verzeichnende Textschwund die natürliche Folge einer legitimen selbstkritischen Entscheidungspraxis des Verfassers selber gewesen sei. Denn indem dieser im stufenweisen Fortgang seiner Arbeiten auf der nächstfolgenden Ebene seiner Bemühungen irgendwelche fortan überflüssig dünkenden Ausarbeitungen der vorangehenden Arbeitsstufe verworfen haben wird, kann dieser Prozeß sogar wie eine Bekräftigung zugunsten des Herausgebers sowie dessen Rekonstruktionshypothese verstanden werden, weil offenkundig durch diese vom Autor selbst durchgeführte Selektion klargestellt wird, auf welche Materialien der Verfasser im Blick auf die letzte Reinschriftstufe wert gelegt und daher wohl auch umgekehrt die restlose Verwertung jener Materialien wie eine Forderung vorgezeichnet habe.

Diese Argumentation trifft durchaus den Befund der Vorlagen dieser Hegelschen Schrift und es kann gar nicht abgeleugnet werden, daß Hegel in der Tat dergleichen selektive Aussonderungen von Stufe zu Stufe vollzogen hat. Insofern aber davon auszugehen ist, daß Hegel auf sämtlichen Vorstufen einen jeweils größeren Umfang der heute überlieferten Texte ausgearbeitet haben muß, bleibt für den Herausgeber lediglich die Frage unzweideutig und mit einer schlüssigen Entscheidung klarzustellen, ob die faktisch zu verzeichnende Reduktion der Bestände von Fall zu Fall durch Eingriffe des Autors legitimiert, oder ob sie im fatalen Gegenschluß durch die Zufälle der Überlieferung verursacht worden sein mag und demzufolge die zuvor beanspruchte Rechtfertigung durch den Willen des Autors leider entbehren muß.

Im Falle der Verfassungsschrift wissen wir durch Vergleich einschlägiger Mitteilungen von Rosenkranz und auch Haym als Überlieferungszeugen für die hier zu besprechenden Manuskriptkonvolute, daß allerdings zu früheren Zeitpunkten ungleich umfangreichere Dokumentenbestände in Hegels Nachlaß vorgelegen haben, deren wirklicher Umfang allerdings schwer abzuschätzen ist. Diese Tatsache als solche führt zu einer ersten erheblichen Einschränkung jener Zuversicht zugunsten des Kriteriums des Textschwundes und seiner Umkehrung als Legitimationsprinzip einer Rekonstruktion. Doch jenes besondere Fragment einer Einleitung zur Verfassungsschrift, das aus dem Besitz der Bibliotheca Bodmeriana hervortrat, weist bei der handschriftlichen Eintragung von Eduard Gans ein Datum aus, das fatalerweise einige Jahre vor jenem anderen liegt, von welchem ab wir die Sichtung und Beschreibung der Nachlaßbestände durch Rosenkranz anzusetzen haben.

Beide Feststellungen geben somit unmißverständlich zu erkennen, daß der heute für eine Rekonstruktion verfügbare Nachlaßbestand der Textstücke auf gar keinen Fall mit dem einstmals in Hegels Hand noch vorhandenen übereinstimmen kann. Da ferner nicht zwingend zu entscheiden ist, ob die Bescheinigung von Gans auch das zweite Genfer Textstück eingeschlossen habe, das als solches jedenfalls nicht durch einen direkten Textzusammenhang mit dem beglaubigten verbunden ist, kann nicht einmal eine Vorstellung gebildet werden, in welchem quantitativem Ausmaß eine Reduktion schon vor der Untersuchung und Beschreibung durch Rosenkranz insgesamt zu vermuten sein mag. Beide textlich unverbundenen Stücke, die heute zusammen in einer Hand vorliegen, könnten somit aus unterschiedlichen Beweggründen und zu entsprechend abweichenden Zeitpunkten unabhängig voneinander dem Nachlaß entfremdet worden sein, so daß auch der Verlust weiterer Fragmente vor der Beschreibung von Rosenkranz und unabhängig von dem durch Gans beglaubigten Textfragment darüber hinaus nicht mehr auszuschließen ist.

Daraus folgt, daß nicht einmal eine hilfsweise unternommene Rekonstruktion der von Rosenkranz bezeugten und beschriebenen, seither jedoch verschollenen Textstücke eine irgend schlüssige Abschätzung des authentischen Umfanges der von Hegel für die Reinschrift dieser Verfassungsschrift zuverlässig zusammengestellten Schreibvorlage in dem Sinne ermöglichen kann, daß dadurch im Dienste einer definitiven integrativen Verschmelzung der gegebenen Materialien mit dem Anspruch auf eine hinreichend schlüssige Gesamtdarstellung eine zureichende Vorstellung der von Hegel zum fraglichen Zeitpunkt konzipierten Textfassung als Ziel seiner Planungen zu gewinnen wäre. Wenn aber eine derartige Gewißheit bezüglich der Gesamtidee fehlt, ist auch eine sichere Verknüpfung der Textstücke nicht zu entscheiden, um unter dieser Maßgabe gegebenenfalls eine – Hegel selber vorbehaltene – integrative Reduktion der vorhandenen Fragmente in ihrem jeweiligen Umfange zu rechtfertigen.

Nur in den Fällen, wo zwischen zwei verschiedenen Fragmenten weiter nichts als eine Differenz der Ausformulierung eines und des selben Gedankenganges und damit eine weitgehende Parallelität des Wortlautes nachweisbar sein mag, wird eine solche Reduktion ex eventu zu rechtfertigen sein. Doch dieser Befund, soweit er sich etwa bezüglich der Reinschriftfragmente vergleichend nachweisen läßt, kann sich in diesen Fällen zwar durch Hegels eigene Entscheidung gerechtfertigt wissen. Aber da jeweils bei den meisten Fragmenten der Vorstufen durch den Vergleich mit dem Reinschriftansatz in den früheren Textstufen noch ein mehr oder weniger erhebliches nicht integriertes Textquantum als Rest abgegrenzt wird, der als Teil der früheren Version einen eigenen Gedankenansatz der Vorstufe indiziert, so wird jenseits der durch Hegel selber verantworteten Auswertungsgrenzen die Legitimität solcher Verwertungsreduktionen aus der Vollmacht des Herausgebers gewissermaßen bodenlos. Der Herausgeber muß einräumen, daß ihm die Gesichtspunkte für Hegels weitere Planungen einer fortgesetzten Auswertung nicht bekannt sein können, weil er nicht durch das ihm verfügbare Integrations- und Reduktionskriterium einer bloß zeitlichen Differenz zwischen der früheren und der späteren Version die sachlichen Gesichtspunkte jener Entscheidungen für sich reklamieren kann, die Hegel bei dessen eigener reduktiven Verwertung der selben Materialien geleitet haben mögen.

Aus der Datierung der Entfremdung des Genfer Fragments geht hervor, daß die späteren Überlieferungszeugen in Wirklichkeit bereits einen reduzierten Umfang der einschlägigen Materialien beschreiben, ohne ihrerseits wegen der fehlenden einschlägigen Informationen eine Vorstellung von dem dadurch bedingten Verlust vorstellig machen zu können. Diese Feststellung aber erhärtet nicht bloß die oben erwähnte Mutmaßung einer insgesamt nicht mehr triftig einschätzbaren Gesamtreduktion der einstigen Materialbestände. Noch bodenloser ist die Gewißheit, daß wir aufgrund der vor und nach Rosenkranz‘ Untersuchung erneut eingetretenen Textverluste aus heutiger Sicht nicht einmal mit einer hinreichenden Sicherheit überall und in jedem einzelnen Falle zu entscheiden vermögen, ob Hegel selber oder ein Eingriff der Überlieferung für die gegenwärtig vorhandene reduzierte Fundlage verantwortlich zu machen sei. Infolgedessen wird aber auch jene zuvor erwogene Tauglichkeit des Kriteriums der Textreduktion, soweit sich dieses schlüssig auf Hegels Entscheidungen zurückführen lasse, vollends vage und unschlüssig, da wir nicht einmal mit letzter Zuversicht postulieren können, daß eine restlos integrierende Verwertung der Materialien zugleich die vermißte originale Konzeptionsidee durch empirischen Rückschluß aus dem Resultat selber ohne Einwände vorzuweisen haben könnte.

Unterscheidung zwischen der Reinschrift und deren Arbeitsvorlage

In dem Maße also, wie die Legitimation des Rekonstruktionszieles dieser Hegelschen Schrift mit Hilfe des vermeintlich unanfechtbaren methodischen Kriteriums einer approximativ anzustrebenden Minimierung der überständigen Reste als ein leerer Zirkelschluß durchschaut werden muß, wird eine weitläufigere Besprechung noch anderer Gründe gegen eine derartige Rekonstruktionsabsicht im Sinne der früheren Ansätze zu einer Leseausgabe sich erübrigen.

Dagegen wird es im folgenden darauf ankommen, unter den genannten Vorbehalten die im folgenden getroffene Anordnung der Texte zu erklären. Auch hier nämlich, so könnte man sagen, wird eine Rekonstruktion angestrebt. Doch diese betrifft nicht die oben diskutierte Integration der Textfragmente mit dem Ziel einer ununterbrochen durchlaufenden, jedoch niemals vom Verfasser abgeschlossenen endgültigen Version des Wortlautes. Die Rekonstruktion gilt vielmehr dem früheren Zeitpunkt innerhalb der Arbeitsstufen Hegels, an dem wir im Blick auf die planende Verfügung des Autors über seine Texte zwei inhaltliche Konzeptionseinstellungen Hegels mit hinreichender Klarheit auseinanderhalten können.

Denn an diesem gewissermaßen strukturellen Wendepunkt von Hegels Arbeitsprozeß im Dienste dieses Projektes müssen wir auf der einen Seite die ordnende Zusammenstellung der bis dahin erarbeiteten Materialien einschließlich irgendwelcher hier noch erfolgten letzten Niederschriften im Rahmen des Abschlusses der Vorbereitungen durch den Autor selber ansetzen, während er andererseits im Blick auf das Vorhaben einer erst später bloß ansatzweise zur Ausführung gelangenden Reinschrift zugleich einen Plan entworfen haben muß, der zwar weitgehend mit dem vorhandenen Material übereingekommen, jedoch kaum mit dessen gegebener Struktur als dieses zusammengesetzte Patchwork der Schreibvorlage für die Reinschrift ohne Umschweife identisch gewesen sein dürfte. Dieser scheinbare Selbstwiderspruch klärt sich im Falle der vorliegenden Textverhältnisse und Entstehungsstufen vergleichsweise leicht von selber auf. Denn wir müssen davon ausgehen, daß jene beiden verschiedenen Konzeptionsabsichten bei Hegel der facto an zwei erheblich voneinander unterschiedenen Zeitpunkten anzusetzen sind.

Hegel hat nämlich bereits im Sommer 1801 offenkundig beschlossen, seine bis dahin vorliegenden oder noch ausgearbeiteten Textstraten endgültig zu einem Abschluß in Gestalt einer Schreibvorlage für eine darauf aufbauende Reinschrift zusammenzuordnen. Dieses Konvolut also ist – wie auch immer durch die Überlieferung später beeinträchtigt – in den heute noch vorhandenen Textbeständen auch mit einer relativen Geltung im Sinne einer approximativ vorstellbaren Konzeptionsidee aus Hegels Blickwinkel darzustellen, wenn hier eine sinnvolle Anordnung der Texte gemäß einer Berücksichtigung inhaltlicher Beziehungen angestrebt wird. Dabei verschlägt es nichts, wenn zugleich der Reinschriftansatz vergleichend beigezogen wird, um gewisse Anhaltspunkte aus Hegels wirklich vollzogener Auswertung dieser Materialien zu gewinnen. Dieser Konzeptionsansatz aber ist durch seine Entstehungszeit fraglos von demjenigen des Reinschriftansatzes dadurch unterschieden, daß er mit Hegels Beurteilung seines Planes im Rapport zu den nachmals für ihn wesentlichen politischen Konstellationen der realgeschichtlichen Verhältnisse übereinstimmen mußte.

Da aber die Durchführung der Reinschrift aus lebensgeschichtlichen Beweggründen und Arbeitsanforderungen auf den Herbst 1802 aufgeschoben worden ist, wird man davon auszugehen haben, daß mangels irgendwelcher Indizien irgendeiner für uns noch ersichtlichen Hinzusetzung neuer Textstücke in dieser Zwischenzeit Hegel selber unter den veränderten Prämissen der realgeschichtlichen Verhältnisse jetzt rund ein Jahr später jedenfalls eine neuerlich mehr oder weniger modifizierte Konzeptionsidee entwikkelt haben dürfte, die ihn bei der Auswertung der aus dem Sommer 1801 stammenden Schreibvorlage nunmehr definitiv geleitet haben wird. Mit einer solchen Modifikation aber ist hier gemeint, daß Hegel sich sehr wohl seiner Vorarbeiten bedienen konnte, ohne daß wir aber wegen des fragmentarischen Zustandes sowohl des Reinschriftansatzes wie auch der Schreibvorlage jeweils mit einer letzten Gewißheit darüber zu befinden haben, ob Hegels Beweisziel seiner Darlegungen aufgrund der oben besprochenen methodischen Bedenken ihn vielleicht zu ungleich weitergehenden reduktiven Gesichtspunkten bei der Bearbeitung seiner Arbeitsvorlage bewogen haben oder ob dies nur wenig bzw. gar nicht der Fall gewesen sein mag. Diese Unsicherheit kann prinzipiell im Blick auf eine Fortsetzung und Vollendung der Reinschriftfragmente aber nicht ausgeräumt werden, da Hegel diese Arbeiten niemals bis zum Ende ausgeführt hat.

Ob oder inwiefern und in welchem Ausmaße der Konsequenzen jedoch eine solche Verschiebung des Gesichtspunktes letztlich gegeben gewesen sein mag, das ist nicht einmal hinreichend gewiß aus den Übereinstimmungen bzw. aufgrund einer von Fall zu Fall geringfügigen Differenz dieser endgültigen reinschriftlichen Auswertung der Arbeitsvorlage ohne weitere Bedenken auszuschließen. Denn die bloße

Kongruenz des Wortlautes oder seiner strukturellen Untergliederungen wird ebenso wie eine hier gleichfalls zu beobachtende modifizierende Abweichung letztlich nur jenseits der methodischen Grenzen einer editorischen Plausibilität durch eine interpretierende Auseinandersetzung mit den Texten in ihrer gedanklichen Bedeutsamkeit von Fall zu Fall abzuschätzen sein.

Indem sie dagegen den Vergleich der Textstraten und den gleichzeitig naheliegenden Rekurs auf die realgeschichtlichen Konditionen prinzipiell offenhält, ermöglicht die vorliegende Leseausgabe jedenfalls eine Abschätzung der Interpretation bezüglich der für sie relevanten Fragestellung, je nachdem ob die hier zu entwickelnden Gesichtspunkte für eine interpretierende Entscheidung in dem einen oder in dem anderen Sinne erkennbar machen mögen, auf welche eigene Weise Hegels Auseinandersetzung mit seinem Thema und dessen realgeschichtlich orientierter Entwicklung just gemäß dem eigenen Programm des Autors dieser politischen Studie letztlich zu einer Übereinstimmung zu bringen sein wird.

Bei der im folgenden zu besprechenden Textanordnung wird also der Reinschriftansatz Hegels einerseits den Materialien der Schreibvorlage als einem Kompositum der Vorentwürfe Hegels andererseits gegenübergestellt. Die bei der Arbeitsvorlage naturgemäß zu differenzierende Aufgliederung der Materialien nach ihren zeitlichen Entstehungsstufen, die zugleich den vier lebensgeschichtlich zu unterscheidenden Arbeitsstufen entsprechen, ist von Fall zu Fall durch den Rekurs auf die Erkenntnisse der Editio maior charakterisierend zu rechtfertigen.

In diesem Zusammenhang ist vor allem auf jene von H. Kimmerle erarbeitete relative Chronologie der verschiedenen Text- und Arbeitsstufen zu verweisen, deren Abgrenzung nicht allein eine zeitliche Abfolge der Fragmente erkennbar macht, sondern darauf aufbauend von Fall zu Fall konzeptionelle Differenzen der Abfassungsart gewisser Manuskriptgruppen zu unterscheiden erlaubt. Solche zuletzt erwähnten konzeptionellen Unterschiede müssen die deutende Einschätzung und Abwägung der Aufschlußkraft einzelner Textentwürfe aber an dem jeweils eigenen Bedeutungszusammenhang des wirklichen Wortlautes orientieren. Denn Hegel hat offenkundig nicht in allen Arbeitsstufen jeweils von neuem eine komplette Herstellung irgendwelcher publikationstauglich vollendeter Niederschriften intentioniert. Nicht zuletzt in Rücksicht auf gewisse realgeschichtliche Entwicklungen, die als eigentliche Interessengegenstände seines Projektes Hegel zuweilen zu einem Abwarten der nächsten politischen Konsequenzen nötigen mußten, wird er in Verbindung mit anderen Erfordernissen auch dazu bewogen worden sein, seinen von Stufe zu Stufe nunmehr neu zu organisierenden Plan der künftigen Ausarbeitungen vorderhand durch Vorentwürfe der thematischen Schwerpunktbildung oder durch die innovative Aufzeichnung gedanklicher Skizzen einer ersten stofflichen Durchdringung neuer Fragestellungen vorzubereiten, während er die eigentliche Ausarbeitung solcher konzipierender und daher schon im Zuge der Niederschrift auch fragmentarisch belassener Vorbereitungen auf spätere Arbeitsstufen verschieben mochte.

Hegel wird zum fraglichen Zeitpunkt der Herstellung seiner Arbeitsvorlage für die Reinschrift nicht ein jedes Manuskriptfragment mit überall gleicher Funktionsbestimmung im Sinne einer unmittelbaren Formulierungsvorgabe seiner reinschriftlichen Ausarbeitung zugeordnet haben. Vielmehr dürfte er die jetzt heranzuziehenden Materialien unter lockerer Beachtung der wirklichen Entstehungsverhältnisse bzw. der gegebenenfalls dadurch bedingten Differenzierung im Sinne früherer und späterer Versionen einer thematischen Darstellung nach ihrer sachdienlichen Funktion bzw. gemäß ihrer zugleich inhaltlich zweckdienlich dünkenden Abfassungsart sortiert haben, um die eigentlichen Formulierungsentwürfe des vorgesehenen reinschriftlichen Textes deutlich von bloßen Nebenstudien, Gedächtnisstützen in Gestalt skizzenhafter Brouillons, aber auch

Notizen im Dienste inzwischen erledigter Lektürerecherchen sowie sonstiger Aufzeichnungen wie z.B. Exzerpten als gesonderte Materialgruppen zusammenzufassen, falls etwa letztere entweder von ihm zuvor schon bei der Herstellung gewisser Textstraten verwertet oder aber als solche von vornherein niemals für die Herstellung des eigentlichen Textkonzeptes der Verfassungsschrift vorgesehen sein konnten.

Diese Erwägung ist zweifellos ganz überwiegend für die Gruppe der Exzerpte aus zeitgenössisch publizierten diplomatischen Urkunden anzunehmen. Gerade hier ist darauf hinzuweisen, daß Hegel sich bei der Ausarbeitung in allen Stufen aber auch über die heute erhaltene Zahl solcher Exzerpte hinaus in einem ganz erheblichen Ausmaß auf ähnliche Faktenrecherchen und sonstige Informationen aus historischen bzw. literarischen Quellen gestützt haben muß, auch wenn von solchen Notizen und sonstigen Dokumenten heute nur verschwindend geringfügige Überreste aufbehalten sind. Diese Annahme gründet auf der einfachen Überlegung, daß die durchgehende thematische Grundlage der gesamten Verfassungsschrift historischer Natur ist, so daß eine jede Untersuchung geschichtlicher Fakten und deren Zusammenhänge auf gar keiner anderen empirischen Basis heute wie damals aufgestützt werden kann, insofern wohl immer nur wenige Autoren hier einschlägig vergleichbarerer Schriften ihrerseits in Person als Augen- und Ohrenzeugen der von ihnen erörterten historischen Tatsachen ein eigenes auktoriales Wissen von diesen reklamieren können. Das galt selbstredend als einschränkende Bedingung auch für Hegels Auseinandersetzung mit dem Stoff der Verfassungsschrift; und mit welcher Sorgfalt er dergleichen Recherchen betrieb, das belegen eindrucksvoll genug die Pütter-Exzerpte. Dergleichen Notizen aus unterschiedlichen Quellentexten primärer wie erst recht sekundärer Qualifikation konnten aber ex tunc allenfalls mittelbar für die Herstellung der Reinschrift in einem weitesten Sinne von Belang sein, insofern es sich vielmehr um ganz anders einzuschätzende, eben darum überaus aufschlußreiche Dokumente handelt, welche uns trotz der vergleichsweise geringen Zahl der erhaltenen Stücke die Möglichkeit eröffnen, jene eher verschwiegenen Gesichtspunkte wenigstens umrißhaft nachzuvollziehen, aus denen Hegel den für ihn letztlich verbindlichen orientierenden Leitfaden seines Projektes im Blick auf den geschichtlichen Gang der Zeitereignisse geschöpft haben wird, um die von ihm gewünschte und jeweils abgewogene Nähe seiner Erörterungen zu den aktuellen politischen Ereignissen nicht zu verlieren.

Aus den bisherigen Darlegungen geht hervor, weshalb die Absicht einer hier realisierten Studienausgabe sich weder durch die Nachbildung der historisch-kritischen Edition, noch erst recht durch einen neuerlichen Versuch einer Rekonstruktion im herkömmlichen Sinne früherer Ausgaben einlösen ließ. Der Entschluß zugunsten einer näherungsweisen Wiederherstellung derjenigen Unterscheidung und Qualifizierung des Textgutes, wie eine solche Aufteilung sich aus Hegels Blickwinkel im Zuge der vorläufig abschließenden Niederschrift der Arbeitsvorlage nahelegen mochte, ist daher auch nicht wie eine Kompromißlösung aufzufassen, die lediglich einen halben Schritt von der in der Editio maior gewählten Anordnung der Texte gemäß der relativen Chronologie zurück zu der rekonstruierenden Aufgabenstellung der früheren Ausgaben vollziehen wollte.

Die erste Unterscheidung gegenüber den früheren Ausgaben ist darin zu erkennen, daß die Rekonstruktion ihren Orientierungspunkt gerade nicht in dem problematisch vorauseilenden und deshalb nicht zu legitimierenden Vorgriff auf eine Vollendung jener von Hegel niemals zuende geführten Reinschriftfragmente erkennt. Vielmehr wird im Gegenteil derjenige vor der Reinschrift liegende Ausgangspunkt von Hegels abschließenden Arbeiten ins Auge gefaßt, an dem die vorliegenden Materialien, deren Vollständigkeit aber durch die Überlieferung in einem unbestimmten Ausmaß prinzipiell aufgehoben wurde, aus Hegels Blickwinkel zumindestens die Hauptmasse des übrigbehaltenen Bauzeuges für dieses Projekt in der darauf aufbauenden reinschriftlichen Version dargestellt und auch insgesamt in einer für ihn schlüssigen und tauglichen Anordnung versammelt haben müssen.

Damit ist jener zeitlich und sachlich abzugrenzende Punkt des gesamten Arbeitsprozesses gemeint, welcher nach der Fertigstellung der Textstraten der dritten Arbeitsstufe und vor der Durchführung der Reinschriftkonzeption anzusetzen ist. Dieser Zeitpunkt fällt daher auch nicht einfach mit der dritten Arbeitsstufe zusammen, deren Abschluß vielmehr vorausgesetzt wird, während die Durchführung des Reinschriftansatzes hiermit ausdrücklich noch nicht in Angriff genommen, sondern auf einen späteren Zeitpunkt verschoben wurde. Erst durch diese Abgrenzung treten die beiden Materialblöcke deutlich auseinander, die in Hegels Nachlaß dergestalt zu differenzieren sind, daß auf der einen Seite der Ansatz der Reinschrift und auf der anderen sämtliche Materialien der Vorbereitung von deren Durchführung jeweils zusammengefaßt vorstellig gemacht werden.

Dabei wird Hegel aufgrund der Natur der Sache solche Entwürfe bevorzugt unterschieden und zusammengezogen haben, welche aus seinen Bemühungen im Rahmen der jüngsten Arbeitsstufe hervorgegangen waren und insofern auch eine überlegene Verbindlichkeit bezüglich einer Gültigkeit dieser Arbeitsvorlage und ihres Wortlautes für ihn besessen haben müssen. Dieselbe Überlegung jedoch wird ihn auch veranlaßt haben, ältere Entwürfe und Nebenarbeiten je nach der besondern Abfassungsart als bloße Skizzen, Vorarbeiten oder mehr oder weniger ausgeführte Brouillons einer ersten Verständigung bezüglich gewisser thematischer Zusammenhänge ebenfalls zusammenzufassen, soweit deren Textverlauf ihm in einer nicht mit der vorigen Textgruppe vergleichbaren Weise weniger für die unmittelbare Auswertung als Schreibvorlage für die Reinschrift geeignet erscheinen mochte und wahrscheinlich eher hilfsweise von Fall zu Fall in der Funktion einer Gedächtnisstütze herangezogen worden sein wird.

Es versteht sich von selbst, daß unbeschadet der inhaltlichen Bedeutung der zuletzt erwähnten Fragmentengruppe Hegel selbst bei der Zusammenordnung dieser Stücke immer auch die frühere Entstehungszeit der einzelnen Fragmente berücksichtigt haben wird. Deshalb scheint es sinnvoll, daß auch hier die Anordnung der Textfragmente nach dem Gesichtspunkt der relativen Chronologie erfolgt, durch welche die Entstehungsverhältnisse für den Leser erkennbar werden.

Wenn danach die übrigen Nebenarbeiten und in Sonderheit sämtliche Notizen, vornehmlich aber die Exzerpte in einer weiteren Gruppierung als Beilagen zusammengezogen werden, dann dürfte sich eine Rechtfertigung aus der inhaltlichen und formalen Beschaffenheit dieser Dokumente wohl erübrigen. Anzumerken ist aber doch, daß hier auf eine Abbildung der relativen chronologischen Datierungsgesichtspunkte nicht lediglich mechanisch geachtet wird, weil diese teils relative und teils auch durch absolute Indizien im Sinne eines Terminus post quem der Niederschrift gegebene zeitliche Anordnung aus einem weiteren Gesichtspunkt bedeutsam sein muß. Denn die Entstehungszeitpunkte der fraglichen Exzerptnotizen aus Hegels fachlich einschlägiger Lektüre beispielsweise des staatswissenschaftlichen Werkes von Pütter oder auch aus anderer Perspektive das Machiavelli-Exzerpt stehen infolge ihrer Auswertung im Rahmen der von Hegel auf dieser sekundären Informationsgrundlage erarbeiteten Ausführungen von Fall zu Fall auch in einem besonderen Nexus untereinander. So können im Falle der Pütter-Notizen aufgrund einer inhaltlichen Prüfung des darin dokumentierten Informationsinteresses von Hegel über die gewöhnliche Bedeutung solcher Literaturrecherchen hinaus gegebenenfalls Einsichten gewonnen werden, welche die Beweggründe jenes Interesses umgekehrt auf solche tagespolitisch aktuellen Ereignisse der von Hegel gleichzeitig beobachteten realgeschichtlichen Entwicklungen verweisen, die durch ihre eigene inhaltliche Bedeutsamkeit für den Fortgang der gesamten politischen

Verhältnisse wenigstens mittelbar faßbar machen, aus welchen gedanklichen Motiven und realgeschichtlichen Innovationen Hegel seine entsprechend immer noch im Fluß befindliche konzeptionelle Ausgestaltung des eigenen Beweisansatzes daraufhin ausgerichtet haben mag. Jedenfalls gibt es auch inhaltliche Zusammenhänge zwischen einzelnen Auszügen aus gewissen Reichstagsvoten einerseits und jenen Pütter-Exzerpten andererseits, wenn nämlich über die faktisch vorhandenen Textauszüge Hegels hinaus der von ihm selbstredend im Ganzen zur Kenntnis genommene Umfang und Inhalt der betreffenden Voten stillschweigend in Anschlag gebracht wird.

Die übrigen Exzerpte aus der Tagespresse und hier insbesondere der Nachrichten über gewisse Entscheidungsprozesse im Kontext der machtpolitischen Interessenkonflikte und Zielsetzungen seitens der handelnden Mächte innerhalb oder auch außerhalb des Reiches bzw. der diplomatischen Aktionen in Gestalt der übrigen Verhandlungsvoten der zu Regensburg permanent tagenden Reichsstände dürften nicht als eventuelle Vorlagen zugunsten einer mehr oder weniger direkten Zitation im Rahmen der Textkonzeption von Hegel selbst aufgezeichnet worden sein. Ihr eigentlicher Aufschlußwert liegt vielmehr zweifellos darin, daß diese Auszüge signifikanter Pointen aus diplomatischen Urkunden, deren vollständiger Wortlaut in allen Fällen bei weitem den Umfang der Notizen übersteigt und vernünftigerweise auch als die dadurch bezeugte Informationsgrundlage in Hegels Selbstverständigung über seine Einschätzung der politischen Geschehnisse vorauszusetzen ist, diejenigen Anhaltspunkte dokumentieren, unter denen Hegel die politischen Begebenheiten verfolgt und aufgrund dieser Informationen im Dienste einer ureigenen Meinungsbildung für sich selbst notiert und natürlich auch für seine Textkonzeption zu unterschiedlichen Zeitpunkten fruchtbar gemacht haben muß. Daher nützt es in aller Regel nur relativ wenig, wenn lediglich der von Hegel wirklich ausgezogene und gelegentlich bis zur Unverständlichkeit verkürzte Wortlaut jener Exzerpte als solcher zur Kenntnis genommen wird, wie wenn es sich um eine nicht verwertungsfähige Zitation fremder Texte handelte.

Erst eine Würdigung des historischen Kontextes vermag von Fall zu Fall zu erschließen, weshalb Hegel sich die fraglichen Notizen als Gedächtnisstützen im Dienste seiner Selbstverständigung angefertigt haben mag. Darüber sind gegebenenfalls die sachlichen Anmerkungen der Editio maior zu konsultieren, in denen wider das in solchen Fällen geradewegs selbstwidersprüchliche Restriktionsgebot der dortigen Editionsprinzipien wenigstens ein Mittelweg gesucht wurde, um dem zwangsläufigen Dilemma einer gedankenleeren mechanischen Nachweisung der jeweiligen Fundstellen einerseits und der angesichts des zuweilen enormen Umfangs der Dokumente unmöglich realisierbaren Erwartung eines kompletten Abdrucks des fraglichen Kontextes andererseits einigermaßen erfolgreich zu entgehen.

Ordnung der Fragmente

Hegel hat seine Arbeiten im Dienste des Projekts der Verfassungsschrift gemäß den Resultaten der buchstabstatistischen Chronologie von Heinz Kimmerle in vier unterscheidbaren Arbeitsstufen aus einem jeweils dabei vorauszusetzenden neuen Anlauf der Ausarbeitungen unternommen.

Die erste Stufe fällt in die Zeit seines Aufenthaltes in Frankfurt und muß aus der hier wesentlichen Orientierung der relativen chronologischen Entstehungsverhältnisse bezüglich jener ganz wenigen überlieferten Textstücke insgesamt auf den 28. 4. 1799 als Terminus ad quem bezogen werden. Dieses Datum bezeichnet die dramatische Unterbrechung der Rastatter Friedensunterhandlungen zwischen dem Reich und der französischen Republik infolge der Ermordung der französischen Delegation durch österreichische Husaren und im Anschluß daran den Ausbruch der Kriegshandlungen im Rahmen des zweiten Koalitionskrieges.

Die zweite Stufe wird nach dem Frieden zu Luneville im Februar 1801 zu datieren sein. Hier setzt Hegel mit neue Entwürfen zu der Schrift in Folio an, die eine eigene Ausarbeitungsstufe bilden.

Diese Arbeiten scheinen nach den buchstabenstatistischen Kriterien bis etwa in den März und vielleicht den Anfang des April betrieben worden zu sein, um dann wahrscheinlich eine erneute Unterbrechung zu erfahren. Dieser Zeitraum findet eine schlüssige Entsprechung in gewissen Anhaltspunkten der absoluten Chronologie. Denn die Bekanntgabe der Präliminarbedingungen sowie der Unterhandlungsresultate aus dem Februar 1801 zu Luneville fällt zwar de facto mit der Einstellung der Kriegshandlungen und auch mit der Festsetzung der wesentlichen Artikel jenes Diktatfriedens zusammen. Doch wurde auf Wunsch des Ersten Consuls Bonaparte die feierliche Proklamation des Friedensschlusses und dessen förmliche Ratifizierung durch den Kaiser im Namen des deutschen Reichsverbandes erst zu Paris unter dem offiziellen Datum des 16. 3. 1801 vollzogen.

Daher wird man annehmen können, daß Hegel bis zu diesem Zeitpunkt noch mit den Entwürfen ab Februar 1801 beschäftigt war, welche im wesentlichen einen konzipierenden Charakter zeigen, obwohl auch diese Stücke einer besonderen Gliederung folgen. Zur selben Zeit wird auch die Preisgabe der ersten Version der Schrift aus Frankfurt zu unterstellen sein.

Von April bis in den August 1801 lassen die buchstabenstatistischen Angaben eine dritte Arbeitsstufe erkennen, auf der Hegel mit großer Energie wiederum auf Folio-Bogen die Vorbereitungen für eine Schreibvorlage der endgültigen Reinschrift betrieben hat. Daß Hegel das Folio-Format für diese Niederschriften gewählt hat, zeigt zunächst an, daß Hegel sich die Abfassung der Reinschrift im Sinne einer direkten Anbahnung der Druckpublikation damals offenbar noch vorbehalten zu haben scheint. Daß diese Folio-Niederschriften aber von der vorangehenden Stufe deutlich unterschieden sind, das beweist die ungleich breitere Ausformulierung der Stücke, in denen auch teilweise eine Auswertung der vorangehenden Foliostufe unternommen wurde. Auch hier findet sich eine neuerliche Gliederung nicht nur in den Fragmenten. Hegel hat vielmehr seine jetzigen Arbeiten ad hoc durch eine Montage einzelner Stücke aus der zweiten Stufe ergänzt. Ferner gibt es vereinzelte Dubletten zu der älteren Foliostufe des Frühjahrs.

Wesentlich scheint, daß Hegel von vornherein nicht daran gedacht hat, die gesamte Vorlage in einem Zuge auszuformulieren und dabei die älteren Vorentwürfe entsprechend auszuwerten. Vielmehr gibt es auf einzelnen Foliofragmenten Gliederungseintragungen, die offenkundig gewisse Fragmentgruppen älterer Niederschriften ohne eine besondere sprachliche Verknüpfung derselben nach thematischen Gesichtspunkten zusammenfassen sollten, ohne dabei eine neuerliche Untergliederung des Textverlaufs vorzuzeichnen. Daraus geht hervor, daß eine Bestimmung von Hegels Plan im Blick auf die endgültige Auswertung dieser Vorlage auf außerordentliche Schwierigkeiten stoßen muß, wenn es sich letztlich um die restlose Verwertung sämtlicher Manuskriptgruppen handelt. Denn anhand der betreffenden Ziffern ist ersichtlich, daß keineswegs sämtliche jener Manuskriptgruppen komplett bis heute überliefert worden zu sein scheinen, so daß eine abermalige Erschwerung den Weg verlegt, um aus solchen Gruppierungen auf den vollständigen Bestand der erhaltenen Manuskripte dieser Vorlage zurückzuschließen. Dieser Befund wird aber dadurch verstärkt, daß ausweislich der Mitteilungen von Rosenkranz mit Sicherheit gerade auch die Entwürfe aus dem Sommer 1801 durch die Überlieferung verkürzt und in einem unbekannten Ausmaß fragmentiert worden sein müssen.

Beide Stufen in Folio sind also nicht allein durch Hegel fragmentiert worden, da offenkundig auch erhebliche Verluste aufgrund der Überlieferung zu verzeichnen sind.

Die vierte Stufe wird durch den Ansatz der Reinschrift in Quartformat dokumentiert, die nach den buchstabenstatistischen Angaben erst im Herbst 1802 in Angriff genommen wurde. Zwischenzeitig hat Hegel keine neuen Textkonzeptionen vorgenommen, sondern lediglich einzelne Exzerpte aus den maßgeblichen Reichstagsvoten der Reichsstände sowie andere Nachrichten aus der europäischen Politik Frankreichs und Englands aufgezeichnet. Die Reinschrift bricht durch Hegels eigenen Beschluß fragmentarisch ab.

REINSCHRIFTANSATZ (HERBST 1802)

Die Fragmente der Reinschrift weisen eine Lücke der Überlieferung aus, die in der vorliegenden Ausgabe durch den Vergleich mit den einschlägigen Texten der Vorstufe jedoch ausgeglichen werden kann. Diese Ausbesserung des Wortlautes wurde auch in den früheren Ausgaben mit den selben Argumenten der Textvergleichung gerechtfertigt. Denn die Schnittstellen des Textes am Anfang und am Ende der Lücke lassen sich ohne Differenzen des Wortlautes zur Deckung bringen, weil Hegel offenkundig im wesentlichen den Formulierungsvorgaben der betreffenden Vorarbeiten gefolgt ist. Dennoch wird bei der späteren Wiederholung jenes Textstückes der Vorstufe als Teil der gesamten Rekonstruktion jener Schreibvorlage für die ganze geplante Reinschrift der betreffende Textausschnitt nicht weggelassen, sondern als Dublette hingenommen. Denn es scheint zugunsten einer Authentizität der jeweiligen Textverhältnisse angezeigt, daß der Leser die ursprüngliche Fortsetzung des Textes jenes älteren Fragments im Zusammenhang würdigen mag. Im übrigen zeigt der Fortgang von Hegels Auswertung seiner Vorlage lediglich an, daß er in der Tat innerhalb gewisser sachlicher Themenschwerpunkte sich an den vorgearbeiteten Wortlaut angelehnt hat. Ob dieses Prinzip auch danach von ihm immer weiter vorgesehen war, das hängt nicht zuletzt von der problematischen Antwort auf die Frage ab, aus welchen Gründen er sich bei dem Abbruch der Reinschrift bewogen glauben mochte, daß eine Weiterarbeit an der Schrift und d.h. vor allem deren Publikation sinnlos sein müsse.

Daß die Gründe dafür in der Entwicklung der politischen Verhältnisse im Blick auf den Reichsdeputationshauptschluß zu suchen sein dürften, das ist eine mehr oder weniger triviale Mutmaßung und braucht als eine solche auch nicht bestritten zu werden. Doch just diese Problematik konvergiert mit jener oben erörterten Fragestellung einer möglichen Rekonstruktion der Verfassungsschrift, wenn hier das Postulat eingeführt wird, wonach Hegels erweisliche Heranziehung der Arbeitsvorlage aus dem Sommer 1801 noch im Herbst/Winter 1802 als solche für die Rechtfertigung einer derartigen Rekonstruktion als hinreichendes Indiz zu gelten habe. Dabei wird unterstellt, daß man Hegels reinschriftliche Konzeptionsstufe aus den erhaltenen Fragmenten derart ergänzen könne, als ob der Verfasser jene Vorarbeiten aus dem Sommer 1801 unbesehen zu übernehmen gedachte. Das gilt in inhaltlicher Rücksicht jedoch allenfalls in dem sachlichen Umfang, wie in Hegels Analysen aus dem Jahre 1801 jener Ursachen des verlorenen Krieges ins Auge gefaßt werden, welche die Vorlage vom Sommer 1801 allerdings resümiert. Dazu zählt – aus Hegels eigenem Blickwinkel – unstreitig die sachliche Diskussion jener historischen Tatsachen und Zusammenhänge, welche nach Hegels Überzeugung im Zuge der Luneviller Friedensunterhandlungen als dem Resultat jenes vorangegangenen Kriegsverlaufes zutagegetreten sind, indem Hegel dabei eine rückwärtsgewandte kritische Analyse der geschichtlichen Bedingungen unternimmt und ferner auch eine weit gefaßte Diskussion der staatsrechtlichen Theorien beispielsweise von Montesquieu, Voltaire oder auch von deutschen Autoren des Staatsrechts im selben Zusammenhang als polemische Reflexion zusätzlich entwickelt.

Wesentlich ist aber für eine Einschätzung jener vermeintlich bloß »historischen Exkurse« Hegels ein ganz anderer und von heute geurteilt verblüffender Tatbestand. Denn bei jenen angeblichen »Exkursen« verfolgt und diskutiert Hegel in Wahrheit gewisse ineffektive und letztlich hilflose Argumentationsstrategien, welche auf der Seite der Bevollmächtigten seitens des Kaisers und des Reiches bei den Luneviller Friedensunterhandlungen wirklich vorgetragen wurden, um die Verhandlungsposition Cobenzls (als des Vertreters des Kaisers) unter Berufung auf ein diplomatisches Herkommen und gewisse Gepflogenheiten seit den westfälischen Friedensschlüssen konkret durch Präzedenzrekurs zu legitimieren. Sämtliche kritischen Erörterungen jener vorgeblich bloß »historischen Exkurse« besitzen somit aus Hegels Blickwinkel und erst recht für die zeitgenössische Rezeption eine ganz eigene und überaus aktuelle Bedeutung, wie auch Hegels Kritik der »Staatsrechtslehrer« in dieser Schrift zuerst und zuletzt dadurch motiviert worden sein mag, daß der Bevollmächtigte des Kaisers von seinem Kontrahenten, Joseph Bonaparte, im Zuge der Verhandlungen wegen der zögerlichen Berufung auf den langsamen Geschäftsgang des Reichstages zu Regensburg wiederholt auf Befehl des ersten Consuls gedrängt und zuletzt wohl auch mit peinvollen Fragen über die Verfassungsurkunde des deutschen Reiches konfrontiert wurde, indem die französische Seite auf die klaren Maßgaben der republikanischen Verfassung und deren Regelungen bezüglich der Kompetenzzuweisungen an ihre Bevollmächtigte über Krieg und Frieden verwies.

Ähnliche Zusammenhänge aber sind bis in das Jahr 1802 weiterhin zu verzeichnen, als etwa am 18. 8. 1802 von den vermittelnden Mächten Frankreich und Rußland beim Reichstag ein Vollziehungsplan für die bevorstehende Säkularisierung und Mediatisierung der geistlichen sowie der kleineren vormals souveränen Reichsstände vorgelegt und zugleich publiziert wurde, der in danach nochmals modifizierter Gestalt durch das vorläufige »Conclusum« der Reichsversammlung vom 8. 9. 1802 als Verfahrensgrundlage gebilligt wurde. Für die weiteren Verhandlungen war eine Frist bis zum 24.10.1802 fest vereinbart worden, so daß im Blick auf die relative Öffentlichkeit der hier abgewickelten Auseinandersetzungen zwischen den Reichsständen jeder einschlägig informierte Zeitgenosse ebenso wie Hegel als Autor dieser Schrift bei deren etwaiger Publikation in dem fraglichen Zeitraum hätte leicht erkennen können, auf welche genau bestimmten Begebenheiten und Entwicklungen im aktuellen politischen Kontext deren Verfasser seine Argumentation nicht einmal in versteckter Weise ausgerichtet wissen wollte.

Diese Züge belegen aber bezüglich des eigentlichen Planes dieser Schrift, daß Hegel in jenen historischen Analysen des Friedens zu Luneville einschließlich der historischen Konditionen und Beweggründe des Niedergangs des Reiches nicht das ganze und letzte Interesse dieser Abhandlung erkannt haben kann. Wesentlich war ihm zugleich das Plädoyer für eine neue politische Gesinnung, die er als Frucht jenes katastrophalen Untergangs des Reiches im Gegenschluß zu skizzieren versucht und welche Bemühung jedenfalls im Abschluß der Schrift zweifellos ihren programmatischen Ausdruck finden sollte. Folgt man einem Vergleich mit jener aufschlußreichen Stelle im Naturrechtsaufsatz[1], welchen Hegel zur selben Zeit neben dem Reinschriftansatz der Verfassungsschrift ausgearbeitet und sogar zum Druck gebracht hat, indem er durch Selbstzitation wesentlicher Gedankenansätze aus der Verfassungsschrift jedenfalls die im Rahmen des Reinschriftansatzes leitende politische Absicht dieser politischen Flugschrift für sich in seiner eigenen Selbstverständigung und näherhin im Rahmen seiner in dem Aufsatz thematischen Kritik des Fichteschen Naturrechtes geklärt zu haben scheint, dann zeigt sich dort noch ein konkreteres Anliegen, das Hegel aus philosophischer

1 Vgl. Gesammelte Werke Band 4, *Ueber die wissenschaftlichen Behandlungsarten des Naturrechts, seine Stelle in der praktischen Philosophie, und sein Verhältniss zu den positiven Rechtswissenschaften*. hier S. 482 ff.

Sicht gegenüber der tagespolitischen Entwicklung zugunsten eines »aufgelösten Volkes« wie dem deutschen zur Geltung bringen will. Ihm geht es dort um einen neuen politischen Geist der Gesetzgebung, die nicht länger als »negative« den »positiven« Gesetzen der Vereinigung der Staatsmacht entgegenstehen dürfe. Dieses philosophisch-politische Postulat, das hier in Auseinandersetzung mit der kantischen und fichteschen Naturrechtstheorie entwickelt wird, deutet verborgen in der Tat auf die gleichzeitig in den damaligen Verfassungsorganen Frankreichs tätige Gesetzgebung, welche aus dem Ansatz der consularischen Verfassung in Bezug auf die – von Sieyes neu reformulierte – Idee des einen und unteilbaren Nationalstaates soeben mit der Entfaltung des »Code civil« der inneren Rechtsform des gesellschaftlichen Lebens gemäß jener Staatsidee eine neue Gestalt zu verleihen strebte.

Wenn Hegel von dem »Resultat« jenes zweiten Koalitionskrieges spricht, dann meint er weniger die militärischen Operationen und daraus folgenden Begebenheiten wie z.B. Napoleons berühmte Überquerung der Alpenpässe mit der von ihm aufgestellten Reservearmee, um das belagerte Genua zu entsetzen und – zuletzt bei Marengo – die österreichischen Armeen aus Oberitalien zurückzudrängen. Das gilt ebenso für die Operationen Moreaus in Süddeutschland, der die Hauptarmee der österreichischen Kaisermacht bei Ulm in ihren Bewegungen gelähmt und bei Hohenlinden geschlagen hatte, obwohl Seitenblicke auf dergleichen zeitgeschichtliche Ereignisse sich in Hegels Ausführungen als deren konkreter historischer Hintergrund durch zahlreiche Anspielungen immer wieder abzeichnen. Für Hegel sind nicht diese historischen Tatsachen, sondern die strukturellen Ursachen jener Ereigniszusammenhänge entscheidend, weil sie nach seiner Überzeugung keineswegs bloß irgendwelche Schwächen oder Mißstände der immer noch vorläufig bestehenden Reichsverfassung, der Reichsfinanzen oder auch irgendwelche militärische Organisationsgebrechen des alten deutschen Reichsverbandes durch den baren Mißerfolg im

Kampf mit der französischen Republik offengelegt haben, welche durch irgendeine postulatorische »Reformation« der Reichsverfassung »an Haupt und Gliedern« zu beheben wären.

Werden diese Analysen Hegels daher für sich ins Auge gefaßt, dann kann man sich in der Tat schlüssig erklären, daß und inwiefern Hegel unirritiert von der zwischen dem Sommer 1801 und dem Herbst 1802 geschehenen politischen Entwicklung auf seine Schreibvorlage für die Reinschrift getrost zurückgreifen konnte, da jene Untersuchungen in der Tat gar keine konservierenden »Reformvorschläge« der alten Reichsverfassung involvieren, sondern in Wahrheit als ein politisches Plädoyer zugunsten der einen und einzigen These zu begreifen sind, wonach keine »Reform« des Reiches und seiner Verfassung, sondern die radikale Beseitigung aller jener Strukturen den einzigen Ausweg bildet. Diese Beseitigung und Aufhebung der fraglichen Strukturen aber bedeutet nichts anderes als die politische Beseitigung der fraglichen Reichsverfassung überhaupt, da diese in ihrem Status quo immer weiter ohne jene von Hegel vernichtend analysierten Teile ihrer Organisation nicht einen Tag länger existieren könnte.

Wäre nur dies als Hegels Beweisziel zu begreifen, dann bestand für Hegel kein Grund, die Weiterarbeit an der Reinschrift aufzugeben und von der Veröffentlichung Abstand zu nehmen. Denn diese historisch orientierte Analyse der Fakten einer politischen Entwicklung wird aus dem so definierten Blickwinkel des Verfassers als eine solche Entschlüsselung der näheren und nächsten Ereigniszusammenhänge selbst dann nicht falsch, wenn irgendwann von den politischen Handlungsträgern vielleicht aus ganz unvorhersehbaren Veranlassungen eine plötzliche Richtungsänderung ins Werk gesetzt würde.

Daher kann der eigentliche Beweggrund des Abbruchs der Reinschrift und die Aufgabe des damit verfolgten Planes dieser politischen Publikation für den Urheber eben dieser Untersuchungen nicht in diesen seinen Untersuchungen selbst gesucht, sondern allenfalls und ausschließlich aus gewissen Änderungen der vom Autor just durch diese selben Erkenntnisresultate und deren hiermit als unwiderlegbar wahr reklamierten Beweisansatz schlüssig entwickelten politischen Programmformulierung zu finden sein. Dieses Programm nämlich enthält die eigentliche Zielsetzung dieser Schrift und mußte ihr in Hegels Augen ihre eigentliche Schlüssigkeit in dem selben Maße verleihen, wie es deren Verfasser gelingen konnte, seine konkreten und über jede »Reform« hinaus politischen Vorschlägen mit der Folgerichtigkeit einer »analytischen« Beweisführung aus jenen festgestellten Gebrechen zu entwickeln. Denn Hegel als Urheber der einen wie der anderen Zielsetzung mußte sich doch zunächst vor die grundsätzliche Frage gestellt wissen, ob entweder die von ihm unternommene Beweiskonzeption von dem unvorhergesehenen Resultat als falsch erwiesen, oder ob umgekehrt die wirklichen Entscheidungen der politischen Handlungsbevollmächtigten im damaligen Kräftespiel der Mächte gegen jede politische Vernunft im Rückblick auf die von Hegel zuvor analysierte historische Realität von deren wahren Strukturzusammenhängen widerlegt worden seien.

Es fällt jedenfalls schwer zu glauben, daß Hegel im Herbst 1802 als sachkundiger Beobachter der politischen Entwicklung ausweislich der von ihm exzerpierten politischen Dokumente, Reichstagsvoten usw. usw. eventuell von der Proklamation des Reichsdeputationshauptschlusses als diesem historischen Faktum aus dem Frühjahr 1803 womöglich aus heiterem Himmel überrascht und überrumpelt worden sein könnte. Diese Unterstellung dürfte darum abwegig sein, weil jedermann zum fraglichen Zeitpunkt ganz gewiß auf der nachweislich durch seine Exzerpte für Hegel verfügbaren sowie über die bloß zufällige Überlieferung derselben hinaus mit an Sicherheit grenzender Wahrscheinlichkeit leicht aus der zeitgenössischen Publizistik zu verschaffenden Informationsgrundlage spätestens um die Zeit der Inangriffnahme der Reinschrift im Herbst 1802 davon zwingend auszugehen hatte, daß in einer allernächsten Zukunft ein derartiges Resultat im Sinne einer definitiven Konvergenz der lange zuvor angebahnten politischen Beschlußfindung der handelnden Mächte zu erwarten war. Keinem anderen Ziel und Zweck dienten jene Erklärungen der Reichsstände, welche das betreffende »Konklusum« der Reichsversammlung politisch einzuleiten hatten.

Deshalb kann die politische Aussicht auf einen derartigen »Hauptschluß« der »Reichsdeputation« zum Zeitpunkt des reinschriftlichen Konzeptionsansatzes aus plausiblen Gründen sogar zu den Prämissen Hegels bei der Absicht einer Vollendung der Schrift gezählt werden.

Insofern wird ehestens davon auszugehen sein, daß Hegel von einer ganz anders orientierten Fragestellung zu dem Abbruch der Reinschrift bewogen wurde, insofern nämlich bis in den Herbst 1802 für ihn die Fertigstellung seiner Flugschrift von der Problematik abhängig gewesen sein mußte, ob seine programmatische Empfehlungen zugunsten einer neuen Organisation der künftigen politischen Kräfteverhältnisse in Deutschland überhaupt noch jene Adressaten beraten oder in ihrer Interessendefinition fördern könne, für deren Rezeption Hegels politisches Programm von vornherein entworfen worden sein wird. Hegel muß demnach den Sachgrund für die Preisgabe seines Projektes einzig von der weiteren Existenz jener von ihm vorausgesetzten Interessengruppierung innerhalb des politischen Kräftespiels abhängig gewußt haben, für die seine Vorschläge einer Veränderung der politischen Bewußtseinsbildung zugunsten neuer staatlicher Ansätze in Deutschland überhaupt relevant sein konnten. Diese Rezeptionshintergründe indessen, auf die Hegels Analysen und programmatischen Empfehlungen in Wahrheit abgestellt waren, konnte mit Preußen auf gar keinen Fall identifiziert werden; sie sind aber darüber hinaus auch nicht mit den Interessen der österreichischen kaiserlichen Regierung in Übereinstimmung zu denken, sondern dürften ehestens in jener »mittleren« Gruppierung der vormaligen Reichsstände zu entdecken sein, in deren mehr oder weniger konstituierter Interessenkoalition zugunsten eines Fortbestandes der jetzt bedrohten Souveränitätsansprüche damals beispielsweise auch Hegels Landesherr, der Herzog von Weimar, weit mehr durch seinen Jugendfreund Dalberg zum fraglichen Zeitpunkt eingebunden zu denken ist. Kein Wunder, daß die Exzerpte Hegels auch ein Interesse an dem politischen Schicksal der großen Reichsstädte wie z. B. desjenigen von Frankfurt bezeugen. Als Hegel – wahrscheinlich längst vor dem Reichsdeputationshauptschluß – im Winter 1802 klar geworden war, daß für die von ihm befürwortete Veränderung der politischen Bewußtseinsbildung die faktisch von ihm ins Auge gefaßte Grundlage durch die sich abzeichnende Neuordnung der politischen Kräfteverhältnisse entfallen mußte, wird er auch den Plan dieser Schrift als gescheitert erkannt haben.

Denn auf dieses politische Konzept war auch die Beweisführung in jenem analysierenden Teil der von ihm früher (1801) erarbeiteten Materialien abgestellt gewesen und es bestand aus seinem Blickwinkel nicht der geringste Grund mehr, um die Resultate seiner Untersuchungen einer politischen Entwicklung entgegenzuhalten, in welcher niemand beteiligt war, der aus seinen Einsichten die Konsequenzen gezogen hätte. Das ist aber auch inhaltlich der entscheidende Grund dafür, weshalb eine Rekonstruktion dieser Schrift aus den Absichten des Verfassers von heute her scheitern muß. Denn die politischen Prämissen des Verfassers ebenso wie dessen politische Zielsetzungen lassen sich aus den vorhandenen Materialien so wenig erheben, wie es umgekehrt kaum möglich sein dürfte, die Absichten und Hoffnungen einer politischen Gesinnung ihres Verfassers auszumitteln, die derselbe nicht in seinen historischen Analysen hinterlegt hat.

DIE VORLAGE DER REINSCHRIFT (SOMMER 1801)

Einleitungen

Quartformat (Frankfurt 1798/99 – Frühjahr 1801)

Auf allen Arbeitsstufen hat Hegel dem Entwurf dieser einleitenden Erläuterung und Begründung des gesamten Projektes sich immer aufs neue zugewandt, ohne sich ausweislich der Einleitung der Reinschrift aber für einen der zwischenzeitig ausgeführten einleitenden Ansätze des Gedankenganges wirklich definitiv entschließen zu können. Die (naturgemäß späteste) Einleitung der Reinschrift stellt eine gedankliche Mischform aus den zuvor entworfenen Einleitungen dar, die durch den Zugewinn der Genfer Fragmente in der Tat bei weitem vollständiger als zuvor vorliegen. Gleichwohl ist darauf hinzuweisen, daß auch hier Rosenkranz offenkundig noch über weitere Materialien zur Einleitung verfügt haben muß, obwohl zum Zeitpunkt seiner Untersuchung des Bestandes die Genfer Fragmente mit Sicherheit schon entfremdet waren.

Zuerst werden die Entwürfe der Einleitung vorgestellt, welche zusammen das älteste Zeugnis von Hegels Plan aus der Frankfurter Zeit dokumentieren.

»Sollte das politische Resultat« Das Fragment »Sollte das politische Resultat« bildete in seiner ursprünglichen Fassung die Einleitung jener zu Frankfurt entworfenen Urfassung des gesamten Projektes. Doch weil Hegel diesen Text hernach bei der Revision des gesamten Planes nach dem Frieden zu Luneville starken Überarbeitungen unterzogen hat, wird diese in Jena entstandene überarbeitete Version hier als der zuletzt von Hegel intendierte Wortlaut aus der Überarbeitung des Frühjahrs 1801 präsentiert. Die ursprüngliche Frankfurter Fassung des Textes wurde durch die parallel darunter abgedruckte Erststufe rekonstruiert.

Da diese »Erststufe« des Textes aber ausnahmsweise mit den hier verwendeten textkritischen Zeichen der historisch-kritischen Edition abgedruckt werden muß, sei eine knappe Erläuterung derselben hier mitgeteilt. Denn da es sich um eine »Erststufe« handelt, konnten die textkritischen Noten nicht in den Apparat verwiesen, sondern mußten in den fortlaufenden Textzusammenhang integriert werden. Dazu ist noch zu bemerken, daß die textkritische Rezension das Prinzip der Stufenbildung anwendet. Das bedeutet, daß im Falle eines komplexen Ausmaßes der ändernden Einfügungen eine bestimmte Auswahl getroffen wird, um die Abänderung des Wortlautes nach den syntaktischen Regeln und dem Sinnverlauf der Formulierungen (bezogen auf den ganzen Satz oder Sinnzusammenhang) in nacheinander unterschiedene bzw. aufeinander aufbauende Sinnstufen zu untergliedern. Denn es läßt sich von Fall zu Fall zeigen, daß Hegel sich nicht mit einer einfachen und einmaligen Abänderung des Wortlautes zufrieden gab, sondern durch wiederholt nachbessernde Streichungen und Ergänzungen (auch in den vorherigen Zusätzen) gegebenenfalls mehrere Textstufen für seine Selbstverständigung erzeugt hat, bevor er sich zuletzt für eine Formulierung definitiv entschied.

Ausnahmslos alle Bemerkungen der Herausgeber sind im Unterschied zu Hegels Worten kursiv gesetzt und werden durch kursive runde Klammern eingeschlossen. Solche Bemerkungen werden formelhaft abgekürzt verwendet und sind in aller Regel auch ohne besondere Erläuterung durch sich selbst verständlich; bis auf wenige Ausnahmen werden die textkritischen Noten grundsätzlich nach einem betreffenden Textzusammenhang gesetzt, beziehen sich somit stets auf das vorangehende Wort. Wenn mehrere Worte gemeint sind, dann wird die kursive runde Klammer vor dem Anfang der gemeinten Wortfolge Hegels geöffnet.

Ausdrücke oder auch einzelne Buchstaben, die von einfachen spitzen Klammern ⟨⟩ eingeschlossen werden, sind im Original von Hegel gestrichen; doppelte spitze ⟨⟨⟩⟩ Klammern schließen solche Textteile ein, welche von Hegel nach dem Urteil der Herausgeber – auf der fraglichen Stufe – versehentlich nicht gestrichen wurden. Eckige Klammern [] umschließen entweder Worte, Wortteile oder auch Interpunktionszeichen, die von den Herausgebern eingefügt wurden. Dagegen werden geschweifte Klammern {} in solchen Fällen verwendet, wenn es sich um Einfügungen und Ergänzungen Hegels (entweder über oder unter der Zeile oder auch im freien Außenrand der Seite) handelt, von denen aufgrund des Manuskriptbefundes nicht mit letzter Sicherheit entschieden werden kann, ob es sich um solche Ergänzungen handelt, die Hegel im Zuge der ersten Niederschrift vorgenommen, oder ob er diese erst zwei Jahre später bei der Überarbeitung des Textes eingefügt haben mag.

Im übrigen ist die Differenz zwischen dem ursprünglichen Wortlaut und der späteren Überarbeitung im vorliegenden Manuskript durch die differierende Tintenfarbe in aller Regel klar unterscheidbar. Überall dort, wo in kursiven Klammern kleine Buchstaben wie *(a)* und *(b)* usw. eingeführt werden, bezeichnen diese den Beginn einer besonderen Textstufe bis zum Ende des Satzes oder bis zu der Einführung einer weiteren Textstufe.

»Über ihre Entstehung und Rechtsbegründung« Lediglich aufgrund der relativen Chronologie der Entstehungsverhältnisse bzw. aufgrund seiner Zugehörigkeit zu dem selben Manuskriptzusammenhang aus Frankfurt folgt hier mit dem kleinen Fragment »Über ihre Entstehung und Rechtsbegründung« der einzige Überrest von dem fragmentarisch abgebrochenen Ende jener Frankfurter Version, das als ein solches Textstück jedoch sehr wahrscheinlich nur zufällig überliefert zu sein scheint. Denn dieses Fragment findet sich auf einem einzelnen Doppelblatt, das sehr wahrscheinlich zugleich den Überrest von jenem letzten Manuskriptbogen in Quartformat darstellt, welchen Hegel bei der in Frankfurt erfolgten Niederschrift zum Zeitpunkt des Abbruchs der Ausarbeitung nur begonnen und dessen freie Seiten er

hernach – wahrscheinlich in Jena – für die Eintragung hauptsächlich von Lektürenotizen aus dem dreibändigen Werk von Pütter sowie eine vereinzelte Arbeitsnotiz benutzt hat. Als Hegel in Jena die übrigen Teile des Manuskriptes bis auf die Einleitung vernichtet hatte, dürfte er wegen der hier inzwischen aufgezeichneten Notizen, die ihm weiterhin nützlich sein mußten, auf die besondere Abtrennung dieses Textfragment beiläufig verzichtet haben. Man wird daher davon ausgehen dürfen, daß dieses kleine Textstück für Hegels spätere Arbeiten an der Verfassungsschrift unerheblich war und auch nicht mehr berücksichtigt worden sein dürfte.

Zwischen den beiden – durch eine Überarbeitung des Manuskriptes entstandenen – Textfassungen dieser Einleitung ist entstehungsgeschichtlich ein Zwischenraum anzusetzen, der seit dem Abbruch der Rastatter Friedensunterhandlungen bis zum Friedensschluß zu Luneville reicht und somit die Zeit des zweiten Koalitionskrieges umfaßt. Als Hegel nach dem Frieden zu Luneville erneut auf sein Projekt und die dazu in Frankfurt bereits ausgearbeitete Urfassung zurückkam, werden die gänzlich veränderten politisch-historischen Prämissen ihn zunächst zur Preisgabe der gesamten ersten Konzeption bewogen haben. Lediglich die Einleitung zu diesem ersten Ansatz hat Hegel ausweislich der Überarbeitung für die neue Planung aufbewahrt. Die Umarbeitung dürfte mit der ersten Jenaer Konzeptionsphase des neuen Ansatzes zusammenfallen oder diese in einzelnen überlieferten Konzeptionsniederschriften (in Folio) sogar voraussetzen. Denn es finden sich inhaltliche Überschneidungen, die darauf deuten, daß Hegel sich erst nach der Klärung seines neuen Ansatzes auch mit der Überarbeitung der Einleitung befaßt zu haben scheint, um diese seinen neuen Gesichtspunkten anzupassen. Die fraglichen Foliotexte wurden in der Gruppe der »Vorarbeiten zur Vorlage« aus dem Februar bis April 1801 zusammengefaßt.

Der grundsätzliche Entschluß, etwa um die Jahreswende 1798/99 und jedenfalls vor dem Terminus ad quem des 28. 4. 1799 (Ermordung der französischen Gesandtschaftsdelegation durch österreichisch-ungarische Husaren) eine politische Analyse der staatsrechtlichen Konsequenzen aus den damals vorderhand bloß vorausgesehenen Friedensbestimmungen herzuleiten, bedarf einer besonderen Charakterisierung, die jedoch auf erhebliche Konsequenzen für eine Verständigung über Hegels tatsächliche Absichten führen muß.

Denn es liegt auf der Hand, daß Hegel sich zu der Arbeit bereits zu einem Zeitpunkt lange vor dem 28. 4. 1799 entschlossen haben wird, als das definitive »Resultat des verderblichen Krieges« in Gestalt des förmlich und in allen Details festgesetzten bzw. in dieser definitiven Form auch publizierten Friedenskontraktes zwischen dem Reich und der französischen Republik noch gar nicht vorliegen konnte. Das ist aber eine gänzlich andere Ausgangslage als rund zwei Jahre später im Falle des Friedensschlusses zu Luneville bzw. zu Paris, als eine derartige Punktation des förmlichen Übereinkommens allerdings infolge der politischen Bedingungen jenes späteren Diktatfriedens mehr oder weniger zugleich mit Bekanntgabe der endgültigen Waffenruhe bekannt gemacht wurde. Daraus folgt jedenfalls, daß nicht nur Hegels erste Bemühungen im Dienste dieses Projektes, sondern auch die späteren Ansätze einer Realisierung hinsichtlich der tatsächlichen Voraussetzungen in Einklang mit den realgeschichtlichen Gegebenheiten wohl ganz unterschiedlich einzuschätzen und entsprechend auch verschieden in ihrer inhaltlichen Zielsetzung zu bewerten sind.

Die Frankfurter Konzeption mußte zweifellos ihrerseits auf gewisse wenigstens vorläufig oder im Vorgriff als Teile des künftigen Friedensschlusses verabredete Verhandlungsresultate gestützt gewesen sein, die im Laufe der ausgedehnten Unterhandlungen der beteiligten zahlreichen souveränen Mächte zwischenzeitig bekannt gemacht worden waren. Doch jene Rastatter Konferenzen konnten von Hegel nur aus einer besonders zu motivierenden Interessendefinition heraus in der damals projektierten Schrift diskutiert werden. Das bedingt aber auch eine differierende Perspektive für die gesamte von Hegel damals geplante politische Flugschrift im Unterschied zu der späteren Deutung des Ansatzes durch Hegel selbst. Wenn diese Abhandlung nämlich – unter Voraussetzung einer Fortsetzung der Verhandlungen über das von keiner Seite vorauszusehende insoweit zufällig intermittierende Datum jenes Attentats auf die französische Delegation hinaus – wahrscheinlich noch vor dem seinerseits vorderhand noch gar nicht absehbaren definitiven Abschluß jener Friedensunterhandlungen oder wenigstens doch unabhängig von einem danach verkündeten Wortlaut des Friedensschlusses publiziert worden wäre, worauf Hegels Bemühungen bei der quasi-endgültig intendierten Niederschrift des ältesten noch erhaltenen Textstückes in Gestalt der vorliegenden Einleitung (abzüglich der späteren Revision) jedenfalls als eine unmißverständliche Absicht des Verfassers hindeuten dürfte, dann ist Hegels Wendung an die von ihm in Aussicht genommene Rezeption im zeitgenössischen Kontext zugleich so zu begreifen, als ob der Autor sich ausweislich seiner einleitenden Motivierung der Schrift gleichsam in einer werbenden Absicht dafür zuständig zu erklären scheint, ausdrücklich im Dienste einer beschwichtigenden Hinnahme und einer politischen Einverständigung auf seine Leser einwirken und entsprechend argumentieren zu wollen.

Diese Mutmaßung bietet eine einleuchtende und sogar zwingende Erklärung für den vermeintlich vernachlässigbaren Nebenumstand, daß Hegel sich in seiner genauen Formulierung explizit auf die »Resultate des verderblichen *Krieges*« bezieht, während er die Hoffnungen auf den endgültigen Wortlaut des angekündigten *Friedens*schlusses vorerst explizit in die Zukunft verschiebt. Seine werbende Stellungnahme jedoch muß ihrerseits scharf umrissene politische Zielsetzungen ins Auge gefaßt haben, die entsprechend der einschlägig gegebenen (später jedoch aufgehobenen) politischen Konstellationen tendentiell einem später nicht mehr in gleichem Sinne aufgenommenen politischen Kalkül gehorchen mußten.

Dieser hier genauer differenzierte »Sitz im Leben« aber ist aus den gekennzeichneten Gründen im Falle der Verfassungsschrift keineswegs wie eine vermeintlich »zufällige« oder inhaltlich bloß beiläufige realgeschichtliche Konditionierung des Hegelschen Projektes einzuschätzen. Vielmehr ist festzustellen, daß jene besondere politische Konditionierung der von Hegel jeweils anvisierten Rezeptionsbedingungen seiner Publikation eine wenigstens dreimalig jeweils verschieden akzentuierte Bewußtseinslage des Verfassers und daher zugleich auch der inhaltlichen subjektiven Einschätzung der von diesem ausgearbeiteten politischen Flugschrift bedingt haben muß, wenn zuerst die Entstehungsbedingungen *vor* dem Abbruch der Rastatter Unterhandlungen, sodann die Situation *nach* dem Präliminarfrieden zu Luneville im Februar 1801 und *vor* dem definitiven Pariser Friedensschluß Ende März 1801, endlich aber *danach* unter den Prämissen des letzteren die Ausarbeitung der Reinschriftvorlage im Sommer 1801 und schließlich um ein ganzes weiteres Jahr verschoben die Realisierung des Reinschriftansatzes im Herbst 1802 kurz *vor* der Bekanntgabe des Reichsdeputationshauptschlusses aus dem Frühjahr 1803 jeweils als dabei zu würdigende Differenzen der politischen Konstellationen sowie der daraus herzuleitenden Veränderungen der von Hegel jeweils ins Auge gefaßten Rezeptionshorizonte in Rechnung gestellt werden müssen.

Es liegt auf der Hand, daß dadurch jedenfalls die Beurteilung von Hegels eigenen politischen Ambitionen und vor allem seiner Entscheidungsgründe zugunsten einer von ihm berechneten Einflußnahme auf eine ganz bestimmte Richtung der politischen Willensbildung und Zielsetzung im Kontext des damaligen Kräftespiels ihrerseits einer ganz anderen nachträglichen Einschätzung bedürfen, als dergleichen etwa aus dem seit Mollats Edition mehr oder weniger undifferenziert und naiv unterstellten pauschalisierenden Blickwinkel der durch die herkömmliche Textintegration irregeführten Interpretation erfolgen konnte. Aber in Entsprechung zu jener kaum abweisbaren Folgerung bezüglich einer schon in Frankfurt verblüffend frühen Konzeptionsplanung dieses Hegelschen Projektes muß auch das Bild von Hegels geistiger Existenz in Frankfurt wenigstens andeutungsweise aus jenen Klischees schrittweise herausgeführt werden, von denen es durch Diltheys wirkungsvolle Deutungsinitiative immer noch beherrscht zu werden scheint, der übrigens seinerseits jene Mollatsche Publikation der Verfassungsschrift als eine dankenswerte Initiative begrüßt hatte.

Das ist freilich nicht einmal einer Fehldeutung Diltheys anzulasten. Denn er konnte infolge der schockierenden Verwahrlosung des väterlichen Nachlaßbestandes durch Hegels Söhne nach der Einlieferung der kläglichen Überreste des einstmaligen Bestandes in die königliche Bibliothek zu Berlin wirklich nicht wissen und deshalb auch nicht dafür haften, daß durch ridiküle Vernichtungsaktionen nicht zuletzt der Dokumentenbestand der Frankfurter Periode infolge der beinahe peniblen Entfremdung beispielsweise gewisser von Rosenkranz noch als auffällig umfangreich beschriebener und in ihrer vormaligen Existenz hinreichend beglaubigter Untersuchungen Hegels über Fragen der Naturphilosophie und verwandte Gegenstände, aber auch hier interessierender anderer Niederschriften von sicherlich auffälligem Umfang allererst jenen heute gegebenen Eindruck bieten mußten, der Dilthey glauben ließ, daß jene Lebensepoche Hegels auf eine eigenartige Weise hauptsächlich durch »theologische Jugendschriften« fokussiert worden sei.

Diese unfreiwillige Verzerrung der seither wie selbstverständlich vorausgesetzten Interpretationsprämissen von Hegels Entwicklung erscheint darum aber grundsätzlich irreführend, wenn man vergegenwärtigt, daß und in welchem Sinne Hegel selber den eigentlich relevanten Ertrag jener Jahre für sich und vor dem Freunde Schelling in Jena etwa durch genau solche größere Abhandlungen naturphilosophischer Provenienz mit großem Nachdruck explizit definiert hatte und darin die Anfänge seiner eigentlichen

Systembildung identifizierte. Doch auch eine ganze Reihe weiterer Bestände, welche Rosenkranz noch vorgefunden hatte und die für die hier zu verfolgenden Interessen Hegels im Umkreis der Verfassungsschrift während der Frankfurter Zeit von nicht zu unterschätzendem Belang gewesen sein dürften, sind vor der Einlieferung des Hegelschen Nachlasses in der königliche Bibliothek spurlos verschwunden.

Rosenkranz erwähnt aus der selben Zeit Hegels Kommentar zu Stewarts Hauptwerk über die ökonomischen Wurzeln der staatlichen Gesellschaftsformation unter den Bedingungen der arbeitsteilig organisierten frühen Industrialisierung als den spezifisch neuzeitlichen Formationsvorgaben des Arbeitsprozesses. Unter solchen gleichfalls verschollenen Beschäftigungen des Frankfurter Hauslehrers scheint aber ferner auch eine bei Rosenkranz umrißhaft referierte Kommentierung von Kants damals soeben publizierter Abhandlung über die »Metaphysik der Sitten« eine Art von Brückenschlag zu der Thematik der im engeren Sinne »theologischen Jugendschriften« anzudeuten, von denen wir für die Frankfurter Jahre vornehmlich die große Abhandlung über den »Geist des Christenthums« zu vergegenwärtigen haben. Denn dieser Kant-Kommentar, soviel kann sicher gesagt werden, betraf mit signifikanter Einseitigkeit des Interesses just in der Hauptsache jene Ausführungen von Kant, welche die Bestimmung des Verhältnisses zwischen Staat und Religion betrafen.

Diese Thematik aber trifft in gewisser Weise mit jenen religionspolitischen Fragestellungen zusammen, welche zum selben Zeitpunkt in der französischen Nationalversammlung unter dem Gesichtspunkt einer denkwürdigen Auseinandersetzung mit den damals noch in der Verfassung der Republik vorhandenen Regelungen Robespierres über den religiösen Kultus als einer aus unterschiedlichsten Gesichtspunkten strittig gemachten notwendigen Grundlage der Gesinnung des »Citoyen« debattiert wurden, nicht zuletzt weil Bonaparte seinerseits das Konkordat mit dem römischen Stuhl und damit die Wiederherstellung des katholischen Bekenntnisses in Frankreich im Dienste seiner innenpolitischen Befriedung der permanent in Aufruhr begriffenen königstreuen Provinzen betrieb. Hegels Schrift über den »Geist des Christenthums« aber scheint ihrerseits denselben Grundfragen jener damals von der Publizistik ganz Europas verfolgten Debatte zugewandt zu sein. Denn sie erörtert die zentral entwickelte Fragestellung, wie die mosaische Religion des Gesetzes und ihr Gottesbegriff seit der vorstaatlichen nomadischen Bewußtseinsbildung von Stämmen und Sippenverbänden der Zeit Abrahams die geschichtliche Grundlage der staatlichen Entwicklung des Volkes Israel gebildet haben könne. Komplementär dazu sowie in auffallender Übereinstimmung mit den über Jahre hingezogenen Diskussionen der Nationalversammlung untersucht Hegel aber folgerichtig auch die daran historisch anknüpfende weitere Frage, wie die Botschaft Jesu mit ihrem in der »Liebe« konzentrierten Gottesbild ihrerseits die abermals geschichtlich überaus folgenreiche Grundlage des christlichen Abendlandes, genauer der hier geschichtlich entfalteten Idee des Staates seit der Anerkennung des Christentums als Staatsreligion durch Konstantin bis in die Moderne hinein werden konnte und wie sich diese abendländische Verbindung von Staat und Religion bis in die Neuzeit hinein gestaltet habe. Nach Hegel nämlich vollzog der religiöse Ansatz der christlichen Urgemeinde im historischen Fortgange der Entwicklung eine einzigartige Verknüpfung des jener neuen und revolutionären Gottesidee spezifisch eigenen Bildes der sittlichen Selbstbestimmung der menschlichen Individualität mit der für die künftige Ausbildung der Staatsidee grundsätzlich bedeutsamen Auffassung des römischen Rechtes, das in einer geschichtlich abermals einzigartigen Weise die Rechtsansprüche der einzelnen Privatperson schirmt und diese Gedanken als Grundlage der darauf aufbauenden Idee des Staatsrechtes aus einem überaus komplexen Synergismus mit der christlichen Religion weiter ausgebildet habe.

Keine Frage, daß diese Problemstellungen aber einschließlich des religionspolitisch überaus aktuellen Seitenblicks auf die Diskussionen der französischen Nationalversammlung im Kontext der frühesten Entwürfe zur Verfassungsschrift ihre eigene Relevanz entfalten mußten, da just unter dem Stichwort der »Säkularisierung« im deutschen Reich die staatsrechtlich überaus folgenreiche Auftrennung dieser ältesten Verknüpfung von Staatsverfassung und Religion nicht bloß in irgendeine vergangene, sondern in die politische Geschichte des Tages zählte und hier just aus dem militärisch-politischen Konflikt mit der (siegreichen) französischen Republik einen tiefreichenden geschichtlichen Wandel im Ansatz der nächsten geschichtlichen Entwicklung bildete.

Die frühesten Fragmente der Verfassungsschrift in Gestalt des Textstückes »Sollte das politische Resultat« aus Frankfurt stellen also ein eigenes Deutungsproblem dar, insofern anhand dieses Textes nach dem frühesten Entstehungszeitpunkt des gesamten Projektes zu fragen ist. Denn die Textstücke dieses Manuskriptes, von dem nur die ersten Bogen mit der Einleitung erhalten sind, liegen in Quartformat vor und gleichen in der ursprünglichen (noch nicht später überarbeiteten) Abfassungsart der vergleichsweise sorgsamen Niederschrift in mancherlei Hinsicht dem Schriftbild der späteren Reinschrift aus dem Jahre 1802.

Es muß dahingestellt bleiben, inwiefern wir es hier mit einer frühesten Ausarbeitung des Themas in dem Sinne zu tun haben, als ob es sich um Hegels allererste Entwürfe der Schrift handelte. Zu vermuten ist eher, daß es sich zum Zeitpunkt ihrer Niederschrift bereits um eine relativ weit gediehene resultierende Version der Schrift, vielleicht sogar um den Anlauf zu einer abschließenden Fassung des gesamten damaligen Projektes handelte, die Hegel gegebenenfalls bereits für eine Publikation im Sinne einer Reinschriftfassung vorbereitet haben könnte. Jedenfalls deutet die Abfassung des bereits in seiner ersten Version aus Frankfurt relativ konzise durchformulierten Wortlautes dieser Einleitung mit großer Wahrscheinlichkeit darauf, als ob Hegel bereits ein erstes Resultat vorangehender umfangreicher Bemühungen im Dienste seines Themas zusammengefaßt habe. Dazu scheint erst recht die Beobachtung zu passen, wonach Hegel dieses Manuskript mit einer Bogennumerierung versehen hatte. Das ist zweifellos ein Indiz zugunsten der begründeten Mutmaßung, daß der Verfasser eines so geordneten Manuskriptes von der Überzeugung ausgeht, wie wenn die von ihm unternommene vergleichsweise reinschriftlich anmutende Niederschrift aller Voraussicht nach über eine kontinuierlich fortzusetzende größere Zahl weiterer Quartbogen erfolgen sollte, deren Bezifferung nur dann ein sinnvolles Erfordernis zu sein scheint, wenn auch ein relativ bedeutender Umfang im voraus abzusehen gewesen sein wird.

Man kann daher kaum von der Hand weisen, daß Hegels Auseinandersetzungen mit seinem Thema erheblich früher eingesetzt haben könnten, als dies aus der heutigen Datierung der Überreste jenes ersten Planes als solchen ansonsten unstreitig hervorgehen mag. Die Verfassungsschrift bildet demnach unter sämtlichen Projekten der Frankfurter Zeit mit Sicherheit das einzige heute noch dokumentierte Unternehmen des damaligen Hauslehrers, das dieser sehr wahrscheinlich relativ früh, vielleicht bereits wenige Zeit nach seinem Wechsel von Bern nach Frankfurt konzipiert haben muß und bei dessen Inangriffnahme für Hegel gleichfalls mit Sicherheit der Beschluß im voraus feststand, daß er diese Schrift sofort nach ihrer Fertigstellung zu publizieren gedachte.

Daß Hegel sich nach dem Frieden zu Luneville zu einer gänzlich neuen Erarbeitung der Verfassungsschrift entschloß, bildet demnach vor allem ein Hauptindiz dafür, daß Hegels konzeptioneller Ansatz dieser Schrift an einer fortwährend sensibilisierten Wahrnehmung der realgeschichtlichen Entwicklung orientiert gewesen ist. Diese Feststellung widerstreitet in gewisser Rücksicht der Vorstellung über Hegels Plan, als ob derselbe sich im Stile der herkömmlichen Reichsverfassungsliteratur primär auf irgendwelche Erörterungen gewisser mehr oder wenige gravierender und in den Zeitläuften relativ konstant bleibender bedauerlicher Mängel der Reichsverfassung gerichtet habe, während diese Verfassung selbst – im Sinne der älteren und konservativ eingestellten Tradition der Staatsrechtslehre beispielsweise bei Pütter – als insgesamt bewährte Rechtsform des Reichsverbandes im übrigen letztlich zu bekräftigen sei. Hegels beredte und radikal polemisierende Kritik der traditionellen Staatsrechtslehre des alten Reiches macht im Lichte dieser Zusammenhänge jedenfalls klar, daß er die dort verfolgte konservierende Denkweise kaum durch mehr oder weniger gravierende Reformen der von ihm durch den ausdrücklichen Rekurs auf die politischen Entwicklungen der Gegenwart und der hier absehbaren künftigen politischen Konsequenzen letztlich auf die Einverständigung des öffentlichen Bewußtseins zugunsten eines bei weitem radikaleren Umsturzes der überlieferten Verfassungsgestalt dieses »Reiches« ausgerichtet haben muß.

Diese Überlegung wird durch den Umstand gestützt, daß Hegel sich offenkundig nicht mit einer bloßen revidierenden Durchsicht seines schon in gewissem Umfange vorliegenden älteren Manuskriptes aus Frankfurt zufrieden geben konnte, sondern dasselbe nach dem Frieden zu Luneville ausweislich der hier unter dem Titel »Vorarbeiten zur Vorlage« zusammengefaßten Manuskriptentwürfe in Folio bis auf die Einleitung komplett verwarf, um sogleich eine grundlegende ganz neue schöpferische Konzeptionsinitiative anzubahnen. Ausweislich der dort mehr oder weniger weitläufig behandelten Themen aber kann es sich dabei kaum um die bloße Reproduktion gewisser Teile seiner schon in Frankfurt stofflich durchgearbeiteten Materialien gehandelt haben, nachdem er dieselben wider die hernach zu beobachtende Gewohnheit nahezu gänzlich aus seinen Unterlagen aussortiert hat. So scheint Hegel erst jetzt im Frühjahr 1801 aus der politischen Analyse des Friedens und der zugehörigen Verhandlungszüge beider Seiten diejenigen fortan für ihn richtungsweisenden Erkenntnisse neu geschöpft zu haben, deren Ausarbeitung er bis zum Sommer 1801 unausgesetzt verfolgt und vertieft hat.

Diesen neuen Ansatz aber dokumentiert auch der Wechsel der Manuskriptformate, indem Hegel im Frühjahr 1801 seiner Gewohnheit folgend seine neuen Entwürfe als solche auf Folio-Bögen vorderhand bloß planend entwickelt hat und sich dafür auch offenkundig eine entsprechende Zeit im Dienste dieser Vorbereitungen zu reservieren gedachte. Erst mit der Reinschriftkonzeption des Herbst 1802 kehrt Hegel wieder zum Quartformat zurück. Das bedeutet aber aus Hegels Blickwinkel zugleich auch, daß er zum fraglichen Zeitpunkt den gesamten Vorbereitungsprozeß erneut auf sich nahm, den er sehr wahrscheinlich mit einem entsprechenden Aufwande bereits in Frankfurt vor der Inangriffnahme seiner damaligen Planungsversion schon einmal in wahrscheinlich weitgehend verschiedener Argumentationsabsicht absolviert hatte. Wenn dies aber Hegel notwendig dünkte, dann folgt daraus erneut ein Indiz, daß nicht die Bewahrung der schlecht und recht existierenden Reichsverfassung, die einer zunehmend vernichtenden Kritik unterzogen wird, den einzig und allein leitenden Gesichtspunkt oder gar den motivierenden Beweggrund für Hegels Konzeption dieser Verfassungsschrift sei es in Frankfurt oder sei es jetzt in Jena gewesen sein konnte.

Folioformat (April–Mai 1801)

»Der Nahme für die Staatsverfassung« In der nächsten, auf den Entwürfen des Frühjahrs 1801 aufbauenden Konzeptionsstufe hat Hegel ausweislich der Genfer Neufassung in Gestalt des Fragments »Der Nahme für die Staatsverfassung« die Problematik einer jetzt tauglichen Einleitung in die Schrift zwischenzeitig durch den Entwurf eines anderen Zugangs zu seiner Themenstellung auf die neu geschöpften Gesichtspunkte seines Ansatzes nach dem Frieden zu Lune-

ville ausgerichtet. Hierbei handelt es sich um eine neue und bislang vor der Publikation der Editio maior noch niemals veröffentlichte Einleitungsversion, welche Hegel offenkundig anstelle der alten Einleitung aus dem Frankfurter Ansatz trotz deren eben vollzogener Überarbeitung ganz und gar neu konzipiert haben muß.

Da das zweite Fragment aus dem Genfer Bestand, nämlich das Folioblatt »dennoch war Deutschland« der selben Konzeptionsstufe anzugehören scheint und wahrscheinlich eine – wiewohl durch die Fragmentierung der Überlieferung unterbrochene – Fortführung des Gedankenganges jener Einleitung darstellt, wird es hier im Anschluß an das andere Stück abgedruckt. Die mehr als ein Jahr spätere reinschriftliche Version zeigt im Ergebnis, daß der Autor den ersten (Frankfurter) Entwurf seiner in Jena erneut revidierten ältesten Einleitung letztlich doch nicht gänzlich preisgegeben hat, sondern mit dem besonderen Einleitungskonzept des Genfer Fragments in der sachlichen Argumentation zu kombinieren suchte.

Corpus der Vorlage für die Reinschrift

Folioformat (April–August 1801)

Erst in den April oder Mai und wohl bis in den August des Jahres 1801 fällt nach Kimmerles Untersuchungen die Abfassung der großen Niederschriftzusammenhänge, deren auffälliger Umfang auch heute noch die überwiegende Masse des überlieferten Textgutes der Verfassungsschrift darbietet und dessen Fragmente hier in der wahrscheinlichen gedanklichen Ordnung des einstigen »Corpus der Vorlage« abgedruckt werden. Das große Fragment »kan, wodurch die Reichsverfassung« fällt einerseits dadurch aus dem Rahmen der übrigen Fragmente, indem es nicht bloß die umfangreichste, sondern auch eine weitgehend zusammenhängende Niederschrift bildet. Dennoch ist festzustellen, daß auch dieses Fragment am Beginn und am Ende Textverlust ausweist, der wohl ehestens durch die Überlieferung verursacht worden sein muß.

Ohne Zweifel sind die hier versammelten Textstücke auf der dritten Stufe von Hegels Vorarbeiten für die nachherige Reinschrift die Überreste jener Bemühungen, die der Abfassung einer nach Möglichkeit durchgängigen Textvorlage für die endgültige reinschriftliche Version gegolten und auch die inhaltlich am weitesten ausgeführte Entwicklung des Gedankenganges dieser Schrift bis zu dem – allerdings fragmentarisch verkürzten – vielleicht zum damaligen Zeitpunkt vorgesehenen programmatischen Abschluß umschlossen haben müssen. Denn es finden sich gegen Ende des großen Fragments »kan, wodurch die Freyheit« sowohl das Regest zur Einschaltung des Machiavelli-Exzerptes und außerdem in den letzten Ausführungen vor dem Abbruch des überlieferten Textes auch Hindeutungen auf die sogenannten Reformvorschläge Hegels. Der verlorene Schluß des Fragments scheint Rosenkranz noch vorgelegen zu haben, so daß wir aus seinen Mitteilungen zusätzlich ersehen können, inwiefern allerdings die heute noch identifizierbaren Aufzeichnungen jener Reformvorschläge sehr wahrscheinlich nicht komplett erhalten sind.

Jene Mitteilungen von Rosenkranz geben freilich noch eigene Probleme auf, welche hier kurz erwähnt werden mögen. Denn wenn sich unter den Angaben von Rosenkranz auch der einzelne Reformvorschlag findet, daß Hegel justament Mainz als den Sitz des Erzkanzlers des Reiches (Dalberg) und damit zugleich eine der am weitesten westlich gelegenen fürstbischöfliche Residenzen als »Zentralort des Reiches« auszuzeichnen vorschlägt, um in Sonderheit von dort aus die auswärtigen Geschäfte des Reiches zu besorgen, dann stößt dieses Postulat offenkundig mit der realgeschichtlichen Tatsache objektiv unvereinbar zusammen, daß der Friede zu Luneville die uneingeschränkte Abtretung des linken Rheinufers und d. h. ausdrücklich auch den Wechsel der Stadt Mainz unter die Herrschaft der französischen Republik definitiv und ohne Kompromisse festgesetzt hatte. Falls daher Rosenkranz keinem fundamentalen Lesefehler aufgesessen sein dürfte, so ist daraus zu schließen, daß er in Wahrheit bei seinem Referat mitnichten allein den verlorenen Schluß des betreffenden Fragments aus dem Sommer 1801 wiedergeben kann.

Vermutlich ist diese Inconcinnität in Rosenkranz Angaben so aufzuklären, daß ihm gewisse einschlägige Notizen Hegels aus unterschiedlichen (früheren) Zeiträumen vorlagen, um deren Sortierung er aber wegen seiner auch sonst nachweisbaren mangelhaften historischen Kenntnisse weiter kein Aufhebens gemacht zu haben scheint. Es ist daher sehr wohl plausibel und denkbar, daß Rosenkranz mit jener Mitteilung eine Aufzeichnung Hegels referiert, die mit Sicherheit zu den Materialien gehört haben dürfte, welche der Vorbereitung des Frankfurter Ansatzes zugezählt werden müßten. Dann gehörte jenes »Reformpostulat« in der Tat in ein ganz anderes frühestes politisches Programm der vormals verfolgten politischen Zielsetzungen, das unverkennbar vor oder während der Rastatter Friedensunterhandlungen zu datieren ist, als die Abtretung von Mainz und damit die Aufhebung jener fürstbischöflichen Residenz jedenfalls noch nicht als beschlossene Sache gegolten haben kann. Es muß dahingestellt bleiben, inwieweit von diesen Bedenken, die jedenfalls erhebliche Konsequenzen hinsichtlich der »absoluten« Chronologie für dieses Projekt Hegels sowie auch bezüglich der deutenden Auseinandersetzung mit diesem Vorhaben einer politischen Flugschrift nach sich ziehen müssen, auch die übrigen Mitteilungen von Rosenkranz über Hegels »Reformpostulate« gleichfalls betroffen zu denken sein mögen.

Wie groß vor dem Anfang des Fragmentes »kan, wodurch die Freyheit« jedoch der hier anzusetzende Textverlust zu veranschlagen sein mag, das ist nicht nur aus dem Textbefund als solchen unentscheidbar. Vor allem fehlen sichere Indizien, um daraus zu schließen, ob es sich um den Überrest einer von dem Anfang bis zu dem vorgeplanten

Ende durchlaufenden kompletten Textversion handeln mag, die in ihren verlorenen Teilen auch den damals entworfenen Beginn der Schrift und damit auch deren damals eventuell in einem Zuge ausgearbeiteten Gesamtentwurf der Vorlage für die Reinschrift enthalten haben könnte.

Blickt man freilich auf die übrigen von Hegel für die Reinschrift ausgewerteten Fragmente teils aus der selben Arbeitsstufe sowie teils aus den Entwürfen der vorherigen Ausarbeitungen, so scheint diese Mutmaßung freilich unhaltbar zu sein. Denn unverkennbar hat Hegel andere Partien des von ihm selber noch ausgearbeiteten reinschriftlichen Textes unter Zuhilfenahme verschiedener anderer Fragmente formuliert. Das gilt nicht zuletzt für die Verarbeitung der unterschiedlichen Vorentwürfe der Einleitung.

Jedenfalls ist insgesamt davon auszugehen, daß Hegel im Sommer 1801 überzeugt gewesen sein mußte, daß er durch die jetzt breit angelegten und mit fühlbarer Annäherung an einen definitiv erachteten Wortlaut ausformulierten Niederschriften einerseits, die Montage anderer (älterer) Fragmente aus sämtlichen Vorstufen andererseits nach seinen Erfordernissen die Vorbereitungen der jetzt geplanten Reinschrift im Dienste der wirklich angebahnten Publikation im wesentlichen abgeschlossen habe.

Vorarbeiten zur Vorlage

(Februar–April 1801)

Die hier zusammengetragenen Vorarbeiten sind insgesamt im Frühjahr 1801 und mit Sicherheit nach Bekanntwerden des Friedens zu Luneville entstanden und durchweg in Folioformat abgefaßt. Sie werden hier nur summarisch besprochen, da der Manuskriptbefund im einzelnen keine signifikanten Abweichungen von der allgemeinen Charakteristik nahelegt und daher für Detailfragen in der Editio maior nachzuschlagen ist.

Es handelt sich um Entwürfe Hegels, welche zwar ausweislich der hier vereinzelt aufscheinenden Gliederungspunkte wiederum nach einem eigens gegliederten Planungskonzept abgefaßt wurden. Aber diese Textstufe wurde von Hegel auf der nächstfolgenden Arbeitsstufe wiederum erneut einer kritischen aussortierenden Auswertung unterzogen, bei der Hegel eine größere Masse ausgeschieden bzw. lediglich kleinere Stücke in seine späteren Ausarbeitungen aufgenommen haben wird. Lediglich die jetzt noch übrigen Texte, deren gegebene Fragmentierung demnach überwiegend auf Hegel selbst zurückgehen dürfte, hat er als Vorlagen für die Reinschriftvorlage beibehalten. Dabei kann er nicht bloß oder nicht in erster Linie überall davon ausgegangen sein, daß es sich in jedem einzelnen Falle um taugliche Formulierungsvorgaben für die Reinschrift gehandelt habe. Denn es finden sich hier auch solche Fragmente, die bereits im Zuge ihrer Niederschrift als bloße Expositionen eines von Hegel neu geschöpften Gedankenansatzes für den Verfasser zu gelten hatten und die offenkundig schon im Verfolg ihrer Abfassung fragmentarisch endeten.

Ein auffälliges Beispiel dafür stellt das Fragment »d. politischer Grundsaz« dar. Dieser Text scheint ausweislich des fragmentarischen Anfanges das letzte Stück einer längeren Niederschrift darzustellen. Doch im Blick auf die Formulierungen gegen Ende des Textes wird erkennbar, daß Hegel hier seine vorgegebene Gliederung verläßt und aus der unmittelbaren schöpferischen Intuition neue Gedanken in kurzen Stichworten und besonderen Gliederungspunkten mit eilender Hand notiert.

Aber auch die übrigen Textstücke zeigen mehr oder weniger eine ähnliche Charakteristik und wurden von Hegel offenbar darum für die Anfertigung der Reinschrift verwahrt, weil er sich dergleichen »Brouillons« aus der ersten Konzeptionsstufe im Frühjahr 1801 auch später noch vergegenwärtigen wollte. Wir können deshalb auch nicht mit letzter Sicherheit entscheiden, in welchem Ausmaße diese Stufe nach dem zugrundeliegenden Arbeitsplan von Hegel wirklich komplett ausformuliert worden sein mag. Doch ist die Mutmaßung kaum von der Hand zu weisen, daß es sich mehr um eher schwerpunktartige Niederschriften zu gewissen Themenkomplexen gehandelt haben wird.

BEILAGEN

Bei den hier versammelten Textstücken handelt es sich ausnahmslos um solche Fragmente, welche in Quartformat abgefaßt wurden und aus unterschiedlichen Entstehungszeiträumen stammen.

»Der immer sich vergrössernde Widerspruch« Nach der Buchstabenstatistik bildet das Stück »Der immer sich vergrössernde Widerspruch« das älteste Fragment dieser Beilagen. Doch die Zuordnung zu einer Einleitung in die Verfassungsschrift dürfte sich aufgrund des Umstandes verbieten, da Hegel zu Beginn des Jahres 1800 als dem Datum der Niederschrift ausweislich der Einleitungsfragmente »Sollte das politische Resultat« bereits über einen ersten Anfang der Ausarbeitung hinausgekommen war und die weitere Arbeit lediglich wegen des zweiten Koalitionskrieges unterbrochen hatte. Wie ersichtlich wurde der – ohne freien Außenrand geschriebene – Text durch Hegel selbst fragmentarisch belassen. Ob er überhaupt einen größeren Textzusammenhang voraussetzen mag, dürfte als zweifelhaft gelten. Noch zweifelhafter ist aber auch seine unmittelbare Zugehörigkeit zu dem Konvolut der Verfassungsschrift. Denn das Manuskript befindet sich erst seit Einlieferung des Nachlasses in die Bestände der Staatsbibliothek in jenem Manuskriptband, wo sich auch die Einleitung aus Frankfurt findet. Es ist nicht ganz sicher, ob diese Zuordnung lediglich aus äußeren Gründen in erster Linie wegen des Quartformates geschah. Jedenfalls ist der gedankliche Zusammenhang mit der Verfassungsschrift nur lose durch die eher beiläufig anmutende bloße Erwähnung des deut-

schen Reichsverbandes angedeutet. Andere Indizien einer unmittelbaren Zugehörigkeit fehlen.

Folgt man der Überlieferungsgeschichte, so scheint der Text ursprünglich nach seiner früheren Fundlage nicht zu den Beständen der Verfassungsschrift gehört zu haben. Rosenkranz hat den Text wohl unter den Papieren aus der Frankfurter Zeit gefunden und vollständig unter der Kapitelüberschrift »Politische Studien« als einen exemplarischen Beleg für Hegels Ausbildung des für ihn hernach charakteristischen politischen Bewußtseins während der Frankfurter Hauslehrerzeit abgedruckt. Dabei erweckt seine Diskussion des Textes den Eindruck, als ob er das Manuskript auch der Nachbarschaft der ersten Württemberg-Schrift zugeordnet habe. Auch Haym erkannte in dem vorliegenden Text eine auffällig komplex reflektierte Studie von Hegels politischer Bewußtseinsentwicklung in Frankfurt, doch erwägt er als erster eine Zugehörigkeit zur Verfassungsschrift mit der vorsichtigen Einschränkung, daß dieses isolierte Textstück vielleicht eine Art erster »Gedankenkeim« jenes Planes der Verfassungsschrift gewesen sein könnte.

In der Tat weist der Text Anspielungen auf, die sich in gewissen Ausführungen derjenigen Texte wiederfinden, welche Hegel im Umkreis der Schrift »Der Geist des Christenthums« abgefaßt hat. So könnte man aufgrund der Datierung für den Anfang des Jahres 1800 zu der Mutmaßung gelangen, daß es sich um eine Nebenstudie Hegels handelte, in welcher er eine Brücke von den religionspolitischen Studien des »Geist des Christenthums« zu dem damals zweifellos ruhenden Projekt der Verfassungsschrift geschlagen haben mag.

»Im deutschen Reich« Die kleine Notiz »Im deutschen Reich« findet sich auf demselben Quartbogen, der oben mit dem Fragment »über ihre Entstehung« dem Manuskript »Sollte das politische Resultat« zugeordnet wurde. Offenkundig handelt es sich um eine Aufzeichnung eines einzel-

nen Gedankens, den Hegel lediglich in Verwertung des freien Raumes auf diesem letzten Bogen seiner ersten Frankfurter Fassung der Verfassungsschrift nach dem Abbruch der Weiterarbeit an diesem Text übrig behalten hatte.

»Religion« Im Falle des Stücks »Religion«, welches bislang als eine eigenständige direkte Vorstudie des Hegelschen Gedankenkonzeptes galt, konnte im editorischen Bericht der Editio maior nachgewiesen werden, daß es sich tatsächlich um eine resümierende Verständigung sowie Auswertung Hegels bezüglich seiner anderwärts als stichwortartige Stellensammlung notierten Lektürenotizen aus dem Studium eines staatswissenschaftlichen Hauptwerkes des damals führenden Staatsrechtlers Pütter handelt, wobei der von Hegel entworfene Text in der sprachlichen Ausformulierung weitgehend uneigenständig an die bei Pütter angetroffenen Darlegungen sogar in sprachlichen Details angelehnt ist. Infolgedessen wird diese aus Hegels Blickwinkel und auch sachlichem Interesse niedergeschriebene Zusammenfassung seiner hier zugrundezulegenden ausgewählten Lektüre jenes Werkes nicht in einem strikten Sinne anderen gedanklich vergleichsweise eigenständiger abgefaßten Textentwürfen Hegels gleichzusetzen sein.

»I Deutschland kein Staat mehr« Die Gliederungsnotiz »I Deutschland kein Staat mehr« ist das einzige erhaltene Dokument, das Hegels Planungen dieser gesamten Schrift wenigstens im Ansatz vorstellig macht. Denn wie der unausgeführte Entwurf unzweideutig belegt, handelt es sich lediglich um eine flüchtige Aufzeichnung, die der handschriftliche Befund in die Zeit der Abfassung etwa im Mai und vor dem August 1801 verweist. Allein dieser flüchtig notierte Ansatz einer Gliederung weicht in den Notationszeichen von den Gliederungsangaben in den Fragmenten der selben Stufe wie auch der späteren der Reinschrift wieder ab und läßt sich schon darum nicht als endgültige Skiz-

zierung eines definitiven Aufrisses des Konzeptionsentwurfs der gesamten Schrift bestimmen. Offenkundig handelt es sich bloß um eine vorübergehend überlegte Gedankenstütze der einzelnen Untersuchungsgegenstände, deren ungefährer Gliederungsansatz als grobe Anordnung der Gegenstände nicht einmal zuende geführt wurde, insofern die Abgrenzung der formal zu erwartenden Symmetrie der entsprechenden hierarchischen Untergliederungskennzeichen wegen des Abbrechens von Hegels Aufzeichnung schlußendlich sogar gänzlich entfällt. Doch läßt sich dieser Gliederungsentwurf mit einer gedanklichen Strukturfolge im Zuge der länger entwickelten Texte auf der Ebene der dritten Arbeitsstufe sowie auch der Reinschrift partiell zur Übereinstimmung bringen, so daß man schließen kann, Hegel habe die fragliche Notiz immerhin als lockere Orientierungshilfe wenigstens bei der Niederschrift der genannten Stufen benutzt. Da sich hier aber auch die stichwortartige Wiedergabe jener Hegelschen Formel von der Vertauschung des Staats- und des Privatrechtes findet, scheint die Notiz jedenfalls zeitlich zwischen die beiden Stufen des Frühjahrs und des Sommers 1801 einzufügen sein.

»Gustav hatte kaum« Die Aufzeichnung »Gustav hatte kaum« findet sich auf einem gesonderten Blatt. Es scheint fraglich, inwiefern sie tatsächlich zu Hegels Plan der Verfassungsschrift zu zählen sein mag. Denn die hier verzeichneten Details aus der Geschichte des Schwedenkönigs und seiner Feldzüge in Deutschland sowie die daran geknüpften wertenden Feststellungen Hegels stehen in einem diametralen Widerstreit zu den einschlägigen Aussagen in der Verfassungsschrift, wo Hegel zwar eine Distanz zu den Ambitionen Gustav Adolphs andeutet, jedoch keine derart massive Kritik formuliert. Die Quellenrecherchen haben zu dem Resultat geführt, daß sich für diese Aufzeichnungen überwiegend historischer Tatsacheninformationen keine einheitliche Publikation als Vorlage finden ließ. Dagegen konnten sehr wohl die einzelnen Details in verschiedenen

zeitgenössischen Quellenwerken aus der Zeit des dreißigjährigen Krieges identifiziert werden. So wird davon auszugehen sein, daß Hegel vielleicht aus eigenem Antrieb, jedoch unentscheidbarer Motivation gewisse Quellenstudien betrieben haben muß. Ob er diese tatsächlich im Dienste der Verfassungsschrift eigens unternommen haben mag, ist wegen des signifikant vermiedenen Rückgriffs auf die kraß provozierenden Urteile zweifelhaft und mag dahingestellt bleiben. In Schillers »Geschichte des dreißigjährigen Krieges« findet sich jedenfalls eine ähnlich kritische Einschätzung des Königs aus protestantischer Feder, doch ist nicht nachweisbar, daß Hegels Text auf denselben Quellen wie Schiller fußt. Ein direkter Zusammenhang mit Schillers Werk ist überhaupt nicht erweisbar.

EXZERPTE

Die hier versammelten Exzerpte werden – bis auf drei Ausnahmen – lediglich summarisch besprochen, während die einzelnen Quellennachweise in dem Band 5 der *Gesammelten Werke* nachzuschlagen sind.

Was die Exzerpte aus diplomatischen Urkunden und auch die übrigen Auszüge über zeitgenössische politische Begebenheiten betrifft, so ist generell anzumerken, daß Hegels originale Quellen sich nicht mit der exakten Angabe der wirklich identifizierbaren Fundorte ermitteln ließen. Das liegt jedoch einfach daran, daß es sich um zeitgenössische Meldungen bzw. um Textauszüge aus identisch reproduzierten diplomatischen Urkunden handelt, die in zahlreichen Zeitschriften-Publikationen greifbar waren und dort naturgemäß mit dem selben Wortlaut mehr oder weniger komplett abgedruckt worden sind. Da Hegel mit Sicherheit die Orthographie seiner Quellen nicht nachgebildet haben dürfte, ist eine sichere Identifikation derselben unmöglich, aber auch nicht erforderlich. Wesentlich ist aber bei der Beurteilung der Notizen, daß selbstredend die von Hegel dabei rezipierten Texte jener diplomatischen Urkunden in deren voller Länge, jedenfalls nach dem Umfang ihrer zumeist vergleichsweise breit angelegten auszugsweisen zeitgenössischen Publikation aufgenommen worden sind. Aus welchen Gesichtspunkten Hegel sich hernach mit den vorliegenden Auszügen begnügt haben mochte, das ist der Interpretation anheimzustellen. In aller Regel handelt es sich um teilweise außerordentlich umfangreiche Texte, die auch inhaltlich von besonderer Wichtigkeit gewesen sind.

»Machiavelli Prince« Das Machiavelli-Exzerpt aus dem »Principe« wurde auf dem selben Manuskriptstück notiert, auf dem sich auch Hegels kommentierende Zusammenfassung seiner Pütter-Exzerpte in Gestalt des Textes »Religion« findet. Die Vorlage bildete eine französische Übersetzung des Machiavelli aus dem 17. Jahrhundert, doch hat Hegel den veralteten Lautstand dieser Ausgabe nicht durchgängig bewahrt, sondern hin und wieder unwillkürlich modernisiert sowie auch den Umfang des ausgeschriebenen Wortlautes gelegentlich gegenüber dem Original verkürzt. Auch daraus ist mit Sicherheit zu schließen, daß Hegel jedenfalls bei der von ihm durch Regest vorgesehenen Einfügung dieses Textes am Ende des Fragmentes »kan, wodurch die Freyheit« eine deutsche Übersetzung anfertigen wollte. Diese Unterstellung dürfte auch sonst als plausibel gelten, da nicht davon auszugehen ist, daß es irgendeinen Sinn für Hegel bilden konnte, wenn er dieses Zitat aus dem »Principe« in einer bloßen (zudem veralteten französischen) Übersetzung hätte publizieren wollen. In der vorliegenden Ausgabe wurde die deutsche Übersetzung des Hegelschen Exzerptes vom Herausgeber selbst eigens angefertigt und dabei sowohl mit jener von Hegel benutzten französischen Übertragung einerseits sowie dem italienischen Original andererseits kontrollierend verglichen und an der – durch Hegels Regest unmißverständlich bezeichneten – Stelle des Fragments »kan, wodurch die Freyheit« eingewiesen.

»Versuche der katholischen Religion« Die Sequenz der Pütter-Notizen, die hier mit den Anfangsworten »Versuche der katholischen Religion« aufgeführt werden, entstammt einer kursorischen Lektüre des Werkes von Pütter: *Historische Entwickelung der heutigen Staatsverfassung des Teutschen Reichs.* 3 Bde. Göttingen 1786–87. Diese – durch Hegels Notizen nicht ohne weiteres ersichtliche – tatsächlich außerordentlich umfangreiche und intensive Konsultation des Pütterschen Standardwerkes über die Reichsverfassung mag Hegel, der selber über ein Thema aus dem Staats- und Kirchenrecht promoviert worden war, vielleicht nicht zuletzt auch darum nahegelegen haben, weil er in seiner Studienzeit am Tübinger Stift innerhalb der juristischen Fakultät bei einem der damals tätigen Professoren regelmäßig Vorlesungen hören konnte, die ausschließlich auf die Publikationen jenes vielleicht angesehensten Staatsrechtlers der damaligen Zeit gestützt waren.

Für Hegel indessen ergab sich das Interesse im Rahmen der Verfassungsschrift nicht allein wegen der gleichfalls notierten mehr oder weniger skurrilen einzelnen Vorkommnisse aus der deutschen Reichs- und Rechtsgeschichte. Ausweislich des Textes »Religion«, welcher seinerseits als eine zusammenfassende Würdigung des Ertrages jener kursorischen Lektüre gelten kann, war Hegels Hauptaugenmerk auf gewisse Fragen gerichtet, die sich für ihn aus der unmittelbaren Würdigung der Konsequenzen des Friedens zu Luneville ergaben. Da die vorliegende Leseausgabe keine sachlichen Anmerkungen verzeichnet, mag wegen der Bedeutung jener Konsultation des Pütterschen Werkes durch Hegel sowie wegen des Zusammenhanges der Notizen mit anderen Textstücken und deren inhaltlicher Verwertung im Rahmen der eigentlichen Verfassungsschrift ein wenigstens flüchtiger Blick auf das von Hegel verfolgte Interesse jener kursorischen Lektüre geworfen werden.

So war es für die Zeitgenossen klar, daß in der Folge jenes Friedens zu Luneville vor allem die »Säkularisierung« der geistlichen Feudallehen als erste Maßnahme einer grundlegenden politischen und staatsrechtlichen Umgestaltung des deutschen Reiches in die Wege geleitet werden würde. Aus diesem Grunde aber hat Hegel bei seiner Pütter-Lektüre hauptsächlich solche Stellen aufgesucht, welche jeweils die betreffende Praxis des Reichsherkommens dokumentierten, wenn schon in früherer Zeit seit dem dreißigjährigen Krieg auf verschiedene Weise unter dem Titel einer »Säkularisation« der Übergang eines geistlichen Lehens in die Hand eines weltlichen (in der Regel protestantischen) Lehensträgers aus Gründen einer dynastischen Erbfolge geschah und damit eine Verschiebung in den konfessionell stets schwierig balancierten Stimmenverhältnissen des Reichstages verursachte.

Ferner aber hat Hegel aus den Pütterschen Darstellungen solche Wandlungen und Rechtsfälle des alten Reiches verfolgt, bei denen im Falle einzelner souveräner Fürsten durch einen Wechsel des persönlichen Bekenntnisses ein Widerstreit zu dem Bekenntnis des betreffenden Untertanenverbandes eintrat. Daraus ergab sich von Fall zu Fall – in gewissem Konflikt mit dem bekannten Staatsgrundsatz »cuius regio eius religio« – die im Reichsherkommen verankerte Konsequenz, daß der betreffende Fürst, falls er beispielsweise durch Übertritt zum Katholizismus nicht mehr mit der Konfessionszugehörigkeit seiner Landesuntertanen übereinstimmte, gleichwohl unabhangig von seinem persönlichen Bekenntnis bei den Reichstagsabstimmungen traditionell dennoch mit dem Votum der protestantischen Partei zu stimmen hatte, weil dergestalt die Balance der Stimmenzählung im Reichstag gewahrt werde mußte, um die Interessen der protestantischen Stände zur Geltung zu bringen.

Das Interesse an den überaus komplex verwickelten rechtsförmigen Prämissen an der – demnach lange vor dem Reichsdeputationshauptschluß in einem mehr oder weniger verschobenem Sinne als staatsrechtlich sanktioniertes Instrument der herkömmlichen Reichspolitik geläufigen – sehr wohl staatsrechtlich geübten Praxis einer »Säkularisation« dürfte Hegel aber auch bei der Aufzeichnung weiterer Textstellen bei Pütter geleitet haben, wenn dieser dort gewisse Bemühungen früherer Kaiser seit dem westfälischen Frieden erörtert, die durch gezielte Standeserhöhungen aus dem katholischen Adel immer wieder darauf bedacht waren, die im Reichstag gegebenen Stimmenverhältnisse zum Nachteil der protestantischen Fürsten im Wege einer sukzessiven Mehrung der gefürsteten (katholischen) Anhänger Habsburgs unter der Hand zugunsten der katholischen Partei zu verschieben.

Diese sachlichen Zusammenhänge waren durch die tiefgreifenden Umschichtungen der politischen Verhältnisse just im Blick auf den kommenden Reichsdeputationshauptschluß eine staatsrechtliche Frage von allererstem Range geworden. Denn vor allem Preußen, aber auch andere protestantische Reichsstände gewannen damals aus der seit Luneville de facto bereits im Vorwege angebahnten Aufhebung der souveränen reichsunmittelbaren geistlichen Herrschaften beträchtliche Gebiete hinzu, welche vormals innerhalb des Reichsversammlung der katholischen Liga zugezählt wurden. Daher entstand die Frage, wie inskünftig nach der Aufhebung beinahe sämtlicher geistlicher Lehen (mit Ausnahme des Erzkanzlers des Reiches und Bischofs von Mainz (Dalberg), dem nach dem Willen Napoleons für den Verlust seiner linksrheinischen Gebiete einschließlich von Mainz auf dem rechte Rheinufer eine Kompensation zugesprochen wurde und der als geistlicher Regent Sitz und Stimme im Reichstag behielt) die herkömmliche politische Balance zwischen den Religionsparteien im deutschen Reich fortan stabilisiert werden würde und ob es der künftigen kaiserlichen Politik etwa trotz der zeitweiligen taktischen Begünstigung der Interessen Preußens durch Napoleon gelingen könne, ihren traditionellen Einfluß auf die drastisch reduzierte Zahl der verbleibenden katholischen Souveräne innerhalb des außerdem durch die Mediatisierung nochmals tiefgreifend reformierten Reichsverbandes zu behaupten.

Ohne die verständnisvolle Hilfe verschiedener Personen wäre die vorliegende Ausgabe der Verfassungsschrift nicht in der hier publizierten Gestalt zustandegekommen. So ist der Staatsbibliothek zu Berlin Preussischer Kulturbesitz und vor allem dem Direktor der Handschriftenabteilung dafür zu danken, daß er die Wiedergabe der ersten Seite von Hegels Reinschriftfassung der Verfassungsschrift im Faksimile aus der Handschrift Hegels für diese Ausgabe gestattet hat. Im selben Zusammenhang ist dem Direktor des Hegel-Archivs der Ruhr-Universität Bochum, Herrn Prof. Dr. Walter Jaeschke, besonders für sein liebenswürdige Hilfsbereitschaft zu danken.

Vorzüglich gebührt aber Herrn Dr. Michael Schäfer (München) ein außerordentlicher Dank und eine ganz besondere Anerkennung wegen seiner stets sachkundigen sowie engagierten Anteilnahme an der konkreten Überwindung der vielfältigen Probleme im Zuge der Textherstellung in der vorliegenden Ausgabe, die letztlich in Sonderheit dank seiner Bemühungen um die konkrete Darbietung des Drucktextes in der resultierenden Gestalt erscheinen konnte. So ist es vor allem sein uneingeschränktes Verdienst, daß er die mit einer großen Sorgfalt und Mühe der Kontrollarbeiten verknüpfte sowie sachlich unentbehrliche Aufgabe neben seinen vielfältigen anderen Verpflichtungen auf sich genommen hat, die Textdarbietung der Editio maior umzuwandeln und ferner die Gestaltung des Textes dieser Leseausgabe konkret einzurichten.

Frau Dr. Sang-Bok Lee (Ruhr-Universität Bochum) ist darüber hinaus ein großer Dank für die Sorgfalt sowie die übrige unentbehrliche Hilfe geschuldet, mit welcher sie die Bewältigung der Korrektur-Arbeiten im Zuge der Drucklegung gefördert hat.

Nicht zu vergessen sind schließlich auch jene vielfältigen und unentbehrlichen Mühen im Dienste dieser Ausgabe, deren stets liebenswürdige Bewältigung Frau Angelika Mooser-Sainer (München) mit klagloser Hilfsbereitschaft übernommen hat und der dafür freundlichst zu danken ist.

GEORG WILHELM FRIEDRICH HEGEL

Über die Reichsverfassung

REINSCHRIFT

| *Deutschland ist kein Staat mehr ...*

Deutschland ist kein Staat mehr. Die ältern Staatsrechtslehrer, welchen bey der Behandlung des deutschen Staatsrechts die Idee einer Wissenschafft vorschwebte, und welche also darauf ausgingen, von der deutschen Verfassung einen Begriff festzusetzen, konnten über diesen Begriff nicht einig werden, biß die neuern es aufgaben, ihn zu finden, und das Staatsrecht nicht mehr als eine Wissenschafft, sondern als eine Beschreibung von dem, was empirischer Weise ohne einer vernünftigen Idee sich anzupassen, vorhanden ist, behandeln, und dem deutschen Staate nichts mehr als den Nahmen eines Reichs, oder eines Staatskörpers geben zu können glauben. Es ist kein Streit mehr darüber, unter welchen Begriff die deutsche Verfassung falle, was nicht mehr begriffen werden kann ist nicht mehr; sollte Deutschland ein Staat seyn, so könnte man diesen Zustand der Auflösung des Staats nicht anders als mit einem auswärtigen Staatsrechtsgelehrten Anarchie nennen; wenn nicht die Theile sich wieder zu Staaten constituirt hätten, denen weniger ein noch bestehendes als vielmehr die Erinnerung eines ehmaligen Bandes noch einen Schein von Vereinigung läßt; so wie die herabgefallnen Früchte ihrem Baume angehört zu haben noch daran erkannt werden, daß [sie] unter seiner Krone liegen, aber [weder] die Stelle unter ihm, noch sein Schatten, der sie berührt, retten sie von Faulniß und der Macht der Elemente, denen sie itzt gehören.

Die Gesundheit eines Staats offenbahrt sich im allgemeinen nicht sowohl in der Ruhe des Friedens als in der Bewegung des Kriegs; jene ist der Zustand des Genusses, und der Thätigkeit in Absonderung; die Regierung eine weise Haus|väterlichkeit, die nur gewöhnliches an die Beherrschten fodert; im Kriege aber zeigt sich die Krafft des Zusammenhangs Aller mit dem Ganzen, wie viel von ihnen fodern zu können er sich eingerichtet hat, und wie viel das taugt, was aus eigenem Triebe und Gemüthe für ihn sie thun mögen. So hat in dem Kriege mit der französischen Republik Deutschland an sich die Erfahrung gemacht, wie es kein Staat mehr ist, und ist seines politischen Zustandes sowohl in dem Kriege selbst, als an dem Frieden inne geworden, der diesen Krieg endigte, und dessen handgreiffliche Resultate sind der Verlust einiger der schönsten deutschen Länder, einiger Millionen seiner Bewohner, eine Schuldenlast auf der südlichen Hälfte stärker als auf der nördlichen, welche das Elend des Kriegs noch weit hinein in den Frieden verlängert, und daß ausser denen, welche unter die Herrschafft der Eroberer und zugleich fremder Gesetze und Sitten, gekommen sind, noch viele Staaten dasjenige verlieren werden, was ihr höchstes Gut ist, eigene Staaten zu seyn.

Welches aber die innern Ursachen der Geist dieser Resultate sey, wie sie nur seine aüssern und nothwendigen Erscheinungen, zu einer solchen Überlegung ist der Frieden geschikt, so wie diese Überlegung an sich eines jeden würdig ist, der sich nicht demjenigen was geschieht hingibt, sondern die Begebenheit und ihre Nothwendigkeit erkennt, und sich durch eine solche Erkenntniß von denjenigen unterscheidet, welche nur die Willkühr und den Zufall um ihrer Eitelkeit willen sehen, durch die sie sich überreden, daß sie alles was geschehen ist, klüger und glücklicher geführt haben würden; eine solche Erkenntniß ist für die meisten nur weil sie sich selbst damit und mit dem verständigen Urtheilen über die einzelnen Dinge, das aus ihr folgt, [schmeicheln können,] von Wichtigkeit, nicht um aus der Erfahrung zu lernen, wie für einen künftigen Fall besser zu handeln sey; denn derjenigen, die in diesen grossen Begebenheiten so handeln, daß sie dieselben leiten | könnten, sind sehr wenige, die andern aber haben den Begebenheiten mit Verstand und Einsicht in ihre Nothwendigkeit zu dienen; und aus der Erfahrung der Fehler aber, welche der Ausbruch der innern Schwäche und Unklugkeit ist, lernen nicht sowohl diejenigen, welche sie begangen haben, sondern diese verstärken vielmehr nur ihre Gewohnheit sie zu begehen, als die andern sie kennen lernen und durch diese Einsicht sich in den Stand setzen, Nutzen daraus zu ziehen; welche, wenn sie diß zu thun überhaupt fähig [und] dazu in der aüssern Lage sind, durch beydes eine Einsicht besitzen, die der Gedanken eines Privatmanns entbehren kann; die Gedanken, welche diese Schrifft enthält, können bey ihrer öffentlichen Aüsserung keinen andern Zweck noch Wirkung haben, als das Verstehen dessen was ist, und damit die ruhigere Ansicht, so wie ein in der wirklichen Berührung und in Worten gemässigtes Ertragen derselben zu befördern.

Denn nicht das was ist macht uns ungestümm und leidend, sondern daß es nicht ist, wie es seyn soll; erkennen wir aber daß es ist wie es seyn muß, das heißt nicht nach Willkühr und Zufall, so erkennen wir auch daß es so seyn soll; es ist aber schwer für die Menschen überhaupt sich zu der Gewohnheit zu erheben, daß sie die Nothwendigkeit zu erkennen und zu denken suchen, denn zwischen die Begebenheiten und das freye Auffassen derselben stellen sie eine Menge von Begriffen und Zweckken hinein, und verlangen, daß das, was geschieht, diesen gemäß seyn soll; und wenn [es] ohne Zweifel meist anders ist, so überheben sie sich ihrer Begriffe, als ob in diesen die Nothwendigkeit, in demjenigen aber was geschieht, nur der Zufall herrschte, weil ihre Begriffe ebenso beschränkt als ihre Ansicht der Dinge ist, die sie nur als einzelne Begebenheiten nicht als ein System derselben, das von einem Geist regiert wird, auffassen, und sie mögen sonst durch sie leiden, oder auch nur sie ihren Begriffen widersprechend finden, so finden [sie] den einzigen Trost darinn, daß sie das Recht ihrer Begriffe damit behaupten, das Geschehene bitter zu tadeln; | vor allen hat wohl die fortgehende Zeit die Deutschen mit dieser Untugend behafftet; in ewigem Widerspruch zwischen dem was sie fodern, und dem was nicht nach ihrer Foderung geschieht, erscheinen sie nicht bloß tadelsüchtig, sondern wenn sie bloß von ihren Begriffen sprechen, unwahr und unredlich; weil sie in ihre Begriffe von dem Recht und den Pflichten die Nothwendigkeit setzen, aber nichts nach dieser Nothwendigkeit geschieht, und sie selbst sosehr hieran gewöhnt sind, theils daß ihre Worte den Thaten immer widersprechen; theils daß sie aus den Begebenheiten ganz etwas anders machen, als sie wirklich sind, und die Erklärung derselben nach gewissen Begriffen drehen. Es würde aber derjenige, der das was in Deutschland zu geschehen pflegt, nach den Begriffen dessen was geschehen soll, nemlich nach den Staatsgesezen, kennen lernen wollte, aufs höchste irren; denn die Auflösung des Staats erkennt sich vorzüglich daran, wenn alles anders geht, als die Gesetze; eben so würde er sich irren, wenn die Farbe, welche von diesen Gesetzen genommen wird, ihm in Wahrheit der Grund und die Ursache derselben schiene; denn eben um ihrer Begriffe willen erscheinen die Deutschen so unredlich, nichts zu gestehen, wie es ist, noch es für nicht mehr und weniger zu geben, als in der Krafft der Sache wirklich liegt; sie bleiben ihren Begriffen, dem Rechte und den Gesetzen getreu, aber die Begebenheiten pflegen nicht damit übereinzustimmen, und so bestrebt diejenige Seite, die den Vortheil dabey hat, durch Worte mit Gewalt der Begriffe beydes einander anzupassen; der Begriff aber, der die übrigen in sich schließt, ist, daß Deutschland überhaupt noch itzt ein Staat sey, weil es ehmals ein Staat gewesen; und noch die Formen, aus denen das belebende derselben entflohen ist, vorhanden sind. |

Die Organisation dieses Körpers, welche die deutsche Staatsverfassung heißt, hatte sich in einem ganz anderen Leben gebildet, als nachher und itzt in ihm wohnte; die Gerechtigkeit und Gewalt, die Weisheit und die Tapferkeit verflossener Zeiten, die Ehre und das Blut, das Wohlseyn und die Noth längst verwester Geschlechter und mit ihnen untergegangener Sitten und Verhältnisse, ist in den Formen dieses Körpers ausgedrückt; der Verlauff der Zeit aber und der in ihr sich entwickelnden Bildung hat das Schicksal jener Zeit, und das Leben der itzigen von einander abgeschnitten; das Gebaüde, worin jenes Schicksal haußte, wird von dem Schicksal der itzigen nicht mehr getragen, und steht ohne Antheil und Nothwendigkeit für dessen Interesse und seine Thätigkeit, isolirt von dem Geiste der Welt; wenn diese Gesetze ihr altes Leben verlohren haben, so hat die itzige Lebendigkeit sich nicht in Gesetze zu fassen gewußt; jede ist ihren eigenen Weg gegangen, hat sich für sich festgesetzt, und das Ganze ist zerfallen, der Staat ist nicht mehr.

I. Begriff des Staats.

Eine Menschenmenge kann sich nur einen Staat nennen, wenn sie zur gemeinschafftlichen Vertheidigung der Gesammtheit ihres Eigenthums verbunden ist; es versteht sich hiebey eigentlich von selbst, aber es ist nöthig angemerkt zu werden, daß diese Verbindung nicht bloß die Absicht hat, sich zu vertheidigen, sondern daß sie, die Macht und Gelingen mag seyn welches es will, durch wirkliches Wehren | sich vertheidigt; denn es wird niemand laügnen können, daß Deutschland zu seiner gemeinschafftlichen Vertheidigung nach Gesetzen und Worten vereinigt ist; aber wir können hier nicht unter Gesetzen und Worten einerseits, und That und Wirklichkeit auf der andern unterscheiden, noch sagen, daß Deutschland zwar nicht in That und Wirklichkeit aber noch nach Gesetzen und Worten sich gemeinschafftlich wehre; denn das Eigenthum und seine Vertheidigung durch eine Staatsverbindung sind Dinge die sich ganz und gar auf Realität beziehen; und deren Idealität alles andere nur nicht ein Staat hat. Plane und Theorieen machen Anspruch auf Realität, insofern, daß sie a u s f ü h r b a r seyen, aber ihr Werth ist derselbe, sie seyen in der Wircklichkeit oder nicht; eine Theorie des Staats hingegen heißt nur insofern Staat und Verfassung als sie wirklich ist; wenn

Deutschland ein Staat und Verfassung zu seyn vorgäbe, ungeachtet die Formen derselben ohne Leben, ihre Theorie ohne Wirklichkeit ist, so würde es eine Unwahrheit sagen; wenn es aber wirklich gemeinschafftliche Vertheidigung mit Worten verspräche, so müßte man ihm die Schwachheit des Alters zuschreiben, das ungeachtet es nicht mehr kan, immer noch ein Wollen hat, oder Unredlichkeit, die dasjenige nicht hält, was sie versprochen hat.

Daß eine Menge einen Staat bilde, dazu ist nothwendig, daß sie eine gemeinsame Wehre und Staatsgewalt bilde; die Art aber, wie die hieraus fliessenden besondern Wirkungen und Seiten der Vereinigung vorhanden sind, oder die besondere Verfassung ist dafür, daß eine Menge Eine Gewalt bilde gleichgültig. Was zu dieser besondern Art und Weise gehört, kann überhaupt auf eine höchst mannichfaltige Weise vorhanden seyn, und in einem bestimmten Staate selbst eine völlige Regellosigkeit und Ungleichmässigkeit hierüber statt finden; und wir müssen in der Betrachtung beydes von einander trennen, dasjenige, was nothwendig ist, daß eine Menge ein Staat und eine gemeinschafftliche Gewalt sey, und dasjenige, was nur | eine besondere Modification dieser Gewalt ist, und nicht in die Sphäre des Nothwendigen, sondern für den Begriff in die Sphäre des mehr oder weniger bessern, für die Wirklichkeit aber in die Sphäre des Zufalls und der Willkühr gehört. Diese Unterscheidung hat eine sehr wichtige Seite für die Ruhe der Staaten, die Sicherheit der Regierungen und die Freyheit der Völker; denn wenn von dem Einzelnen die allgemeine Staatsgewalt nur dasjenige fodert, was für sie nothwendig ist, und die Anstalten, daß diß nothwendige ihr geleistet werde, darauf einschränckt, so kann sie im übrigen die lebendige Freyheit und den eigenen Willen der Bürger gewähren und ihm noch einen grossen Spielraum lassen so wie die Staatsgewalt, welche in der Regierung als einem nothwendigen Mittelpunkt concentrirt ist, von den einzelnen die in der Peripherie sind, um dasjenige, was sie als nothwendig fodert, und dessen Unentbehrlichkeit fürs

Ganze jeder einsehen kann, um so weniger scheel angesehen wird, und nicht in die Gefahr kömmt, daß wenn das nothwendige und das willkührlichere dem Mittelpunkt der Staatsgewalt unterworfen mit gleicher Strenge als von der Regierung gefodert wird, die Bürger beydes ebenfalls miteinander vermengen, und wenn sie gegen das Eine wie gegen das Andere gleich ungeduldig werden, den Staat von Seiten seiner Nothwendigkeit in Gefahr bringen.

Zu demjenigen Theile der Wirklichkeit eines Staats, welcher dem Zufall angehört muß die Art und Weise gerechnet werden, wie die gesammte Staatsgewalt in einem obersten Vereinigungspunkte existirt; ob das Gewalthabende Einer oder mehrere, ob dieser Eine oder die Mehrern, zu dieser Majestät gebohren oder gewählt werde, ist für das Einzig nothwendige, daß eine Menge einen Staat ausmache, gleichgültig. Eben so gleichgültig, als unter den Einzelnen der allgemeinen Staatsgewalt unterworfenen Gleichförmigkeit oder Ungleichförmigkeit der bürgerlichen Rechte; von der Ungleichheit der Natur der Talente und der Energie der Seele, welche Ungleichheit noch einen mächtigern Unterschied hervorbringt, als die Ungleichheit der bürgerlichen Verhältnisse, ist ohnehin nicht die Rede; daß Ein Staat unter seinen Unterthanen Leibeigne, Bürger, freye Edelleute und Fürsten die selbst wieder Unterthanen haben zähle, und die Verhältnisse dieser besondern Stande selbst als | besondere politische Glieder wieder nicht rein sondern in unendlichen Modificationen existiren, hindert eine Menge ebenso wenig daran eine Staatsgewalt zu bilden, als daß die besondern geographischen Glieder Provinzen von verschiedenen Beziehungen auf das innre Staatsrecht ausmachen.

In Rücksicht auf eigentliche bürgerliche Gesetze und die Gerechtigkeitspflege, würde weder die Gleichheit der Gesetze und des Rechtsgangs Europa zu Einem Staate machen, sowenig als die Gleichheit der Gewichte, Maasse und des Geldes, noch hebt ihre Verschiedenheit die Einheit eines Staats auf; wenn es nicht schon im Begriffe des Staats läge, daß die nähern Bestimmungen der Rechtsverhältnisse über das Eigenthum Einzelner gegen Einzelne ihn als Staatsgewalt nicht berühren, die nur das Verhältniß des Eigenthums zu sich zu bestimmen hat, so könnte das Beispiel fast aller europäischen Staaten es uns lehren, unter welchen die Mächtigsten der wahrhafften Staaten durchaus ungleichförmige Gesetze haben; Frankreich hatte vor der Revolution eine solche Mannichfaltigkeit von Gesetzen, daß ausser dem römischen Rechte, das in vielen Provinzen galt, in andern Burgundisches, Britannisches u.s.w. herrschte, und fast jede Provinz ja fast jede Stadt, ein besonderes herkommliches Gesetz hatte, und ein französischer Schrifftsteller mit Wahrheit sagte, daß wer durch Frankreich reise ebenso offt die Gesetze als die Postpferde wechsle. Nicht weniger liegt der Umstand, ausser dem Begriffe des Staats, von welcher besondern Macht oder nach welchem Verhältnisse des Antheils verschiedener Stände oder der Staats=Bürger überhaupt, die Gesetze gegeben werden; ebenso der Charakter der Gerichtshöfe ob er in den verschiedenen Instanzen der Rechtspflege, in Beziehung auf die Mitglieder ein ererbter, oder von der obersten Gewalt ausgehender, oder von den Bürgern nach ihrem freyen Zutrauen, oder den Gerichtshöfen selbst ertheilter ist, welchen Umfang der Sprengel eines bestimmten Gerichts habe, und ob er nach dem Zufall sich bestimmt habe, ob eine gemeinschafftliche oberste Instanz für den ganzen Staat vorhanden ist u.s.w. |

Gleich unabhängig vom Staat ist und ebenso ungleichförmig kann [seyn] die Form der Verwaltung überhaupt; alsdenn die Einrichtungen der Magistrate, die Rechte der Städte, und Stände u.s.w. alle diese Umstände sind nur relativ wichtig für den Staat, und für sein wahres Wesen ist die Form ihrer Organisation gleichgültig.

Die Ungleichheit der Abgaben der verschiedenen Klassen, nach ihrem materiellen Werthe noch mehr aber die Ungleichheit der ideellen Seite, nemlich der Rechte Pflichten hierin und ihres Ursprungs findet sich in allen europäischen Staaten; sowenig die durch die Ungleichheit des Reichthums entspringende Ungleichheit der Beyträge zu den

Staatsausgaben den Staat sogar nicht hindert, daß die neuern Staaten darauf vielmehr beruhen, ebenso wenig afficirt ihn die Ungleichheit nach welcher die verschiedenen Stände des Adels, der Geistlichkeit, des Bürger= und Bauernstandes beytragen, und in der Verschiedenheit der Stände, abgesehen von allem, was Privilegium genannt wird, den Grund haben, daß sie in verschiedenem Verhältniß beytragen, weil das Verhältniß nicht nach der wesentlichen Seite dessen, wovon ein Theil abgegeben wird, nemlich nicht nach der Seite des Arbeitens, die nicht zu berechnen und an sich ungleich ist, sondern nur nach der Seite des Products bestimmt werden kann; – andere Zufälligkeit, ob die verschiedenen geographischen Theile eines Staats verschieden beschwert sind, welche Verwandlungen und untergeordnete Systeme die Abgaben durchlauffen, ob auf einem und ebendemselben Akker eine Stadt die Grundsteuer, ein Privatmann den Bodenzins eine Abtey den Zehenden, der Edelmann Jagdgerechtigkeit, die Gemeine das Hutungsrecht u.s.w. habe, und die verschiedenen Stände und Körper aller Art in Rüksicht auf | Abgaben eigene Verhältnisse bilden, alle solche Zufälligkeiten bleiben ausser dem Begriff der Staatsgewalt, der als Mittelpunkt nur die bestimmte Quantität nothwendig, und das ungleichartige Zusammenströmen in Rücksicht auf seinen Ursprung gleichgültig ist; so wie überhaupt das ganze Verhältniß der Abgabe ausserhalb seiner liegen und er doch sehr mächtig seyn kann, entweder wenn wie in der alten Lehensverfassung [der Vasall] in den Nothfällen durch persönliche Leistungen zugleich für alles sorgt, was er in seinem Dienst, den er dem Staate leistet, nöthig hat, und fürs Übrige der Staat in Domänen die Quellen seiner Einkünffte hat, – oder wie [sich] auch gedenken läßt, daß auf die letzte Weise überhaupt die Ausgaben bestritten werden könnten, wo der Staat nicht einmal als Geldmacht, was er in neuern Zeiten seyn muß, ein Mittelpunkt der Abgaben wäre, sondern was er als Abgabe einnimmt, nach dem eigentlichen Verhältnisse der meisten Abgaben, sich auf gleichem Fusse des besondern Rechts mit andern, die im Verhältnisse zum Staat Privatpersonen sind, befindet.

In unsern Zeiten mag unter den Gliedern ein ebenso loser oder gar kein Zusammenhang statt finden, in Rücksicht auf Sitten, Bildung und Sprache; und die Identität derselben, dieser ehmalige Grundpfeiler der Verbindung eines Volks ist itzt zu den Zufälligkeiten zu zählen, deren Beschaffenheit eine Menge nicht hindert, eine Staatsgewalt auszumachen; Rom oder Athen und auch jeder moderne kleine Staat könnte nicht bestehen, wenn die vielen Sprachen, die im russischen Reiche gangbar sind, in seinem Umkreis gesprochen würden; ebenso wenig, wenn unter seinen Bürgern die Sitten so verschieden wären, als sie in jenem Reiche, oder sie | und die Bildung es schon in jeder Hauptstadt eines grossen Landes sind. Die Verschiedenheit der Sprache und der Dialekte, welche letztere die Trennung zugleich noch gereitzter macht, als die gänzliche Unverständlichkeit, die Verschiedenheit der Sitten und der Bildung in den getrennten Ständen, welche die Menschen fast nur an der aüssern Gestalt sich kenntlich macht, solche heterogene und zugleich die mächtigsten Elemente vermag wie im großgewordenen römischen Reiche die überwiegende Schwere der Gewalt, so in den modernen Staaten Geist und Kunst der Staatsorganisationen zu überwältigen und zusammenzuhalten, so daß Ungleichheit der Bildung und der Sitten ein nothwendiges Product, so wie eine nothwendige Bedingung, daß die modernen Staaten bestehen, werden.

Daß in der Religion, in demjenigen, worin sich das innerste Seyn der Menschen ausspricht, und wenn auch alle andern aüssern und zerstreuten Dinge gleichgültig seyn können, sie sich doch als in einem festen Mittelpuncte erkennen und hiedurch erst vermöchten, über die Ungleichheit Wandelbarkeit der übrigen Verhältnisse und Zustände Zutrauen zu einander zu haben und einer des andern sicher zu seyn, daß hierin wenigstens Identität sey, ist ebenfalls in neuern Staaten entbehrlich erfunden worden. Selbst in dem frostigern Europa ist die Einheit [der] Religion sonst immer die

Grundbedingung eines Staates gewesen, man hat von gar nichts anderm gewußt, und ohne dieses erste Einsseyn kein anders Einsseyn oder Vertrauen möglich gefunden; zu Zeiten ist diß Band selbst so energisch geworden, daß es Völker, die sich sonst fremd und in Nationalfeindschaft waren, mehrmals plötzlich in Einen Staat verwandelte, welcher nicht bloß als eine heilige Gemeine der Christenheit, noch als eine ihre Interessen und um derselben willen ihre Wirksamkeit verbindende Coalition sondern als Eine weltliche Macht, als Staat zugleich das Vater|land seines ewigen und zeitlichen Lebens im Kriege über das Morgenland als Ein Volk und Heer erobert hat. So wenig vorher und nachher bey der Absonderung in Völker die Gleichheit der Religionen die Kriege hinderte, und sie in Einen Staat band, so wenig reist in unsern Zeiten die Ungleichheit der Religion einen Staat auseinander. Die Staatsgewalt hat als reines Staatsrecht sich von der religiösen Gewalt und ihrem Rechte zu sondern, und für sich Bestand genug zu erhalten und sich so einzurichten gewußt, daß er der Kirche nicht bedarf und sie wieder in den Zustand der Trennung von sich gesetzt, den sie in ihrem Ursprunge von dem römischen Staate hatte.

Nach den Staatstheorieen freylich, welche in unsern Zeiten theils von seynwollenden Philosophen und Menschheitrechtelehrern aufgestellt, theils in ungeheuern politischen Experimenten realisirt worden sind, wird – nur das allerwichtigste, Sprache, Bildung, Sitten und Religion ausgenommen, – das übrige alles was wir von dem nothwendigen Begriff der Staatsgewalt ausgeschlossen haben der unmittelbaren Thätigkeit der höchsten Staatsgewalt unterworfen, und [zwar so,] daß es von ihr bestimmt, daß alle diese Seiten bis auf ihre kleinsten Fäden hinaus von ihr angezogen werden. Daß die höchste Staatsgewalt die oberste Aufsicht über die angeführten Seiten der innern Verhältnisse eines Volks und ihrer nach Zufall und alter Willkühr bestimmten Organisationen tragen müsse, daß sie die Hauptthätigkeit des Staats nicht hindern dürfen, sondern diese vor allen Dingen sich sichern, und zu diesem Zweckke die untergeordneten Systeme von Rechten und Privilegien nicht zu schonen habe, versteht sich von selbst; aber es ist ein grosser Vorzug der alten Staaten Europa's, daß indem die Staatsgewalt für ihre Bedürfnisse und ihren Gang gesichert ist, sie der eignen Thätigkeit der Staatsbürger im Einzelnen der Rechtspflege, der Verwaltung u.s.w. einen freyen Spielraum läßt, theils in Rücksicht auf die Besetzung der hierinn nöthigen Beamten, theils auf die Besorgung der lauffenden Geschäffte, und Handhabung der Gesetze und Gewohnheiten; es ist bey | der Größe der itzigen Staaten die Realität des Ideals, nach welchem jeder freye Mann an der Berathschlagung und Bestimmung über die allgemeinen Staatsangelegenheiten, Antheil haben soll, durchaus unmöglich; die Staatsgewalt muß sich sowohl für die Ausführung, als Regierung, als auch für das Beschliessen darüber in einen Mittelpunkt concentriren; wenn dieser Mittelpunkt für sich selbst durch die Ehrfurcht der Völker sicher und in der Person des nach einem Naturgesetz und [durch] die Geburt bestimmten Monarchen in seiner Unwandelbarkeit geheiligt ist, so kan eine Staatsgewalt ohne Furcht und Eifersucht den untergeordneten Systemen und Körpern frey einen grossen Theil der Verhältnisse, die in der Gesellschafft entstehen, und ihre Erhaltung nach den Gesetzen überlassen; und jeder Stand, Stadt, Dorf Gemeine u.s.w. kann der Freyheit geniessen, dasjenige, was in ihrem Bezirke liegt, selbst zu thun und auszuführen; wie die Gesetze hierüber nach und nach unmittelbar aus den Sitten selbst als geheiligte Herkommen hervorgegangen sind, so hat sich Rechtsverfassung, die Einrichtungen der niedrigen Gerichtsbarkeit, die Rechte der Bürger hierinn, – die Rechte der Städteverwaltungen, der Einziehung der Abgaben theils der allgemeinen theils der zu den Bedürfnissen der Städte selbst nothwendigen, und die gesetzmässige Verwendung der letztern, alles hiehergehörige hat sich aus eigenem Triebe zusammengethan, und ist für sich selbst aufgewachsen, und seit es sich hervorgebracht, hat es sich auch erhalten, – die so weitlaüffige Organisation der kirchlichen Anstalten, ist ebenso wenig durch die oberste Staatsgewalt gemacht worden, und der ganze Stand erhält, ersetzt sich mehr oder weniger in sich – die grossen Summen, welche jährlich in einem grossen Staate für die Armuth verwendet werden, und die hierauf gehenden Einrichtungen von weitem Umfang, die durch alle Theile eines Landes durchgreiffen, werden nicht durch Auflagen, die der Staat anzuordnen hätte, bestritten; noch auf seine | Befehle die ganze Anstalt erhalten und geführt; die Masse von Besitz und Einkünften, die hieher gehört, beruht auf Stifftungen und Gaben einzelner, sowie die ganze Anstalt, ihre Verwaltung und Bethätigung, ohne Abhängigkeit von der höchsten Staatsgewalt; wie der gröste Theil der innern gesellschaftlichen Einrichtungen durch freyes Thun der Bürger, für jeden bestimmten Umfang von Bedürfniß sich gemacht hat, und ihre Dauer und Leben sich mit eben dieser von keiner Eifersucht noch Ängstlichkeit der obersten Staatsgewalt gestörten Freyheit erhält; nur daß die Regierung theils sie schützt, theils das üppige Auswachsen eines solchen Theils, wodurch er andere nothwendige unterdrücken würde, beschränkt. In den neuen zum theil ausgeführten Theorieen aber ist es das Grundvorurtheil, daß ein Staat eine Maschine mit einer einzigen Feder ist, die allem übrigen unendlichen Räderwerk die Bewegung mittheilt; von der obersten Staatsgewalt sollen alle Einrichtungen, die das Wesen einer Gesellschaft mit sich bringt, ausgehen, regulirt, befohlen, beaufsichtigt, geleitet werden. Die pedantische Sucht, alles Detail zu bestimmen, die unfreye Eifersucht, auf eigenes Anordnen und Verwalten eines Standes, Korporation u.s.w. diese unedle Mäckeley alles eigenen Thuns der Staatsburger, das nicht auf die Staatsgewalt, sondern nur irgend eine allgemeine Beziehung hätte, ist in das Gewand von Vernunftgrundsätzen gekleidet worden, nach welchen kein Heller des gemeinen Aufwands, der in einem Lande von 20, 30 Millionen für Arme gemacht wird, [ausgegeben werden darf,] ohne [daß er] von der höchsten Regierung erst nicht

[nur] erlaubt, sondern befohlen, kontrollirt, besichtigt worden wäre; in der Sorge für die Erziehung soll die Ernennung jedes Dorfschulmeisters, die Ausgabe jedes Pfennigs für eine Fensterscheibe der Dorfschule, – so wie der Dorfrathsstube, die Ernennung jedes Thorschreibers, und Gerichtsschergen, jedes Dorfrichters – ein unmittelbarer Ausfluß und Wirkung der obersten Regierung seyn, im ganzen Staate jeder Bissen vom Boden der ihn erzeugt, zum Munde in einer Linie geführt werden, welche durch Staat und Gesetz und Re|gierung, untersucht, berechnet, berichtigt und befohlen ist. Es ist hier der Ort nicht, weitlaüffig auseinanderzusetzen, daß der Mittelpunkt als Staatsgewalt, die Regierung, was ihr nicht für ihre Bestimmung, die Gewalt zu organisiren und zu erhalten, welche für ihre aüssere und innre Sicherheit nothwendig ist, nothwendig ist, der Freyheit der Bürger überlassen und daß ihr nichts so heilig seyn müsse, als das freye Thun der Bürger in solchen Dingen gewähren zu lassen und zu schützen, ohne alle Rücksicht auf Nutzen, denn diese Freyheit ist an sich selbst heilig; – was aber den Nutzen betrifft, wenn es berechnet werden soll, was das eigne Verwalten ihrer Angelegenheiten durch die besondern Körper, ihre Rechtspflege, ihr Ernennen zu den Ämtern, die hiebey nöthig werden, u.s.w. für einen Vortheil bringe, so gibt es hier dreyerley Berechnungen, die eine welche auf das handgreiffliche, das Geld geht, das die oberste Staatsgewalt hiedurch in die Hände bekömmt, – die andere, auf den Verstand und die Vor trefflichkeit, mit welcher in einer Maschine alles nach gleichförmigem Schritt, der klugsten Berechnung und den weisesten Zwekken geschehe, – die dritte aber, auf die Lebendigkeit den zufriednen Geist, und das freye und sich achtende Selbstgefühl, das aus der Theilnahme des eigenen Willens an den allgemeinen Angelegenheiten, soweit ihre Zweige für die oberste Staatsgewalt zufällig sind, entspringt. Im Ersten im handgreifflichen, wähnt sich der Staat, dessen Princip die allgemeine Maschinerie ist, ohne Bedenken im Vortheil gegen denjeni-

gen, der den Rechten und dem eignen Thun seiner Bürger das Detail einem grossen Theile nach überläßt; es ist aber im allgemeinen, zu bemerken, daß jener Staat wenn er nicht schwerere Auflagen überhaupt macht, unmöglich den Vortheil haben kann; denn indem er alle Zweige der Verwaltung, der Rechtspflege u.s.w. übernimmt, [müssen] ihm alle Kosten derselben zugleich zur Last fallen, welche wenn das Ganze nach einer allgemeinen Hierarchie eingerichtet ist, | ebenfalls durch regelmässige Auflagen gedeckt werden müssen; da hingegen der Staat, der was bey diesen Einrichtungen die nur auf das Zufällige und einzelne wie die Rechtspflege, Erziehungskosten, Beyträge zur Unterstützung der Armuth u.s.w. [gehen, erfodert wird,] auch die Kosten diesen Einzelheiten überläßt, die dabey interessirt sind, diese Kosten ohne die Form von Auflagen bestritten werden sieht; wer den Richter und Sachwalter, so wie einen Erzieher nöthig hat, oder nach seinem Antrieb die Armen bedenkt, bezahlt hier allein; es ist keine Auflage vorhanden, keiner bezahlt für ein Gericht, Sachwalter, Erzieher, Geistlichen, die er nicht braucht; so wie wenn für die niedrigern obrigkeitlichen Ämter, des Gerichts, der Verwaltung von Städten, KorporationenAngelegenheiten, von den Mitgliedern selbst dazu gewählt wird, [der Gewahlte] durch die Ehre, die ihm hiedurch wiederfährt bezahlt ist, von dem Staat aber, dem er leisten sollte, Bezah lung fodern muß, weil hier diese innre Ehre fehlt. Beyde Umstände, wenn auch in Beziehung auf den erstern, mehr Geld vom Volk ausgegeben werden sollte, was nicht zu glauben ist, bewirken der erste den Unterschied, daß keiner für etwas ihm unnöthiges, für ein nicht allgemeines Staatsbedürfniß Geld ausgibt, der andere, für alle eine wirkliche Ersparniß, beyde daß das Volk dort sich mit Vernunft und nach der Nothwendigkeit, hier mit Zutrauen und Freyheit behandelt fühlt; ein Umstand, der den Unterschied vornehmlich der zweyten und dritten Art der Berechnung ausmacht; die machinistische höchstverständige und edeln Zwecken gewidmete Hierarchie erweist in nichts ihren Bürgern Zutrauen, kan also auch keines von ihnen erwarten; – sie hält sich in keiner Leistung sicher, deren Befehl und Ausführung sie nicht eingerichtet hat, | verbannt also freywillige Gaben und Aufopferungen; zeigt dem Unterthan die Überzeugung von seinem Unverstand und die Verachtung gegen seine Fähigkeit das zu beurtheilen und zu thun, was für sein Privatwohl zuträglich wäre, sowie den Glauben an allgemeine Schaamlosigkeit, sie kann also kein lebendiges Thun, keine Unterstützung von seinem Selbstgefühl, hoffen. Es liegt ein Unterschied hierin, der zu groß ist, als daß er von dem Staatsmanne, der nur das in Anschlag bringt, was in bestimmten Zahlen zu berechnen ist, gefaßt werden könnte, der sich zunächst in Wohlhabenheit, Wohlseyn Bravheit und Zufriedenheit der Bewohner des einen Staats, so wie in der Stumpfheit, dem ewigen Umschlagen von Niederträchtigkeit in Unverschämtheit, und Armuth des andern zeigt, der in den größten Dingen, wo nur die zufällige Seite der Begebenheit auf der Aussenseite liegt, gerade diese Zufälligkeit bestimmt und nothwendig macht; der Unterschied ist unendlich, ob die Staatsgewalt sich so einrichtet, daß alles, worauf sie zählen kann, in ihren Händen ist, und daß sie aber eben deßwegen auch auf nichts weiter zählen kann, oder ob sie ausser dem, was in ihren Händen ist, auch [auf] die freye Anhänglichkeit, das Selbstgefühl, und das eigne Bestreben des Volks zählen kann, einen allmächtigen unüberwindlichen Geist, den jene Hierarchie verjagt hat, und der allein da sein Leben hat, wo die oberste Staatsgewalt so viel als möglich der eignen Besorgung der Bürger läßt. Wie in einem solchen modernen Staat, worin alles von oben herunter geregelt ist, nichts, was eine allgemeine Seite hat, der Verwaltung und Ausführung der Theile des Volks, die dabey interessirt sind, anheimgestellt ist, – wie sich die französische Republik gemacht hat, [sich] ein ledernes, geistloses Leben erzeugen wird, ist, wenn dieser Ton der Pedanterey des Herrschens bleiben kann, in der Zukunft erst zu erfahren, aber welches Leben und welche Dürre in einem andern ebenso geregelten Staate herrscht, im preussischen, das fällt jedem auf, der das erste Dorf desselben betritt, oder seinen völligen Mangel an wissenschafftlichem und künstlerischem Genie sieht oder seine Stärke nicht nach der ephemerischen | Energie betrachtet, zu der ein einzelnes Genie ihn für eine Zeit hinaufzuzwingen gewußt hat.

Wir unterscheiden also nicht nur in einem Staate das nothwendige, was in der Hand der Staatsgewalt liegen und unmittelbar durch sie bestimmt werden muß, und das zwar in der gesellschafftlichen Verbindung eines Volks schlechthin nothwendige, aber für die Staatsgewalt als solche zufällige, sondern halten das Volk auch sowohl für glücklich, dem der Staat in dem untergeordnetern allgemeinen Thun viel freye Hand läßt, als auch eine Staatsgewalt für unendlich stark, die durch den freyern und unpedantisirten Geist ihres Volks unterstützt werden kann.

Daß also in Deutschland die unfreye Foderung nicht erfüllt ist, Gesetze, Rechtspflege, Auflegung und Erhebung der Abgaben, u.s.w. Sprache, Sitten Bildung Religion, von einem Mittelpunkt reglirt und gubernirt zu wissen, sondern darüber die disparateste Mannichfaltigkeit statt findet, diß würde nicht hindern, daß Deutschland einen Staat constituirte; wenn es anders als eine Staatsgewalt organisirt |

| [75] Die Fortpflanzung dieses kriegerischen Talents selbst beweißt, daß diese Schaaren von Bewaffneten nicht müssig sind. Seit Jahrhunderten wird kein bedeutender Krieg unter den europäischen Mächten geführt, worin nicht deutsche Tapferkeit sich wenn nicht Lorbeern, immer Ehre erwirbt, worin nicht Ströme deutschen Blutes flössen.

Bei der Menge seiner Bewohner den kriegerischen Talenten derselben, der Bereitwilligkeit ihrer Herrn, ihr Blut zu vergiessen, bei seinem Reichthum an den todten so wie an den lebendigen Erfordernissen des Krieges – ist kein Land wehrloser, keines unfähiger nicht zu erobern, nur sich zu vertheidigen als Deutschland. Nicht einmal die Versuche der Vertheidigung, das blosse Streben, ist bedeutend noch ehrenvoll.

Die Kriegsmacht besteht bekanntlich aus dem Militär der grössern und kleinern Stände. Was das letztere betrifft, so können diese Armeen, Heere, Truppenkorps oder wie man sie nennen will, gewöhnlich nicht mehr als Policey und Parade= Soldaten seyn, nicht Krieger, die nicht höhers kennen als den Ruhm ihres Heeres und Dienstes. Der militärische Geist, der das Herz jeden Kriegers eines grossen Heeres bei dem Wort: unsre Armee hebt, dieser Stolz auf seinen Stand und Dienst, die Seele eines Heeres, kan in der Stadtwache einer Reichsstadt, der Leibgarde eines Abtes nicht gedeihen. Die Art von Achtung, welche der Anblik der Uniform grosser Heere für das noch unbekannte Individuum erwekt, das sie trägt, kan der Uniform einer Reichsstadt nicht zu Theil werden. Ich bin 20, 30 Jahre in diesem Dienste gewesen, in dem Munde des bravsten Soldaten eines kleinen Reichsstandes führt eine ganz andere Empfindung und Wirkung mit sich, als in dem Munde eines Officiers eines grossen Heeres; denn das Selbstgefühl des Mannes, und die | Achtung anderer vor ihm wächst mit der Grösse des Ganzen, dem er angehört er nimmt an dem Ruhme Theil, den Jahrhunderte auf dasselbe gehaüfft haben.

Die Unbedeutenheit der vereinzelten kleinen Militärkorps durch ihre geringe Anzahl braucht durch Ungeschiklichkeit und andere ungünstige Einrichtungen nicht noch vermehrt zu werden. Es muß sehr grosse Nachtheile haben, daß beim Ausbruche eines Krieges die kleinern Stände erst ihre Soldaten werben, oft die Officiere izt erst anstellen, also ungeübte Leute ins Feld schikken, daß ein Stand den Trommler, der andere die Trommeln zu liefern hat u.s.w. daß wegen der Menge von Ständen, die Kontingente zusammenschikken, Ungleichheit in den Waffen, dem Exercitium u.s.w. Unbekanntschafft der Gemeinen mit den Officieren statt findet, – daß jeder Stand eigentlich selbst für die Verproviantirung selbst zu sorgen das Recht hat, also die gröste Unordnung im Dienst und eine hindernde Überladung an Civilpersonen und Troß, ausser den unnöthigen Kosten herrschte; – nach der rechtlichen Theorie gehören zu einem detachirten Piquet von zwanzig Mann verschiedener Stände eigentlich zwanzig eigne Proviantcommis, Bekker u.s.w. Daß die Reichsmatrikel etliche hundert Jahre alt ist, also dem jetzigen Verhältnisse der Grösse und Macht der Stände nicht mehr entspricht, und also Unzufriedenheit, Klagen, und ewige Rükstände veranlaßt, daß in ihr Landschafften vorkommen, deren geographische Lage nicht einmahl mehr auszumitteln ist, und hundert andere Umstände sind zu bekannt, um nicht, wenn man sie anführt, langweilig zu seyn.

Wenn nun schon die Unbedeutenheit des Militärs der kleinen Stände da verschwindet, wenn sie sich versammeln und in eine Reichsarmee konkresciren, so setzen die erwähnten und unzählige andere Nachtheile die Brauchbarkeit dieses Heeres im Kriege unter alle Armeen des übrigen Europa's, die türkische selbst nicht | ausgenommen, und schon der Nahme einer Reichs armee hatte sonst ein besonderes Unglük. Wie der Nahmen anderer auch fremder Armeen, den Gedanken der Tapferkeit und Furchtbarkeit erwekt, so heiterte eher der Nahmen der Reichsarmee der in einer deutschen Gesellschafft ausgesprochen wird, | [179] jedes Gesicht auf, erweckte alle nach Gebühr witzigen Launen, und jeder griff in den Beutel seiner Anekdoten über sie, um etwas zu geben. Und wenn die deutsche Nation für ernsthafft und des komischen unfähig gehalten wird, so vergißt man die Farcen der Reichskriege, die mit aller möglichen aüssern Ernsthafftigkeit, aber einer ächten innern Lächerlichkeit aufgeführt werden. Während die Organisation der Reichsarmee mit allen ihren Folgen sich um nichts verbessert haben, hat das Gefühl des durch sie bewirkten Unglücks und der Schande Deutschlands, die allgemeine Sucht, darüber zu spotten vermindert; und nur dadurch, daß im letzten Kriege rechts= und constitutions=widrig manches in Ansehung derselben z.B. die Verpflegung gehalten worden ist, haben diese Truppen von einigem Nutzen seyn können.

Noch nachtheiliger als alle diese Umstände der Beschaffenheit eines Reichsheers ist es, daß eigentlich nie eines zusammengebracht wird; und hierinn zeigt sich am sichtbarsten die Auflösung Deutschlands in unabhängige Staaten. Nach der Theorie der Grundgesetze würde die Reichsarmee ein furchtbares Heer seyn können, aber die Praxis, diß mächtige Princip des deutschen Staatsrechts zeigt etwas ganz anderes; wenn man nur zu offt eine ungeheure Menge deutscher Soldaten im Felde sieht, so versteht es sich, daß sie nicht als Reichsarmee zur Vertheidigung Deutschlands, sondern zur Zerfleischung seiner Eingeweide auf den Beinen sind. Das was man deutsche Verfassung nennt, vermag nicht nur nicht solche Kriege zu verhüten, sondern macht sie vielmehr rechts= und gesetzmässig. Desto unbeträchtlicher ist die deutsche Armee, wenn sie zum Schutze Deutschlands aufgeboten wird; denn wenn die fünffachen Contingente von Brandenburg, Sachsen, Hannover, Bayern, Hessen, für sich schon Heere bilden und vereinigt eine furcht | bare Armee sind, und die Ungeschiklichkeit der damit vereinigten kleinern Contingente verschwinden machen würden, so sind sie von etwas ganz anderem als den Gesetzen Deutschlands abhängig, und ihre Mitwirkung zu seiner Vertheidigung völlig so unzuverlässig und zufällig, als die Mitwirkung irgend einer fremden Macht. Bey den grossen Contingenten, – das österreichische nicht darunter begriffen, welches als Monarch anderer Königreiche der Kaiser wegen der Schwäche und Unzuverlässigkeit des pflichtigen Heeres weit über seine ständischen Obliegenheiten zu erhöhen, und Deutschland die Anstrengungen und den Umfang seiner anderweitigen Macht geniessen zu lassen genöthigt ist, – kann das Reich weder auf ihre gesetzmässige Stärke zählen, noch darauf, daß sie überhaupt gestellt werden, noch daß nicht der Stand, der auch sein Contingent gestellt hat, mitten im Kriege, und in den gefährlichsten Momenten für sich Neutralitäts= und Friedens=verträge mit dem Reichsfeind eingeht, und die angegriffnen Mitstände, ihrer eigenen Schwäche, und der verwüstenden Übermacht des Feindes preisgibt. Ohngeachtet das reichsgesetzliche Recht der Stände mit auswärtigen Mächten Bündnisse zu schliessen, und die Wahl zwischen Fremden und Deutschland zu lassen, durch die Clausel: insofern solche Bündnisse den Pflichten gegen Kaiser und Reich nicht widersprechen, beschränckt ist, so ist diese Clausel durch die Praxis als einem rechtlichen Grundsatze zweydeutig gemacht oder vielmehr eliminirt, und nicht bloß die That, sondern ständische Reichstags Vota können also dahin gehen, daß ihnen ihre sonstigen Verbindungen, an der Aufstellung eines Reichscontingents und an der Abführung der Beyträge zu dem Kriege theil zu nehmen, nicht erlauben.

Diß Zurücktreten bedeutenderer Stände von dem Antheil an der allgemeinen Vertheidigung, versetzt andere in einen Zustand von Hülflosigkeit der sie nöthigt, ebenfalls sich der Noth und Gefahr, damit aber auch ihren Verpflichtungen gegen das Ganze sich zu entziehen; es würde durchaus unnatürlich seyn zu fordern, daß sie sich auf einen Schutz verliessen und beytrügen, der weltkündig nichts schützt, | und durch das Recht, Bündnisse zu schliessen, gesetzlich und rechtlich verweigert wird; unter solchen Umständen wird es nothwendig, daß die Schwächern sich unter den Schutz solcher mächtiger Mitstände, die mit dem Feinde freund sind, begeben, und dadurch gleichfalls die allgemeine Masse der gemeinschafftlichen Gewalt vermindern; auf welche Weise alsdenn jene mächtigen Stände nicht nur dadurch gewinnen, daß sie sich ihre Anstrengungen erspahren, sondern daß sie auch vom Feinde sich Vortheile für ihre Unthätigkeit verschaffen, und endlich, indem sie die allgemeine Masse zugleich um den Beytrag derjenigen, die sie unter ihren Schutz nöthigen, schwächen, von diesen für den geleisteten Schutz ebenfalls Nutzen ziehen.

Wenn denn auch wircklich mehrere grosse Contingente zusammengetreten sind, so stört das Unstäte ihrer Verhältnisse und die Unzuverlässigkeit ihres Beisammenbleibens die gemeinschafftliche Wirksamkeit; es findet über diese Truppenkorps nicht die freye Disposition statt, welche zur Sicherheit der Ausführung eines Kriegsplans nothwendig, und der Plan nicht nur eines Feldzugs, sondern einzelner

Operationen erfodert zur That nicht sowohl Orders, als Negociationen. Es kann auch nicht fehlen, daß nicht die Berechnung eintritt, ob das Contingent eines einzelnen Standes zuviel gebraucht, andere dagegen geschont, und die Gleichheit des Rechts verletzt werde, wie bey andern Staatsverhältnissen sonst Streit um den ersten Platz der Gefahr, und Unzufriedenheit über den Nicht=gebrauch stattfand. Die Eifersucht der verschiedenen Corps, die sich als verschiedene Nationen ansehen, die Möglichkeit, daß sie in den kritischsten Momenten sich zurückziehen, alle diese Umstände machen es nothwendig, daß ein auch der Zahl und dem militärischen Gehalt nach ansehnliches Reichsheer durchaus keine verhältnißmässige Wirkung hervorbringen kann; wenn die kriegerische Schwäche Deutschlands weder eine Folge von Feigheit ist, noch der militärischen Untauglichkeit und der Unbekanntschafft mit denjenigen Geschiklichkeiten die in neuern Zeiten der Tapferkeit zum Siege nicht fehlen dürfen, und bey jeder Gelegenheit die Reichscontingente die größten Beweise ihres Muths und militärischer Aufopferung geben, und sich des alten Kriegsruhms der Deutschen und ihrer Ahnen würdig erweisen, so ist es die Anordnung des Ganzen, und die allgemeine Auflösung, welche die Anstrengungen und Aufopferungen der einzelnen Menschen und Corps fruchtlos ver|lohren gehen lassen, und einen Unsegen darauf legen, der, sie mögen sich aufs beste bestreben, alle Wirkung und Folgen zu Grunde richtet, und sie einem Ackersmanne gleichstellt, der das Meer besät, oder den Felsen umpflügen wollte. In dem gleichen Falle, in welchem sich die deutsche Staatsgewalt mit der Kriegsmacht befindet, befindet sie sich mit den Finanzen, welche nachdem die europäischen Staaten sich mehr oder weniger von der Lehensverfassung entfernt haben, ein wesentlicher Theil der Macht geworden sind, welche sich unmittelbar in den Händen der obersten Staatsgewalt befinden muß.

Zu dem Extrem der Finanzeinrichtung, nach welchem jede Ausgabe, die ein öffentliches Amt bis auf den gemeinsten Dorfrichter Häscher und weiter herab, oder irgend ein öffentliches aber auf ein Dorf sich einschränkendes Bedürfniß erheischt, so wie jede Art von Einkünften, als Abgabe zuerst an die oberste Staatsgewalt hinauf und als Staatsausgabe, wieder zurück bis in die kleinsten Zweige des öffentlichen Thuns, durch alle Mittelglieder von Gesetzen, Dekreten, Verrechnungen und Beamte deren kein Collegium in irgend etwas ein höchster Ressor ist herabfließt, zu diesem Extrem bildet die deutsche Finanzlosigkeit das andere; die grossen Staatsgegenstände und Probleme, über die gerechteste und am wenigsten kostspielige keinen Stand vor dem andern drückende Art der Abgaben, StaatsSchulden, Staatscredit, – diese und andere Dinge, die in andern Staaten den Aufwand der grösten Talente erfodern, und in welchen Fehler die fürchterlichsten Folgen haben, – diese Sorgen plagen Deutschland nicht. Es findet überhaupt weder die überflüssige Einmischung des Staats in jede öffentlichen Kosten statt, sondern ein Dorf, eine Stadt, die Zunft einer Stadt u.s.w. besorgt die Finanzsachen, die nur sie angehen, selbst, unter der allgemeinen Aufsicht aber nicht unter den Befehlen des Staats, noch aber auch eine Finanzeinrichtung, welche die Staatsgewalt selbst | beträfe; die ordentlichen Finanzen Deutschlands schränken sich eigentlich allein auf die Kammersteuern ein, welche von den Ständen zur Erhaltung des Kammergerichts entrichtet werden; sie sind demnach sehr einfach, und kein Pitt ist erforderlich, sie zu dirigiren; die regelmässigen Kosten des andern obersten Reichsgerichts werden ohnehin vom Kaiser getragen; es ist in neuern Zeiten der Anfang gemacht worden, durch Versteigerung von heimgefallenen Reichslehen, einen Fond hiezu zu gründen. Selbst wegen jener einzigen Finanzeinrichtung, der Kammerzieler erheben sich haüffige Klagen, daß sie schlecht bezahlt werden; und merkwürdig zur Charakterisirung der deutschen Verfassung ist der Grund, aus welchem Brandeburg die Erhöhung derselben die vor mehrern Jahren verabschiedet wurde, nicht bezahlt; weil es nemlich zweifelhaft ist, ob in solchen Dingen, als allgemeine Beyträge zu den Staatsbedürfnissen, die Majorität der Stimmen für den einzelnen verbindlich ist; wo diß zweifelhaft ist, da fehlt dasjenige, was allein einen Staat ausmacht, Einheit desselben in Beziehung auf die Staatsgewalt.

Nach dem Grundsatze der Lehensverfassung werden die Contingente von den Ständen selbst bezahlt und mit allem Nothwendigen versehen; es ist schon oben erinnert worden, daß das dringende Bedürfniß im letzten Kriege mehrere Stände veranlaßt hat, die Ausübung des Rechts des letzten Puncts aufzugeben, und den vortheilhafften Ausweg einer Privatübereinkunft wegen gemeinschaftlicher Verpflegung mit dem Reichsoberhaupte zu treffen, so wie auch kleinere Stände von ihrem Rechte, selbst ihre Soldaten ins Feld zu stellen, dißmal keinen Gebrauch machten, und mit grössern Ständen sich abfanden, daß diese für Aufstellung des den kleinern Ständen obliegenden Contingents sorgten; man sieht, daß wenn hierin eine Dämmerung zu einer Verwandlung der durch die Stände zu besorgenden Stellung der Contingente und Lieferung ihrer Bedürfnisse in Geldbeyträge an den gemeinschaftlichen Mittelpunct, der alsdenn das zu leistende übernimmt, und es anordnet, und das Beginnen eines Übergangs der vereinzelten und gewissermassen | persönlichen Leistungen in eine ächte Staatseinrichtung in Beziehung auf Kriegs- und Finanzeinrichtung und der Übertragung der letztern an das Oberhaupt, wodurch der Begriff eines Staats allein sich realisirt, läge, diß ganze Verhältniß theils nur unbedeutende Stände betroffen, theils eine Sache des vorübergehenden Zufalls gewesen ist.

Was die Kosten betrifft, die zu denjenigen Seiten eines modernen Kriegs, welche durch die Stellung von Soldaten nicht befriedigt werden, unter der Benennung von Römermonaten zusammengeschossen werden sollen, so hat es ebendieselbe Bewandniß, wie mit der Stellung der Contingente; nach den Rechnungen dieser, der deutschen Reichs=Kriegs=Operations=Kassen=Gelder hat es sich gezeigt, daß etwa die Hälfte desjenigen, was beschlossen worden ist, einging; in den letzten Monaten des Kriegs vor Eröffnung des Rastadter Congresses [gaben] die öffentlichen Bekanntmachungen der baaren Kassenbestände die ganzen Summen von 300, 400 Gulden [an]; und wenn in andern Staaten der Bestand der obersten Kriegskasse, besonders, wenn er so gering seyn sollte, eben nicht öffentlich bekannt gemacht wird, so hat diese Bekanntmachung beym deutschen Reiche auf die feindliche Kriegs- und Friedensoperation gegen die Reichsoperation weiter keinen Einfluß. Die Grundsätze, die hierin herrschen, daß die Beschlüsse der Majorität für die Minorität keine verbindende Krafft haben, daß sich wegen anderweitiger Verbindungen in die von der Majorität beschlossenen Ausschreibungen von Römermonaten nicht eingelassen werden könne, sind dieselben, die in Rüksicht auf die ständischen Pflichten wegen der Kriegsmacht gelten.

Wenn es ehmals in Rücksicht auf Finanzen eine Art von Staatsmacht in den Reichszöllen, Abgaben der Reichsstädte und dergleichen gab, so waren jene Zeiten doch so durchaus von der Idee eines Staats und dem Begriff eines Allgemeinen entfernt, daß diese Einkünffte als vollkommenes Privateigenthum des Kaisers betrachtet wurden, und der Kaiser die Einkünffte verkauffen, was aber ganz unbegreifflich ist, die Stände sie kauffen, oder zu, in der Folge unablößlich gemachten Pfändern machen konnten; so wie auch unmittelbare Staatsgewalt, gekaufft oder zum Pfand | genommen wurde; über welchen ein stärkerer Zug von Barbarey eines Volks, das einen Staat bildet, sich nicht auftreiben läßt.

Es ist jedoch nicht zu laügnen, daß nicht das Bedürfniß, Finanzen für Deutschland zu erschaffen, von Zeit zu Zeit gefühlt und Vorschläge gemacht worden sind, Geldquellen für das Reich als einen Staat zu gründen. Weil zugleich die Stände nicht gesonnen seyn konnten, diese Geldmacht durch Gesetze zu Beyträgen zu bewerkstelligen, indem damit etwas der Einrichtung, wie sie in einem Staate sind, ähnliches zu Stande gekommen wäre, so müßte beydes vereinigt werden, einen bleibenden Fond für den Staat zu finden, und die Stände weder zu beschweren, noch auf irgend eine Art [und] Weise zu verbinden. Weil der Umstand, daß die Stände weder beschwert noch verbunden würden, der hervorstechendste, es also mit dem Ganzen, weniger Ernst, als ein frommer Wunsch war, mit welcher Art von Wünschen die wahre innwendig liegende Gleichgültigkeit, für den Gegenstand, dem der Wunsch gilt, und wenigstens der feste Entschluß, sich es nichts kosten zu lassen, hinter eine ganz besonders patriotisch sich anstellende Weise und Miene verborgen zu werden pflegt, so ist nicht zu zweifeln, daß wenn das Reich mit einer Finanzeinrichtung gerade sich beschäfftigte, in einer Gesellschafft von ehrlichen Reichsbürgern derjenige, der zum Besten des deutschen Reichs den Wunsch vorbrächte, daß ein Goldberg in Deutschland aufwachsen, und jeder Ducate der aus ihm geprägt, und das erstemal ausgegeben nicht fürs Reich verwendet würde, sogleich als Wasser verlauffen sollte, ein solcher Wünschender für den größten deutschen Patrioten, der je existirt habe, angesehen würde, weil sie im ersten Momente das Gefühl, auf solche Art nichts bezahlen zu müssen, vor der Besinnung haben würden, daß durch einen solchen Wunsch kein Pfennig in die Reichskasse komme; und wenn die Besinnung wirklich eintrete, sie doch nichts anders ausgesprochen finden könnten, als was sie selbst, ungeachtet ihrer Worte, wollten.

Hievon abgesehen, so haben ältere Reichstage für das Bedürfniß eines solchen Fonds keine solche ideale, bloß eingebildete Quellen, sondern, ohne daß doch | irgend ein Stand von dem seinigen irgend etwas aufzuopfern hätte, wirkliche, existirende Länder, eigentliche Realitäten, zur Bestreitung reichsangelegenheitlicher Unkosten, wie jene Jäger einen reellen keinen eingebildeten, Bären zur Bezahlung ihrer Zeche bestimmt. Es ist vor mehrern hundert Jahren ein Gesetz gemacht worden, daß zur Errichtung eines Reichsfonds alle diejenigen Länder bestimmt werden sollen, welche in fremder Nationen Hände gerathen sind, wenn sie das deutsche Reich wieder an sich bringt; und in den Kriegen selbst, in welchen also die Gelegenheit vorhanden war, daß das deutsche Reich sie wieder an sich brächte, hat es sich immer so einzurichten gewußt, daß es noch mehr verlohren, also den Reichsfond vergrössert hat; somit muß auch der Verlust des linken Rheinufers von einer tröstlichern Seite angesehen werden, nemlich als ein Weg der Möglichkeit der Gründung eines Reichs=Finanz=Fonds. Wenn solche zu ihrer Zeit gründliche Gedanken – und man [kann] sicher seyn daß wenn noch itzt [einem] deutschen Staatsrechtslehrer von dem unseligen Mangel der Finanzen gesprochen würde, er die Vollkommenheit auch dieser Seite der deutschen Reichsverfassung mit dem aufgezeigten Wege vindiciren würde – noch fähig wären, daß der in solchen Hoffnungen sanguinische deutsche Charakter bey dem jetzigen politischen Zustande Europa's und Deutschlands auf sie eine Hoffnung setzen könnte, so können sie doch bey Erwägung ob Deutschland, die Art von Macht, die in unsern Zeiten zum Wesen eines Staats gehört, eine Geldmacht in der That und in jetziger Zeit, in welcher wir sprechen, besitze, nicht gerechnet werden.

Sonst gab es eine besondere Art, wenn nicht in einem auswärtigen Kriege sondern in einem gegen einen rebellischen und geächteten Stand ein anderer Stand für den Staat Kosten hatte, diese allgemeine Ausgabe zu tragen, und den letztern zu entschädigen; wenn nemlich Executionen von Achtserklärungen und andern Reichsgerichtlichen Bescheiden, was nicht immer der Fall ist, wirklich in Gang | gebracht wurden, so fielen die Unkosten der unterliegenden Parthey, wenn sie nemlich nicht bloß im Recht, sondern auch im Krieg unterliegt, zur Last; – das Reichsexecutionsheer des siebenjährigen Kriegs erhielt für seine Mühe keinen Schadenersatz; jene Art die Executionskosten bezahlt zu machen, war in ältern Zeiten ein mächtiger Sporn, eine Achtserklärung zuweilen wirklich zu exequiren, indem der exequirende Theil ohne weiteres Recht, und sonst nähere Rechnung, die Länder des exequirten Theils behielt; wie die Schweitzer in den Besitz des grösten Theils der alten Habspurgischen Stammbesitzungen, Bayern in den Besitz von Donauwerth u.s.w. kam.

Eine Menge die durch diese Auflösung der Kriegsmacht und Mangel an Finanzen keine Staatsgewalt zu bilden gewußt hat, ist unvermögend ihre Unabhängigkeit gegen auswärtige Feinde zu vertheidigen, sie muß sie nothwendig wenn nicht auf einmal doch nach und nach zu Grunde gehen sehen, im Kriege allen Plünderungen und Verwüstungen ausgesetzt seyn, muß nothwendig die Hauptkosten desselben für Freund und Feind tragen, muß Provinzen an auswärtige Mächte verlieren, und bey vernichteter Staatsgewalt über die einzelnen Glieder und verlohrner Oberherrlichkeit über die Vasallen nichts als souveräne Staaten in sich schliessen, die als solche nach der Macht und List sich gegeneinander verhalten, deren stärkere sich ausbreiten, und deren schwächere verschlungen werden, und die bedeutendern gegen eine grosse Macht doch wieder unmächtig sind.

Die Länder welche das deutsche Reich indem Fortgang mehrerer Jahrhunderte verlohren hat, machen eine lange traurige Liste aus; die Staatsrechtslehrer, theils weil überhaupt die Gesetze der Verfassung und der Organisation der Staatsgewalt zu nichte geworden, und wenig oder nichts abzuhandeln geben, müssen sich über die Beschreibung der leer und bedeutungslos gewordenen Zeichen, als Insignien dessen was war, und der Ansprüche halten, theils führen diese Ansprüche eben die tröstende Rührung mit sich, mit welcher ein verarmter Edelmann die letzten Überreste seiner verschwundenen Ahnen bewahrt, – ein Trost der den Vortheil hat, sicher und ungestört zu bleiben, so wenig diese Gemählde den jetzigen Besitzern ihrer Rittergüter Einsprüche zu machen vermögen, so wenig haben die | staatsrechtlichen Ansprüche des deutschen Reichs je einem Minister Besorgnisse gemacht, von ihm einen Widerspruch zu erwarten; beyde, der Edelmann und der Staatsrechtslehrer können sich ruhig ihren unschuldigen und harmlosen Ergötzlichkeiten überlassen.

Wenn die Staatsrechtslehrer sich noch damit vergnügen, die Ansprüche des heiligen römisch=deutschen Reichs auf Ungarn, Pohlen, Preussen, Neapel u.s.w. auseinanderzusetzen, so ist auch über die politische Unwichtigkeit solcher Rechte zu bemerken, daß sie nicht sowohl das deutsche Reich als solches, sondern vielmehr das römische Kaiserthum, das Haupt der Christenheit und den Herrn der Welt angehen, und der römische Kaiser und in Germanien König, wie sein Titel es aussagte dem Wesen [nach] getrennt waren, und das deutsche Reich konnte weder das Interesse, noch den Willen, noch späterhin die Krafft haben, dasjenige, was zur Oberherrschafft des Kaisers gerechnet werden konnte, und eine solche unnatürliche Vereinigung von Ländern, deren geographische Lage eben so als die Individualität der Völker sie trennte, zu behaupten, umso weniger da es selbst diejenigen Länder, welche integrirende Theile von ihm waren, nicht erhalten weder wollte noch konnte.

Von der Verbindung des lombardischen Königreichs haben sich noch bis auf die letzten Zeiten Spuren erhalten, aber man kann es nicht als einen wesentlichen Theil des eigentlichen deutschen Königreichs um so weniger betrachten, da sowohl es ein eigenes Königreich war, als die deutsche Reichsstandschafft, die einigen von dessen Staaten zukam, schon längst ihre Krafft verlohren hatte.

Aber in Ansehung der zum deutschen Reich wesentlich gehörigen, und Reichsstandschafft besitzenden und ausübenden Länder hat sich fast jeder Krieg des Reichs mit dem Verlust einiger derselben geendigt.

Dieser Verlust begreifft eigentlich zweyerley Arten in sich; nemlich ausser der eigentlichen Unterwerfung deutscher Länder unter fremde Oberherrschafft und gänzlicher Losreissung derselben von allen Rechten und Pflichten gegen das Reich muß als Verlust für den Staat angesehen werden, daß so viele Länder zwar in aller bisher rechtlichen und scheinbaren Beziehung gegen Kaiser und Reich geblieben sind, aber Fürsten erhielten, welche indem sie Mitglieder des Reichs wurden, oder waren, zugleich Monarchen unabhängiger Staaten sind. Dieser Umstand ist es, der | scheinbar kein Verlust ist, sondern scheinbar alles beym Alten ließ, aber den Zusammenhang des Staats in seinen Grundpfeilern untergraben hat, weil diese Länder dadurch von der Staatsgewalt unabhängig geworden sind.

Ohne in ältere Zeiten zurückzugehen, geben wir nur eine kurze Übersicht davon, wie vom westphälischen Frieden an, die Ohnmacht Deutschlands und das nothwendige Schicksal derselben im Verhältniß zu auswärtigen Mächten sich geäussert hat; es kann natürlich nur von seinem Länderverlust in den Friedensschlüssen die Rede seyn, denn der Schaden durch den Krieg ist für alle Angabe unermeßlich.

Im westphälischen Frieden verlor sich nicht nur alle Verbindung der vereinigten Niederlande mit dem deutschen Reiche, sondern auch der Schweiz, deren Unabhängigkeit schon längst in der Praxis statt gefunden hatte, aber itzt förmlich anerkannt wurde; ein Verlust nicht des Besitzes sondern von Ansprüchen, der an sich nicht bedeutend, aber dem deutschen Reiche wichtig ist, das offt gezeigt hat, daß Chimären von Ansprüchen und Rechten, die aller Realität entbehren von ihm für höher gehalten werden, als ein wirklicher Besitz.

So trat auch Deutschland jetzt an Frankreich die Bißthümer Metz, Toul und Verdün förmlich ab, die es schon ein Jahrhundert lang vorher verlohren hatte; ein wirklicher Verlust aber fürs Reich war die Abtretung der Landgrafschafft Elsaß, nemlich soweit Östreich sie besessen hatte, und der Reichsstadt Bisanz an Spanien.

Diese Länder traten aus aller Verbindung mit Deutschland, aber mehrere als diese blieben zwar in ihrer rechtlichen und theoretischen Abhängigkeit, aber daß ihre Fürsten zugleich fremde Monarchen waren, legte den Grund zu ihrer reellen Trennung in der Praxis. An Schweden nemlich kam Vorpommern, und ein Theil von Hinterpommern, das Erzbißthum Bremen und das Bißthum Verden, und die Stadt Wismar. An den Markgrafen von Brandenburg, Herzogen und nachmahls König von Preussen, kamen das Erzbißthum Magdeburg, das Bißthum Halberstadt, Kamin und Minden. Wäre der Fürst von Brandeburg auch nicht zugleich ein Souverain gewesen, so würde diese Verminderung der Zahl deutscher Stände, und ihre Verschmelzung in Eine Masse nur eine wenig verschiedene Wirkung hervorgebracht haben, nemlich eine Staatsmacht zu bilden, die nunmehr der deutschen Staatsgewalt die Unterwürfigkeit verweigern und ihr Widerstand leisten konnte, | was eben dieselbe unter mehrere vertheilt nicht konnte. Ausser dieser angeführten Verminderung gingen noch mehrere besondere Stände ein, Schwerin, Ratzeburg u.s.w.

Ebenso zerstöhrend für den deutschen Staat, war der Umstand daß das deutsche Reich fremden Mächten, nach dem diese sowohl mit Gewalt als gerufen sich in Deutschlands Angelegenheiten gemischt, und es von einem Ende zum andern verwüstet hatten, und den Frieden mehr oder weniger dictirten, in diesem Frieden über seine Verfassung und innern Verhältnisse die Garantie übertrug, und damit seine Unfähigkeit, sich selbst als Staat und seine Verfassung zu erhalten anerkannte, so wie es seine innern Angelegenheiten dem Interesse Fremder preisgab.

Andere innre Schwächungen, [waren] die Ertheilung von AppellationsPrivilegien an mehrere Länder, zum theil auch die Verstattung der Wahl des Reichsgerichts vor welchem der Beklagte belangt seyn wollte, indem der Beklagte durch Verzögerung der Wahl den Rechtsgang umso mehr verzögern kann; noch mehr als diß alles, die Festsetzung des Rechts, daß nicht nur in ReligionsSachen, und zwar auch in denjenigen, welche ganz den aüssern Religionszustand, das reinweltliche desselben betreffen, sondern auch in andern das ganze Reich angehenden Gegenständen die Mehrheit der Stimmen auf dem Reichstag nicht verbindend seyn sollte, – daß das deutsche Reich seine an Reichsstädte verpfändete SouveränetätsRechte nicht mehr einlösen dürfe u.s.w.

Im nächsten FriedensSchlusse, nemlich im Nimwegischen, der ohne Reichsdeputation zu Stande kam, aber vom

Reiche ratificirt wurde, und damit auch die Clausel desselben, daß von Reichswegen kein Widerspruch gegen denselben sollte angenommen werden, – wurde die Hoheit des Reichs über die Grafschafft Burgund aufgegeben, und einige Striche Lands im nördlichen Deutschland änderten ihre Herrn, und im südlichen [änderten sich] die Besatzungsrechte Frankreichs in deutschen Festungen.

Das deutsche Reich bietet aber ausser seinem Verlust in Friedensschlüssen ihm ganz eigne Erscheinungen dar, welche bey andern Staaten nicht leicht vorkamen; im tiefsten Frieden nemlich nach dem Nimwegischen FriedensSchlusse, gingen zehen Reichsstädte des Elsaßes und andere Landschafften, an Frankreich verlohren. |

Der Rylßwicker Frieden wurde so im Beyseyn einer Reichsdeputation geschlossen, daß diese nicht zu den Conferenzen mit den auswärtigen Gesandten zugelassen, sondern nach dem Gutbefinden des kaiserlichen, Nachrichten erhielt, und um Beystimmung angesprochen wurde. Dieser Friedensschluß bestätigte die französische Besitznahme jener Länder, erwarb dagegen dem Reiche eine Reichsfestung Kehl, enthielt aber die berühmte Clausel, wegen des Religionszustandes in den eroberten von Frankreich zurück gegebenen Ländern, welche den Protestantischen Ständen so viel zu thun gab, und über die Pfalz so viel Unheil bringen half.

An den Badenschen Friedensunterhandlungen nahm keine Reichsdeputation Antheil, und der Friedensschluß selbst brachte auch keine unmittelbare Veränderung für das deutsche Reich hervor, Oestreich bekam Breisach und Freyburg zurück. Diß ist eigentlich der letzte Frieden den das deutsche Reich geschlossen hat.[1] Wenn man also nach einer tabellarischen Übersicht über die Reichsgeschichte vom Badner Frieden bis zu dem siebenjährigen Reichskrieg, weder Kriegserklärungen noch Friedensschlüsse findet, so müßte man glauben, Deutschland habe in diesem langen Zeitraum des tiefsten Friedens genossen, während sein Bo-

1 *Daneben am Rande:* NB s. folgende Seite, Wiener Frieden

den so sehr als je der Schauplatz von Schlachten und Verheerungen gewesen ist.

Die Friedensschlüsse, welche Schweden nach dem Tode Karls XII mit Hannover, Preussen, Dänemark und Rußland machte, benahmen ihm [nicht] nur den durch seinen tapfern König erzwungenen Platz unter den Mächten Europa's, sondern es verlor auch, seine Macht in Deutschland; aber durch den letztern Umstand gewann die deutsche Staatsmacht nichts, denn die Länder, welche Schweden verlor, kamen an deutsche Fürsten, welche in seine Stelle der Furchtbarkeit für Deutschlands Einheit traten.

Im Wiener Frieden verlor Deutschland nichts, als die Beziehung Lothringens, die ohnediß gering war; es kam nicht zur Ratification dieses Friedens durch das Reich. |

In dem österreichischen Successions=Krieg war Deutschland das Theater langwieriger Verheerungen; seine größten Fürsten waren darein verwickelt; es schlugen sich die Heere auswärtiger Monarchen auf seinem Boden, und dennoch war das deutsche Reich im tiefsten Frieden; die an Schwedens Stelle getretene Macht, Preussen vergrösserte sich in diesem Kriege.

Viel verheerender noch besonders fürs nördliche Deutschland war der siebenjährige Krieg, und das deutsche Reich führte zwar dißmal auch Krieg, und zwar einen Achts=Executionskrieg, aber seine Feinde thaten ihm nicht einmal die Ehre an, anzuerkennen, daß es Krieg führe, noch Frieden mit ihm zu schliessen.

Der Lüneviller Frieden hat endlich Deutschland nicht nur viele Rechte der Oberherrlichkeit in Italien genommen, sondern ihm das ganze linke Rheinufer entrissen, und schon für sich die Anzahl seiner Fürsten vermindert und einen Grund gelegt, der die Zahl seiner Stände noch um viele vermindern, und die einzelnen Theile dem Ganzen, und den kleinern Ständen um so furchtbarer machen wird.

Ein Land, dessen eine Hälffte in dem Krieg sich entweder selbst untereinander herumschlägt, oder die allgemeine Vertheidigung aufgibt, und durch Neutralität die andere dem Feinde preisgibt, muß im Kriege zerfleischt, im Frieden zerstückelt werden; weil die Stärke eines Landes weder in der Menge seiner Einwohner und Krieger, noch seiner Fruchtbarkeit, noch seiner Grösse besteht, sondern allein in der Art, wie durch vernünftige Verbindung der Theile zu einer Staatsgewalt, alles diß zum grossen Zweck der gemeinsamen Vertheidigung gebraucht werden kann.

Wenn nun Deutschland in seiner Kriegs= und Geldmacht keine Staatsgewalt in sich bildet, und deßwegen nicht als ein Staat sondern als eine Menge von unabhängigen Staaten angesehen werden muß, von denen die Grössern auch aüsserlich unabhängig handeln, die Kleinern aber irgend einem grossen Zuge folgen müssen, und die Associationen, welche zuweilen zu irgend einem bestimmten Zweck, unter dem Nahmen des deutschen Reichs zu Stande kommen, immer partiell und nach dem eignen Gefallen der Verbündeten geschlossen werden, so entbehren diese Associationen alles Vortheils, welchen die Coalitionen anderer | Mächte haben können; denn in solchen Coalitionen, wenn sie auch von keiner langen Dauer sind, und selbst so lang sie bestehen, in gewissen Fällen, wie in Kriegen nicht mit dem Nachdruck und Erfolg wircken, als wenn ebendieselbe Macht völlig unter einer Regierung stünde, werden zu demjenigen was der Zweck der coalirten ist, mit Verstand die dienlichsten Maasregeln und Mittel ergriffen, und darnach alles auf den Zweck hin eingerichtet; die Coalitionen der deutschen Stände sind aber durch solche Formalitäten, Beschränckungen, unendliche Rücksichten gebunden, die sie sich zu diesem Ende erschaffen haben, daß dadurch alle Wirkung der Coalition paralysirt wird, und es schon voraus unmöglich gemacht ist, dasjenige zu erreichen, was sie sich vorgesetzt hat. Was das deutsche Reich als solches thut ist niemahls ein Thun des Ganzen, sondern einer mehr oder weniger Umfang habenden Association, die Mittel dasjenige zu erreichen, was die Theilhaber an derselben anordnen, werden aber nicht für diesen Zweck genommen, sondern die erste und die einzige Sorge ist, daß auf diejenigen

Verhältnisse der Verbundenen gehalten werde, welche das Getrenntseyn derselben und daß sie nicht associirt seyn, bestimmen; solche Associationen gleichen einem Haufen runder Steine, die sich zu einer Pyramide zusammenthun, aber weil sie schlechthin rund und ohne sich zu fügen bleiben sollen, so wie die Pyramide, zu dem Zweck, zu dem sie sich gebildet hat, sich zu bewegen anfängt, auseinanderrollt, oder wenigstens keinen Widerstand leisten kann. Durch eine solche Einrichtung entbehren diese Staaten nicht nur des unendlichen Vortheils, den eine Staatsverbindung hat, sondern auch des Vortheils der Unabhängigkeit, sich zu einzelnen gemeinschaftlichen Zweckken mit andern verbinden zu können; denn für diesen Fall haben [sie] sich Fesseln angelegt, wodurch jede Vereinigung zu nichte wird, oder schon in ihrem Beginnen nichts ist.

Ungeachtet nun auf diese Weise die deutschen Stände ihre Vereinigung aufgehoben, und sich selbst die Möglichkeit, für vorübergehende, augenblickliche | Zwecke sich nach Bedürfniß und Noth mit Verstand zu verbinden verschliessen, so ist doch die Foderung vorhanden, daß Deutschland ein Staat seyn soll; es ist der Widerspruch aufgestellt, die Verhältnisse der Stände so zu bestimmen, daß kein Staat möglich noch wirklich ist, und doch soll Deutschland schlechthin als ein Staat gelten, es will sich schlechthin für Einen Körper ansehen. Dieser Geist hat seit Jahrhunderten Deutschland zwischen seinem Willen, einen Staat unmöglich zu machen, und dem Willen, ein Staat [zu seyn], in Eine Reihe von Inconsequenz geworfen; und zwischen der Eifersucht der Stände auf jede Art der Unterwürfigkeit unter das Ganze, und der Unmöglichkeit ohne diese Unterwürfigkeit zu bestehen unglücklich gemacht. Die Auflösung des Problems, wie es möglich wäre, daß Deutschland kein Staat sey, und doch ein Staat sey, ergibt sich sehr leicht, daß es ein Staat ist in Gedanken, und kein Staat in der Wirklichkeit, daß Formalität und Realität sich trennt, die leere Formalität dem Staat, die Realität aber dem NichtSeyn des Staates zugehört. Das System des Gedankenstaates ist die Organisation einer Rechtsverfassung, welche in demjenigen, was zum Wesen eines Staats gehört, keine Krafft hat. Die Obliegenheiten eines jeden Stands gegen Kayser und Reich, gegen die oberste Regierung, welche im Oberhaupt in Verbindung mit den Ständen besteht, sind durch eine Unendlichkeit von feyerlichen und grundgesetzlichen Acten aufs genaueste bestimmt; diese Pflichten und Rechte machen ein System von Gesetzen aus, welchem gemäß das staatsrechtliche Verhältniß eines jeden Standes, und die Verbindlichkeit seines Leistens aufs genaueste festgesetzt ist, und nur nach diesen gesetzlichen Bestimmungen soll der Beytrag jedes einzelnen Standes für das Allgemeine geschehen. Die Natur dieser Gesetzlichkeit besteht aber darinn, daß das staatsrechtliche Verhältniß und seine Obliegenheiten nicht nach allgemeinen, eigentlichen Gesetzen bestimmt ist, sondern nach Art der bürgerlichen Rechte, das Verhältniß jedes Standes zum Ganzen etwas besonderes ist in Form eines Eigenthums. Hiedurch wird die Natur der Staatsgewalt wesentlich afficirt; ein Act der von der Staatsgewalt ausfließt ist ein allgemeiner und durch seine wahre Allgemein|heit enthält er zugleich die Regel seiner Anwendung in sich, dasjenige, was er betrifft, ist ein allgemeines sich selbst gleiches; der Act der Staatsgewalt trägt eine freye und allgemeine Bestimmtheit hinein, und seine Ausführung ist zugleich seine Anwendung, sowie seine Anwendung, weil in demjenigen, woran er sich anwendet, nichts unterscheidbares ist, in dem Akt selbst bestimmt seyn [muß], und kein spröder und ungleicher Stoff seiner Anwendung widersteht. Wenn von der Staatsgewalt der Act ausfließt, daß der hundertste Mann von bestimmtem Alter als Soldat sich stellen, oder daß ein gewisses Procent vom Vermögen, oder eine bestimmte Abgabe von jeder Hufe Lands bezahlt werden soll, so ist dasjenige, worüber decretirt wird, ganz im allgemeinen, Menschen von bestimmtem Alter, Vermögen oder Land, und es ist kein Unterschied unter Menschen und Menschen, Vermögen, Land und Land; die Bestimmtheit, die in die sich gleiche Fläche kommt kan rein durch die Staatsgewalt gesetzt [werden], der hundertste Mensch, das fünfte Procent u.s.w. sind diese ganz allgemeine Bestimmtheiten, die in dem sich gleichen Stoff einzutragen keiner besondern Anwendung bedürfen, denn es sind keine Linien beschrieben, die erst auszulöschen, oder denen die bestimmten anzupassen wären, wie auf einen Baumstamm die gerade Linie nach welcher er behauen werden soll. Wenn aber dasjenige, worauf sich das Gesetz anwenden soll, für dieses Gesetz selbst mannichfaltig bestimmt ist, so kann das Gesetz nicht die Regel der Anwendung in sich vollständig enthalten, sondern im Gegentheil, es gibt für jeden besondern Theil des Stoffs eine eigene Anwendung, und zwischen das Gesetz und seine Ausführung tritt der eigne Act der Anwendung, welcher der richterlichen Gewalt zukommt. Ein Reichsgesetz kann deßwegen nicht wie für eine unbeschriebene Tafel die allgemeine Regel der Linien, und Abtheilungen die darin zu machen sind, geben, noch nach einer solchen einen und selben Regel die wirkliche Einrichtung ausführen, sondern einem Reichsgesetz steht die Materie, für welche es gemacht wird, in ihren eigenthümlichen schon vorher gegebenen Bestimmtheiten entgegen, und vor seiner Ausführung ist erst die Möglichkeit auszumitteln, wie die besondere Linie und Gestalt, welche ein jeder Theil trägt, mit der vom Gesetz vorgeschriebenen sich | fügen könne, oder wieviel Verbindlichkeit das allgemeine Gesetz für jeden habe; diß hat, im Fall Widersprüche sich ergeben, eine richterliche Gewalt auszumitteln, und in Absicht auf diese Ausmittlung ergibt sich eigentlich, daß die Ausmittlung allerdings statt haben soll, aber daß sie vors erste so organisirt ist, daß ihr wenig auszumitteln möglich ist, zweytens daß was sie theoretisch ausgemittelt hat, wieder nicht realisirt wird, eine Ausmittlung in Gedanken bleibt, und endlich das Ganze Geschäfft der Ausmittlung dadurch nur etwas weniger als unmöglich gemacht wird, daß die besondere Bestimmtheit, welche die Materie hat, gegen ein allgemeines Gesetz im Verhältniß einer geraden Linie gegen einen Kraisbogen ist; so daß schon zum voraus eine Unvereinbarkeit dieser Bestimmtheit des allgemeinen Stoffs der Staatsgewalt mit einem Gesetze derselben [besteht]. Auf diese Weise ist der Gedankenstaat und das System des Staats=Rechts und der Staats=Gesetze die gerade Linie, das aber worin der Gedankenstaat sich realisiren soll, hat die Gestalt einer Kraislinie, und man weiß, daß beyde Linien incommensurabel sind; und diese Kraisgestalt macht sich auch nicht de facto zu dieser Unvereinbarkeit mit der geraden Linie; sie trägt nicht die Form von Gewalt Widerrechtlichkeit und Willkühr, sondern daß sie diese incommensurable Linie ist, ist gleichfalls in die Rechtsform erhoben, sie handelt rechtlich indem sie sich mit dem Staatsrecht, gesetzlich, indem sie sich mit Staatsgesetzen nicht verträgt.

Daß also das Problem, wie Deutschland ein Staat, und zugleich kein Staat sey, gelöst werde, muß es insofern es ein Staat wäre, bloß als Gedankenstaat existiren, das Nichtseyn des Staats aber die Realität haben. Damit nun der Gedankenstaat für sich sey, muß die richterliche Gewalt, welche den Widerspruch aufheben, und das, was nur Gedanke ist, auf die Wirklichkeit anwenden, ihn also realisiren, und die Wirklichkeit ihm gemäß machen wollte, so beschaffen seyn, daß auch ihre Anwendung nur ein Gedanke bleibt, und also die allgemeinen Ordnungen, durch | welche das Land ein Staat wäre, in ihrem Übergang in die Realität gelähmt, und dieser Übergang selber zwar selbst gesetzt und angeordnet, denn die Ordnungen haben gar keinen Sinn, wenn sie nicht den Zweck haben ausgeführt zu werden, aber auch der Akt des Übergangs wieder zu einem Gedankending gemacht würde. Die Lähmung dieses Übergangs kann auf jeder seiner Stufen geschehen; eine allgemeine Anordnung wird gemacht, sie soll ausgeführt werden; und im Weigerungsfalle gerichtlich verfahren werden; wird die Weigerung daß geleistet wird, nicht gerichtlich gemacht, so bleibt die Ausführung an sich liegen; wird sie gerichtlich gemacht, so kann der Spruch verhindert werden; kommt er zu Stande, so wird ihm nicht Folge geleistet; diß Gedankending von Beschluß soll aber ausgeführt, und eine Straffe verhängt werden, so wird der Befehl zu der zu erzwingenden Vollstreckung gegeben; dieser Befehl wird wieder nicht vollstreckt, so muß ein Beschluß gegen die nichtvollstreckenden erfolgen, sie zum Vollstrecken zu zwingen; diesem wird wieder nicht Folge geleistet, so muß decretirt werden, daß die Straffe vollzogen werden soll an denen welche sie an dem nicht vollziehen, der sie nicht vollzieht u.s.f. Diß ist die trockene Geschichte, wie eine Stuffe nach der andern, die ein Gesetz ins Werk setzen soll, zu einem Gedankendinge gemacht wird.

Wenn also durch die richterliche Gewalt auszumitteln ist, wie die allgemeinen Reichsverbindlichkeiten mit den besondern Rechten der Einzelnen in Vergleich zu setzen sind, und ein Widerspruch derselben wirklich gerichtlich wird, so kommt es auf die Organisation [an], die das Gericht noch ohne Beziehung auf die Ausführung in seinem urtheilsprechenden Geschäffte hat, ob ihm nicht das Urtheilsprechen schon erschwert, und da das Urtheil, wenn es nicht ausgeführt wird, an sich ein blosser Gedanke ist, ob die Einrichtung nicht so ist, daß es auch zu diesem Gedanken nicht kommt, sondern daß auch schon dieser Gedanken ein blosses Gedankending bleibt. |

In Beziehung auf das blosse Urtheilsprechen ist schon die Organisation der richterlichen Gewalt so beschaffen, daß ihre wesentliche Seite von der hier die Rede ist, die allgemeinen Anordnungen des Staats als Staats gegen die Einzelnen geltend zu machen, die größten Hindernisse leidet. Es ist in der reichsrichterlichen Gewalt bürgerliche Rechtspflege und jene Staatsrechtspflege vermengt; Staatsrecht und Privatrecht ist denselben Gerichten unterworfen; die Reichsgerichte sind die obersten Appellationsgerichte für bürgerliche Rechtshändel, und für Staatsrechte; der Umfang ihrer richterlichen Gewalt über die letztern, so beschränkt er sonst ist, indem die wichtigsten Dinge dieser Art vor den Reichstag gehören, auch durch Austrägalinstanzen vieles hieher gehörige entschieden wird, leidet auch nur zum Urtheilsprechen unendliche Schwierigkeiten, und ist von einer Menge Zufälligkeiten abhängig gemacht, welche für seine Unwirksamkeit Nothwendigkeiten werden.

Die Verbindung einer bürgerlichen und Staatsrechtspflege hat im allgemeinen schon die Wirkung, die Menge der Geschäfte der bestehenden Reichsgerichte so zu vergrössern, daß sie unvermögend sind, sie auszufertigen; es ist von Kaiser und Reich und dem Reichskammergericht anerkannt, daß das Reichskammergericht, noch weniger als der Reichshofrath der Menge seiner Geschäffte gewachsen ist. Kein Übel scheint einer leichten Abhülfe fähiger und einfacher zu seyn, daß, wenn auch nicht mehrere getrennte Gerichte errichtet werden sollten, die Anzahl der Richter der bestehenden Gerichte vermehrt, und hierdurch sowohl die Besorgung der Geschäfte unmittelbar beschleunigt, als auch eine Trennung desselben Gerichts in mehrere Abtheilungen [bewirkt], und auf diese Art der Sache nach mehrere Gerichte errichtet würden; ein so einfaches Mittel ist aber in Deutschland nicht möglich ausgeführt zu werden; beschlossen ist es wohl und die Anzahl der Beysitzer des Kammergerichts auf 50 erhöht worden; aber das deutsche Reich vermochte nicht die Besoldungen dieser Richter aufzubringen, die Anzahl sank im | Laufe der Zeiten auf zwölf und weniger herab, biß sie endlich auf fünf und zwanzig gekommen ist. Die officiellen Berechnungen ergeben, daß die Anzahl der jährlich anhängig gemachten Rechtshändel, die Anzahl derjenigen, welche zu entscheiden möglich ist, wenn die Relation einer einzigen Rechtssache nicht wie sonst geschah mehrere Jahre, sondern doch zuweilen mehrere Monate dauert, um sehr vieles übertrifft, so wie dann auch hiernach nothwendig und nach angestellten Zählungen viele tausend Rechtssachen unentschieden liegen; und die Sollicitatur wenn auch ihre größten Mißbraüche wegfallen, und Juden nicht mehr einen Handel auf diesen Artikel etabliren, ein nothwendiger Übelstand ist, denn bey der Unmöglichkeit, daß alle anhängig gemachten Rechtshändel abgeurtheilt werden, ist es für die

Partheyen nothwendig sich alle Mühe zu geben, daß die ihrigen den Vorzug einer richterlichen Entscheidung erhalten. Tausend andere Collisionen über die Presentation der Beysitzer, die itio in partes, haben offt das Reichskammergericht für mehrere Jahre in Unthätigkeit versetzt, und ohne daß das Kammergericht absichtlich aus dem Grundsatze, die Grossen seine Macht fühlen zu lassen zögerte, hemmen sie für sich den Gang der Justiz.

Es ist natürlich, daß da beym Reichshoffrath dessen Mitglieder vom Kaiser ernannt werden, eine Menge dieser Übelstände wegfällt, auch z. B. ungeachtet des Rechts dazu noch kein Fall einer itio in partes vorgekommen ist, und manche Formen unmittelbar das Recht selber, zu födern, als sich in Zögerungen vollkommener Formalitäten einzulassen, [angethan sind,] in neuern Zeiten immer mehr Justiz beym Reichshofrath gesucht wird.

Das Bedürfniß einer Verbesserung der Justiz ist immer zu sprechend gewesen, als daß man nicht hätte auf sie bedacht seyn sollen; aber die Art, wie der letzte Versuch Josephs II eine obgleich reichsgesetzmässige, aber seit zweyhundert Jahren unterbliebene ReichskammergerichtsVisitation zu veranstalten ausgefallen ist, und die Gründe, warum unverrichteter Dinge auseinandergegangen worden ist, sind im allgemeinen keine andern, als die des Zustands der Reichsjustiz überhaupt, daß nemlich die Stände sich wohl zur Rechtspflege associiren, aber in dieser Vereinigung nichts von ihrer Existenz gegeneinander, die auf Trennung und Un|gemeinschafftlichkeit [beruht,] aufgeben wollen, daß [sie] sich verbinden, ohne doch etwas gemeinschafftliches haben zu wollen.

Auf diese Art wird schon das Rechtsprechen an und für sich ohne alle Rücksicht auf seine Ausführung gehindert; wie es aber mit der Execution dieser reichsgerichtlichen Bescheide [steht], wenn sie sich aufs Staatsrecht, und auf wichtige Gegenstände desselben beziehen sollten, ist bekannt. Die wichtigern hieher gehörigen Angelegenheiten gehören ohnehin nicht den Reichsgerichten sondern dem

Reichstage an, damit werden sie unmittelbar aus der rechtlichen Sphäre hinweg in die der Politik gespielt, denn wo die oberste Staatsgewalt spricht, da macht sie nicht eine Anwendung der Gesetze, sondern sie gibt ein Gesetz. Ausserdem sind Dinge von grösserer Bedeutung, der Besitz von Ländern u.s.w. auch dieser Förmlichkeit des Reichstags entzogen worden, und durch die Wahlcapitulation und andere Grundgesetze ist bestimmt, daß über solche Gegenstände nicht durch die Reichsgerichte und die oberst richterliche Gewalt, sondern durch gütlichen Vergleich der streitigen Stände unter sich entschieden werden soll, und wenn diß durch gütlichen Vergleich nicht angeht, so geschieht es nothwendig durch Krieg. Die Jülich=Bergische Successions=Sache ist sowenig auf dem Wege Rechtens entschieden worden, daß sie vielmehr einen dreissigjährigen Krieg veranlaßt hat; so haben in der Bayerischen SuccessionsSache in neuern Zeiten nicht Reichsgerichte sondern Kanonen und Politik gesprochen. Auch in Sachen, welche minder mächtige Stände betreffen, ist es nicht die Reichsjustiz die den entscheidenden Spruch thut, es ist bekannt daß in den SuccessionsStreitigkeiten der Sächsischen Haüser wegen der Länder der erloschenen Linien von Koburg=Eisenberg und Römhild 206 Reichshofrathsconclusa ergangen sind, und die wichtigsten Punkte doch sich durch Vergleiche entschieden haben. Eben so hat man gesehen, daß in der Lütticher Sache das Reichskammergericht nicht nur den Urtheilsspruch gethan hat und auf Execution erkannt und mehrere Stände dazu evocirt, sondern daß auch diese Stände wirklich diese Obliegenheit erfüllten; allein nicht sobald war der Anfang gemacht, als der mächtigste Stand unter den Executoren sich nicht begnügte, blosser Executor von reichskammergerichtlichen Sprüchen zu seyn, sondern nach eigener guter Absicht zu Werk ging, | und als es nicht durchging, daß auf nicht gerichtlichem Wege entschieden würde, auch die Executionsrolle aufgab.

Die Rechtseinrichtung ist also so beschaffen daß wenn in staatsrechtlichen Verhältnissen Recht gesprochen wird, nicht exequirt werden kann, ausser wenn die Interessen einen unmächtigen Stand betreffen; ist diß aber nicht der Fall, kommt es gewöhnlich zu keinem Rechtsurtheil, sondern wird nach der Macht und den politischen Verhältnissen entschieden.

Daß die Staatsgewalt vorhanden sey, ist die Foderung, und zwar soll sie nicht ein blosses Gedankending seyn, sondern Ausführung und Realität haben; und daß diese Ausführung eine wirkliche Ausführung sey, ist gegen denjenigen, der sich der Unterwürfigkeit weigert, rechtliches Verfahren angeordnet; aber die Realisation dieses rechtlichen Verfahrens ist ein Gedankending.

Kapitel
Rechtmässigkeit, daß die Ausübung der Staatsgesetze nicht zu Stande kommt.

Es ist im vorhergehenden Kapitel ausgeführt worden, daß der Staat dadurch ein Gedankenstaat bleibt, daß das rechtliche Verfahren keine Ausführung hat; die Krafft des rechtlichen Verfahren wird durch Macht gehindert; und man müßte zunächst darüber urtheilen, daß diese Verhinderung etwas unrechtliches, und zwar, weil sie das Bestehen des Staats selbst, und die Staatsgewalt betrifft, das größte Verbrechen, Hochverrath und Verbrechen der verletzten Majestät ist. Allein man würde sich irren, wenn man bloß nach dem Begriff urtheilen wollte; denn die Widersetzung gegen die Beschlüsse der Staatsgewalt ist selbst in die Form Rechtens erhoben worden; es wird rechtlich gehandelt, wenn der Staat daran verhindert wird, ein Staat zu seyn; in dem die Macht rechtmässig ist, welche sich ihm widersetzen kann. |

Daß der Staat nur ein Gedankending ist, liegt darin, daß er als Staat keine Macht hat, sondern daß die Macht in den Händen der Einzelnen ist, und die Macht durch Wahlcapitulation, Friedensschlüsse gegenseitig anerkennen, und also rechtlich zu machen, diß ist seitdem das Verhältniß des

Staats zu den Einzelnen ein Gegenstand von Verträgen wurde, die allgemeine Tendenz des politischen Charakters von Deutschland gewesen. In dem Herausarbeiten aus der Rohheit zur Cultur kam es darauf [an], welches von beyden das Allgemeine, der Staat, oder die Einzelnen, die Oberhand gewinnen würden; in den meisten Europäischen Ländern hat der Staat vollständig den Sieg davon getragen, in manchen auf eine unvollständige Weise, in keinem bey der Prätension ein Staat zu seyn, so unvollkommen, als in Deutschland. Der Zustand der Barbarey besteht nemlich darin, daß eine Menge ein Volk ist, ohne zugleich ein Staat zu seyn, daß der Staat und die Einzelnen im Gegensatz und in einer Trennung existiren. Der Regent ist als eine Persönlichkeit Staatsgewalt; und die Rettung gegen seine Persönlichkeit ist wieder nur Entgegensetzung der Persönlichkeit. In einem gebildeten Staate stehen zwischen der Persönlichkeit des Monarchen, und den Einzelnen die Gesetze, oder die Allgemeinheit; die einzelne That des Monarchen betrifft alle, beschwert, oder verletzt alle, oder nützt allen. Daß aber der Monarch zugleich Staatsgewalt sey, oder daß er die höchste Macht habe, daß überhaupt ein Staat sey, ist gleichbedeutend. Den Widerspruch, daß der Staat die höchste Gewalt sey, und daß die Einzelnen durch sie nicht erdrückt seyen, löst die Macht der Gesetze; der Unglauben an die Macht der Gesetze ist es, der aus dem Mangel an Weisheit stammt, welcher zwischen der Nothwendigkeit dem Staat die höchste Macht zu geben, und der Furcht, daß der Einzelne durch sie erdrückt werde, schwanckt. Auf der Lösung dieser Aufgabe beruht alle Weisheit der Organisation der Staaten; das Erste aber ist, daß ein Staat sey, das Erste also daß die Macht des Staats die höchste sey, unmittelbar darin liegt aber auch, daß Gesetze sind;

VORLAGE DER REINSCHRIFT (SOMMER 1801)

Einleitungen

Frankfurt/Jena (1798/99; Frühjahr 1801)

| *Sollte das politische Resultat ...*

Sollte das politische Resultat des verderblichen Krieges den das deutsche Reich mit Frankreich zu führen hatte, für Deutschland kein anderes seyn, als daß einige seiner schönsten Länder, einige Millionen seiner Kinder ihm entrissen daß zur Entschädigung der dadurch verliehrenden Fürsten, ihre geistlichen Mitstände vernichtet werden, und eine schwere Schuldenlast das Elend des Kriegs noch in den Frieden verlängert? |

Ausser den Despotieen[1], d.h. den verfassungslosen Staaten, hat kein Land, als Ganzes, als Staat eine elendere Verfassung, als das deutsche Reich, diß ist eine zimmlich allgemein gewordene Überzeugung, der Krieg hat jedem die lebhafteste Empfindung davon gegeben; oder vielmehr ist es izt klarer geworden, daß Deutschland, gar kein Staat mehr ist; Katheder-Statistiker, die die Staatsverfassungen zu klassificiren, und in die von Aristoteles angegebnen Klassen

Sollte das Resultat des {verderblichen} *(über der Zeile mit Einfügungszeichen)* Krieges den *(aus* des*)* das deutsche Reich ⟨gegen⟩ Frankreich ⟨ge⟩führ⟨t⟩ hat, kein anderes seyn, als ⟨der Verlust/von⟩ einigen seiner schönsten Länder, ⟨und⟩ *(folgt gestr:* vo*)* einigen Millionen seiner ⟨Mitbürger, und die⟩ Entschädigung der dadurch verliehrenden Fürsten, ⟨durch die Vernichtung⟩ ihre⟨r⟩ geistlichen Mitstände ⟨?⟩ |

1 *In margine:* Deutschland kein Staat mehr

von Monarchie Aristokratie u.s.w. zu bringen, die Amtpflicht hatten, wußten nie mit den deutschen Rechten zu recht zu kommen; Voltaire hat seine Verfassung gerade eine Anarchie genannt; diß ist der beste Nahme, wenn Deutschland für Einen Staat angesehen | wird; aber izt gilt auch dieser Nahme nicht mehr, weil man Deutschland nimmer für Einen Staat ansehen kan.

Das Gebaüde der deutschen Staatsverfassung ist das Werk vergangener Jahrhunderte; es wird nicht vom Leben der jezigen Zeit getragen das ganze Schiksal mehr als eines Jahrtausends ist seinen Formen eingeprägt; und die Gerechtigkeit und Gewalt Tapferkeit und Feigheit, die Ehre

⟨So haben *(aus* hat*)* sich manche *(aus* mancher*)* deutsche Patrioten *(aus* Patriot*)* gefragt, und *(folgt gestr:* noch mehr hat *(a)* ihn *(b)* sie n *(?))* die traurige Gewißheit zu sehen, daß keine *(folgt gestr:* andern*)* höhern Zwekke gefaßt noch betrieben werden, hat sie mit Schmerzen erfüllt *(aus* gefüllt*)*, und ihnen die Hofnung *(*einer Verstopfung *auf dem Rande angeschlossen)* der *(aus* die*)* Quelle alles Übels, *(folgt gestr:* die Mängel*)* *(*die Hofnung *auf dem Rande angeschlossen)* der Verbesserung der Mängel der deutschen Staatsverfassung fast gänzlich entrissen⟩

⟨Die folgenden Blätter sind die Stimme eines Gemüths, das ungern von seiner Hofnung den *(folgt gestr:* Staa*)* deutschen Staat aus seiner Unbedeutenheit emporgehoben zu sehen *(aus* sch*)*, Abschied nimmt, und noch *(folgt versehentl.:* noch*)* vor dem gänzlichen Scheiden von seinen Hoffnungen, seine *(aus* seinen*)* immer schwächer werdende *(aus* werdenden *folgt gestr:* Glauben*)* Wünsche *(aus Komma; auf dem Rande angeschlossen)* sich noch einmal *(*lebhaft zurükrufen *gestr. und wieder gültig gemacht*; *folgt gestr:* dar *(aus* Komma*)* auf dem Rande angeschlossen*)* und seines schwachen Glaubens an die Erfüllung derselben noch einmal *(*{im Bilde} *auf dem Rande angeschlossen)* geniessen wollte.⟩

⟨Daß⟩ ausser den Despotieen, d.h. den verfassungslosen Staaten, kein ⟨Staat⟩ eine elendere Verfassung ⟨hat⟩, als das deutsche Reich, ⟨ist⟩ eine zimmlich allgemein gewordene Überzeugung, | ⟨und⟩ der ⟨durch die fortdauernden FriedensUnterhandlungen *(folgt gestr*: zu*)* geendigte⟩ Krieg hat jedem die lebhafteste Empfindung davon gegeben.

und das Blut, die Noth und das Wohlseyn längst verflossener Zeiten, längst verwester Geschlechter wohnt in ihnen; das Leben und die Kräfte, deren Entwiklung und Thätigkeit der Stolz der izigen lebenden Generation sind, haben keinen Antheil an ihnen kein Interesse für dasselbe und keine Nahrung von ihnen; das Gebaüde mit seinen Pfeilern seinen Schnörkeln steht, isolirt vom Geiste der Zeit in der Welt.

Es ist die Sage von der deutschen Freiheit[1] auf uns gekommen, von der Zeit, wie wohl wenige Länder eine hatten, da in Deutschland der Einzelne ungebeugt von einem Allgemeinen, ohne Unterwürfigkeit unter einen Staat für sich stand, und seine Ehre und sein Schiksal auf ihm selbst beruhend hatte; in seinem eignen | Sinn und Charakter seine Kraft an der Welt zerschlug, oder sie sich zu seinem

Das Gebaüde der deutschen Staatsverfassung ist das *(Ms:* der*)* Werk *(folgt gestr: (a)* der Weisheit und *(b)* des Schiksals*)* ⟨der Weisheit von⟩ Jahrhunderten; es *(folgt gestr:* hängt*)* ⟨ist⟩ *(aus* ni*)* nicht vom Leben der jezigen Zeit *(folgt gestr:* gehalten*)* getragen *(aus Komma; auf dem Rande angeschlossen) (folgt gestr:* es liegt *(a)* ih *(b)* in ihm*)* das *(folgt gestr:* Schi*)* ganze Schiksal mehr als eines Jahrtausends ist ⟨in ihm enthalten⟩; *(folgt gestr:* in *(?))* und die Gerechtigkeit, Tapferkeit, *(*die Ehre und *(aus gestr:* n*)* das Blut *unter der Zeile mit Einfügungszeichen)* [,] die Noth längst verflossener Zeiten, längst verwester Geschlechter wohnt ⟨noch⟩ in ihm; das Leben und die Kräfte *(folgt Verweiszeichen, dem am Rande ein gestrichenes entspricht)*, deren Entwiklung und Thätigkeit der *(aus* den*)* Stolz *(*der izigen lebenden *(zuerst:* die izt lebende*)* Generation *durch Einfügungszeichen aus der vorvorherigen Zeile hierhin verwiesen)* sind, haben keinen Antheil an ihm kein Interesse und keine Nahrung von ihm; ⟨es⟩ steht isolirt *(folgt gestr:* in der*)* vom Geiste der Zeit in der Welt.

Es ist ⟨noch⟩ die Sage von der deutschen Freiheit auf uns gekommen, von der Zeit, ⟨da in Deutschland,⟩ wie wohl wenige Länder eine ⟨Periode⟩ hatten, *(folgt gestr:* jeder*)* der Einzelne ungebeugt *(aus* unb*)* von *(aus* vom*)* einem Allgemeinen, für sich stand, und seine Ehre und sein Schiksal auf ⟨sich⟩ | selbst beruhend hatte;

1 *In margine:* deutsche Freyheit

Genuß ausbildete – da es noch keinen Staat gab da der Einzelne durch Charakter und Sitte, und Religion zum Ganzen gehörte, aber in seiner Betriebsamkeit und That, vom Ganzen nicht beschränkt wurde, sondern ohne Furcht, und ohne Zweifel an sich, durch seinen Sinn sich begränzte; wohl hieß dieser Zustand, worinn nicht Geseze sondern Sitten, eine Menge zu einem Volk verbanden, gleiches Interesse, nicht ein allgemeiner Befehl das Volk als Staat darstellten, die deutsche Freiheit. So feige und schwächlich es ist, die Söhne jenes Zustands abscheulich unglüklich und dumm zu nennen, uns unendlich menschlicher, glüklicher und gescheuter zu glauben, so kindisch und albern wäre es, nach einem solchen Zustande als ob er allein Natur wäre sich zu sehnen, und den Zustand, worin Geseze herrschen, nicht als nothwendig[1] und einen Zustand der Freyheit zu achten zu wissen. Die Kraise von Gewalt, die jeder nach Charakter und Zufall sich schuff, den Besiz, den er sich errang, diese wandelbaren Dinge fixirte nach und nach die fortgehende Zeit, und indem ausschliessendes Eigenthum die einzelnen Bedürfnisse völlig vonein|ander absonderte,

(in seinem *zuerst:* seinen) {eignen} *(auf dem Rande angeschlossen)* Sinn und Charakter *(folgt gestr:* gegen and*)* seine Kraft an der Welt zerschlug, oder sie sich zu seinem Genuß ausbildete – da der Einzelne durch Charakter zum Ganzen gehörte, aber in seiner Betriebsamkeit und That, ⟨in seiner Gegenwirkung gegen seine Welt⟩ vom Ganzen nicht⟨s litt⟩, sondern *(folgt gestr:* nur*)* ohne Furcht, und ohne Zweifel an sich, ⟨nur⟩ durch seinen Sinn *(auf dem Rande angeschlossen:* sich be-*)* ⟨schränkt⟩ *(zuerst:* be-/schränkt*)*; wohl heißt *(aus* heis't*)* dieser Zustand, ⟨⟨in⟩⟩ ⟨welchem der Charakter ohne⟩ Geseze ⟨die Welt beherrschte⟩, die deutsche Freiheit. Die⟨se⟩ Kraise von ⟨Besiz⟩, die ⟨so⟩ jeder sich ⟨ge⟩schaff⟨en⟩, den ⟨Erwerb⟩, den er sich errung⟨en hatte⟩, fixirte nach | und nach die fortgehende Zeit, ⟨die⟩ indem ⟨in ihr sich die Menschen aneinander *(aus* and*)* feindlich zerschlugen zugleich ihre⟩ Bedürfnisse *(gestr. und wieder gültig gemacht)* ⟨und *(nachtr. dazwischengeschrieben)* Indi-

1 *In margine:* deutsches Staatsrecht ist deutsches Privatrecht

wurden Begriffe dasjenige worin sie sich verbanden, und nothdürftige Geseze fingen an zu herrschen. – Der feste Bestand, den nach und nach jene Besizze erhielten, brachte eine Menge von Rechten hervor, welche ohne Einheit ohne Princip, mehr eine Sammlung als ein System bilden konnten, und deren Inkonsequenzen, und verworrene Mannichfaltigkeit des höchsten Scharfsinnes bedurften, um sie gegen ihre Widersprüche so viel als möglich zu retten, und hie und da Einheit in sie hineinzubringen. So ist ein Staatsgebaüde entstanden, dessen einzelne Theile, jedes Fürsten-Haus, jeder Stand, jede Stadt, jede Zunft, alles was Rechte in Rüksicht auf den Staat besizt, sich selbst diese erworben; der Staat hatte immer das nur zu bestätigen, was seiner Macht entrissen wurde; die politische Gewalt und Recht des Einzelnen, als Staatsbeamten und Staatsbürger, ist nicht ein | Antheil der nach einer Organisation des Ganzen berechnet wäre die Pflichten des Einzelnen Standes oder Amtes [sind] ebensowenig im Verhältnis auf dasselbe gefodert, sondern in Deutschland hat das einzelne Glied des politi-

vidualitäten einander *(aus* gegeneinander*)* näherte *(aus* anh*)*, wie alle Feinde, indem sie miteinander kämpfen, einander ähnlicher werden⟩[.] – *(*Der feste *zuvor:* Den *(aus* Die*)* *(folgt gestr:* Festigkeit*)* festen*)* Bestand, den nach und nach jene *(a)* Erwerbe *(b)* Besizze *(über der Zeile)* erhielten, ⟨bildete⟩ *(folgt gestr:* nach n *(?))* eine Menge von Rechten, ⟨die⟩ *(folgt gestr:* da sie*)* ohne Einheit ohne Princip, mehr eine Sammlung als ein System bilden konnten, und deren Inkonsequenzen, und verworrene Mannichfaltigkeit des höchsten Scharfsinnes *(ans* Scharfsti*)* bedurften, um sie gegen ihre Widersprüche so viel als möglich zu retten, und hie und da Einheit in sie hineinzubringen. *(Ms:* Semikolon*)* So ist ein Staatsgebaüde entstanden, *(folgt gestr:* in w*)* dessen einzelne Theile, jedes FürstenHaus, jeder Stand, jede Stadt, jede Zunft, alles was Rechte besizt, sich selbst diese erworben, ⟨nichts vom Allgemeinen *(folgt gestr:* zugethei *aus Komma)* vom Staate als Ganzem zugetheilt erhalten haben⟩, ⟨⟨,⟩⟩ ⟨und statt daß in vielen Verfassungen jede⟩ politische Gewalt und Recht des ⟨Einzelnen ihm nur⟩ | ⟨⟨vom⟩⟩ ⟨Ganzen⟩ ⟨⟨verliehen⟩⟩ ⟨ist⟩, ⟨so hat⟩ in Deutschland das einzelne Glied des *(folgt gestr:* Staats*)* politischen Körpers *(folgt gestr:* sich*)* seine

schen Körpers seine Gewalt im Staate, sowie seine Rechte und Pflichten persönlich seiner Familie seinem Stande, oder seiner Zunft zu danken; und der Stand, Zunft u.s.w. hat sie vom Zufall voriger Zeiten. Die Grundsäze des Systems des deutschen öffentlichen Rechts sind daher nicht aus der Einheit eines StaatsRechtlichen Begriffs, wie etwa der Begriff einer Monarchie, Aristokratie, Demokratie u.s.w. ist entstanden sondern, es sind Erzählungen von Wirklichkeiten, denn der Besiz war früher, als das Gesez, und er ist nicht aus Gesezen entsprungen, sondern, was selbst errungen war, ist zum gesezlichen Rechte gemacht worden. Nach seinem ursprünglichen Rechts|grunde ist daher das deutsche Staatsrecht eigentlich ein PrivatRecht, und die politischen Rechte ein gesezlicher Besiz, ein Eigenthum.

(folgt gestr: Gewa[lt]*)* ⟨Staats⟩gewalt ⟨sich (als Theil⟩ seiner Familie ⟨oder Standes) selbst⟩ zu danken. *(folgt gestr:* Das System*)* *(*Die ⟨Principien⟩ des Systems auf dem Rande angeschlossen*)* des deutschen *(folgt gestr:* Rech*)* öffentlichen Rechts *(a)* ist *(b) unter der Zeile mit Eirfügungszeichen:* enthält *(c) aus Gestrichenem wieder gültig gemacht:* ist *(d)* sind *(über der Zeile)* daher ⟨nicht⟩ aus ⟨⟨,⟩⟩ *(Komma nachtr.)* ⟨in⟩ *(folgt gestr:* der*)* {einer} ⟨Vernunft gegründeten Begriffen⟩ ⟨⟨{von⟩⟩ Recht} ⟨abgeleitete Grundsäze,⟩ sondern, ⟨soweit es thunlich ist, Abstraktionen *(folgt gestr:* aus*)* von⟩ Wirklichkeiten, denn *(über gestr.* und*)* der *(aus* die*)* Besiz war früher, als das Gesez, und er ist [nicht] aus *(über gestr.* von*)* Gesezen *(folgt gestr:* ertheilt, so*)* entsprungen, sondern, *(a)* indem er schon vorhanden *(b)* ⟨das⟩ *(aus* indem*)* *(*selbst errungen über der Zeile*)* war, zum *(aus* pr*)* gesezlichen Rechte gemacht worden. Nach *(folgt gestr:* ihrem*)* seinem ursprünglichen *(Ms:* ursprüng|lichem*)* Rechtsgrunde *(folgt gestr:* sind*)* ist daher das deutsche Staatsrecht eigentlich ein PrivatRecht, *(folgt gestr:* we*)* und die politischen Rechte *(*{eingesezlicher Besiz} *mit Einfügungszeichen unter gestr. (a)* Ei *(b)* gesezliches*)* Eigenthum. ⟨Weil aber *(folgt gestr:* Priv*)* bürgerliches Eigenthum nur in Ansehung *(a)* des rechtlichen *(b)* der rechtlichen Seite *(über der Zeile)* ein Allgemeines *(folgt gestr:* ist*)*, als Sache aber ein isolirtes, beziehungsloses bleibt, das Eigenthum eines Theils der Staatsgewalt *(folgt gestr:* aber*)* hingegen *(auf dem Rande angeschlossen)* auch seiner Materie nach *(folgt gestr:* noth-

Wie der Privatmann **A**, das Haus **a** ein Privatmann **B** einen Garten **b** u.s.w. ererbt, erkauft, geschenkt erhalten hat, so besizt ein Standsglied, oder ein Amt **A** zum Eigenthum 6 Bauern, **B**, 600 Bauern; wie der PrivatMann **C** einen kleinen Kram, viel Kornfeld auch Weinberge besizt, so besizt der Stand **C** oder das Amt **C**, die hohe und niedre Gerichtsbarkeit über 5 Haüser das Zehendrecht über 100 Dörfer, die Stelle **D** hat ein Stük der Besteurungsgewalt über 2000 Bürger, und ein [Recht,] mitzusprechen über Krieg und Frieden ganz Deutschlands, ein andrer ein Stük der Besteurungsgewalt über eine Million Menschen und gar nichts mitzusprechen über den Krieg und Frieden von ganz Deutschland. Ausübende gesezgebende, gerichtliche, geistliche administrative Gewalt sind auf die regelloseste Art gemengt, getheilt und verbunden, und in den ungleichsten Portionen vermischt und gesondert; gerade so mannichfaltig als das Eigenthum der Staatbürger als Privatleute; und der Rechtsgrund beyder ist derselbe. |

Welcher Staat sollte nun besser organisirt scheinen, als derjenige, in welchem jedes Recht eines Antheils an der Staatsgewalt aufs genaueste bestimmt jeder darauf sich beziehende Umstand der Gegenstand der langwierigsten Diskussionen gewesen ist? als ein Staat worin die Sorgsamkeit für dieses politische Eigenthum mit der pünktlichsten Skru-

wendig sich aufs*)* ein thätiges Verhältnis zu den Übrigen ist, und der Erwerb mit so weniger Rüksicht aufs Ganze gemacht wurde, so mußte ein Widerspruch von Rechten entstehen *(aus Komma)*, der *(aus* deren*)* mit der höchstmöglich = wenigen *(aus* höchstmöglichst*)* Aufopferung *(folgt gestr:* ko*)* vereinigt (werden sollte *gestr. und wieder gültig gemacht)*, *(Komma aus Punkt)* daß des Widerstreits ungeachtet jedes neben dem andern bestehen | könnte.〉 Welcher Staat sollte nun besser organisirt scheinen, als derjenige, in welchem jedes Recht eines Antheils an der Staatsgewalt aufs genaueste bestimmt *(folgt gestr:* ist *versehentl. nicht gestr: ?)* jeder *(folgt gestr:* dahin*)* darauf sich beziehende Umstand der Gegenstand der langwierigsten Diskussionen gewesen ist? worin die Sorgsamkeit für das 〈Recht〉 *(folgt gestr:* sich*)* mit der *(folgt gestr:*

pulosität auf alles und jedes, auf die anscheinend größten Kleinigkeiten, z. B. Ordnung im Sizen, Gehen Titulatur u.s.w. mit einer unendlichen bewunderungswürdigen Genauigkeit zur Bewahrung jedes Rechts sich erstrekt hat? in Rüksicht auf seinen Umfang, nach jedem Stük genau in den Verträgen u.s.w. bestimmt wird, so haben auch Reichstags-Friedens=schlüsse, Hausverträge, Wahlkapitulationen ReichsGerichtliche Mandate u.s.w. genau das politische Eigenthum jedes Standes, und Plazes bestimmt.

Das deutsche Reich ist von dieser Seite wie das Reich der Natur unerschöpflich im Grossen, und unergründlich im Kleinen, und diese Seite ist es welche die Eingeweihten in die Kenntnisse des unendlichen Details der Rechte mit jener Bewunderung, jenem Staunen vor der Ehrwürdigkeit des deutschen Staatskörpers erfüllt.

Der Antheil an der Staatsgewalt den der einzelne für sich erworben hat ist damit der Gewalt des Allgemeinen entzogen. Diß Bestreben, die Staatsgewalt zu einem PrivatEigenthum zu machen heißt nun nichts anders, als den Staat auflösen, den | Staat als eine Macht zernichten; dieser Macht des Allgemeinen, dem Monarchen (Kaiser) und der Stände-

sru*)* pünktlichsten Skrupulosität auf alles und jedes, auf die *(über der Zeile mit Einfügungszeichen)* anscheinend größten Kleinigkeiten, z. B. Ordnung im Sizen, Gehen ⟨und d[e]rgl[eichen]⟩ mit einer *(über gestr.* der*)* unendlichen {bewunderungswürdigen} *(über der Zeile mit Einfügungszeichen)* Genauigkeit zur *(aus* f*)* Bewahrung jedes Rechts sich *(über der Zeile mit Einfügungszeichen)* erstrekt hat? *(folgt gestr:* und es verdient*)* ⟨Indem aber jeder seinen⟩ Antheil an der Staatsgewalt einzeln erwarb, ⟨so suchte zugleich⟩ ⟨⟨jeder⟩⟩ *(folgt gestr:* von dem*)* ⟨das Seinige soviel als möglich der⟩ Gewalt ⟨Aller⟩ ⟨⟨zu⟩⟩ entziehen, ⟨die | *(aus* der*)* Macht des Staats über sein Eigenthum so klein als möglich zu erhalten⟩ ⟨⟨;⟩⟩ ⟨und daher ist es denn gekommen, daß so manche Gewalten, oder Theile derselben, die in einer *(aus* einem *folgt gestr:* wohlein*)* guten Verfassung nothwendig *(folgt gestr:* Ansatz zu G*)* unter der Direktion des Ganzen stehen,⟩ ⟨⟨im deutschen⟩⟩ [Reich] ⟨der Gewalt des Ganzen entzogen sind,⟩ *(a)* und die ⟨⟨*(b)* und der Staat seinen Charak-

versammlung (Reichstag) ist damit der nothwendige Charakter [der] Souveränität in einem höchst schwachen Maase gelassen worden. Gewalten, welche nach dem Wesen eines Staats, unter der Direktion eines Mittelpunkts stehen, in einer obersten Gewalt (Monarch und Ständen) sich vereinbaren müssen, Kriegsmacht, Verhältnisse zu auswärtigen Mächten, der Theil der Finanzen, der hierauf Bezug hat, u.s.w. – alles diß steht unter keiner rechtlichen obersten Gewalt. Soviel jeder Theil nicht nur am Ganzen Antheil, sondern auch soweit sich jeder isolirt, ausser der Gewalt des Staats gesezt hat, soweit ist ihm diese Unabhängigkeit als Recht zugesichert; und täglich streben die Theile ausser der Abhängigkeit vom Ganzen noch weit mehr auch über die Gränze hinaus sich zurükzuziehen, die sanktionirt ist. Die Rechte der Trennung vom Ganzen, die die einzelne Stände sich errungen haben, sind heilige unverlezliche Rechte, auf deren Erhaltung das ganze sogenannte Staatsgebaüde ruht, und das deutsche Staatsgebaüde heißt nichts anders als die Summe der Rechte, die dem Staate entzogen sind, Rechte, | die mit der größten Gewis-

ter, der *(c)* und dem Staate sein nothwendiger *(über der Zeile mit Einfügungszeichen)* Charakter, die auf dem Rande angeschlossen*)*⟩ Souveränität *(aus* Souvernäi*)* ⟨⟨,⟩⟩ *(folgt gestr:* die dem Staate zuko[mmt]*)* ⟨nur⟩ in einem ⟨sehr⟩ schwachen Maase gelassen ⟨ist.⟩ Soviel ⟨nun⟩ jeder Theil nicht nur am Ganzen Antheil *(folgt gestr:* hat*)*, sondern auch soweit sich jeder isolirt *(folgt gestr:* h*)*, ausser *(über der Zeile mit Einfügungszeichen)* der Gewalt des Staats gesezt hat, soweit ist ihm diese Unabhängigkeit als Recht zugesichert; und täglich streben die Theile *(a)* noch weit mehr *(b)* noch *(über die auf dem Rande angeschlossen)* dem Staate *(c)* ausser der Abhängigkeit *(folgt gestr:* des*)* vom Ganzen *(a)* zu treten, als *(b)* noch *(auf dem Rande angeschlossen)* weit mehr *(*auch über *(aus* a*)* *über der Zeile mit Einfügungszeichen)* die Gränze hinaus sich zurükzuziehen, die sanktionirt ist. Die Rechte der Trennung vom Ganzen, die die *(aus* jed*)* einzelne Stände sich errungen haben, sind heilige unverlezliche Rechte, *(*auf deren *über gestr.* die auf dem*)* Erhaltung das ganze Staatsgebaüde ruht, Rechte, die mit der größten senhaftigkeit und der scheuesten Sorglichkeit bewahrt werden. Und diese Gerechtigkeit ist das Princip, die Seele der Verfassung. Jedes Urtheil das aus dem Begriff und Wesen eines Staats

Gewissenhaftigkeit | und der scheuesten Sorglichkeit bewahrt werden ⟨, und⟩ Gerechtigkeit ist das Princip die Seele der Verfassung. Jedes Urtheil ⟨des, über *(über der Zeile)*⟩ Staats⟨Recht spekulirenden Philosophen⟩

| *über ihre Entstehung ...*

über ihre Entstehung und Rechtsbegründung einzugehen; solche Untersuchungen haben gewöhnlich den Zwek, dasjenige Resultat worüber das Interesse schon entschieden hat, zu finden.

Die Landeshoheit, der Stolz der deutschen Stände, der Stolz ihrer Unterthanen, zu einem besondern Staate zu gehöhren ist in Rüksicht aufs Ganze das Princip, von dem es zerrissen wird; eins ist unverträglich mit dem Andern; aber sie hat soviele lokkende Reize, sie war von dem Charakter des Volks so sehr unterstüzt, daß jeder Stand es übersah, daß diese Absonderung die Grube ist, die er sich selbst gräbt, daß je mehr er in seinem Streben sich zu isoliren Fortschritte macht, er an Stärke verliert, daß jeder Gewinn Vergrösserung der Gefahr ist. – Das Streben der Reichsstände bietet das Schauspiel einer Menge dar, die sich auf einen gefrohrnen Strom stürzt, von dessen Eise jeder soviel als möglich für sich loszureissen strebt, uneingedenk, daß jemehr er sich bereichert, desto mehr seinen und Aller Untergang beschleunigt. Ist dieser Trieb zu isoliren das einzige bewegende Princip im deutschen Reiche, so befindet sich Deutschland im unaufhaltsamen Sinken in den Abgrund seiner Auflösung, und eine Warnung dafur wurde zwar Eifer, aber zugleich die Thorheit einer unnöthigen Mühe zeigen.

Sollte sich Deutschlands Gang nicht noch im Scheidewege zwischen Italiens Schiksal und zwischen der Verbindung zu Einem Staate befinden? Es sind vorzüglich zwei Umstände, die Hoffnung zu dem leztern geben, zwei Umstände, die als Tendenz wider sein auflösendes Princip angesehen werden können.

Ehedem floß einerseits Landeshoheit[1] des Fürsten oder der ReichsStadt mit der Freiheit besonders auch der religiösen zusammen, andererseits die Verbindung des Reichs

1 *Daneben am Rande:* es lag darin politische und religiöse Freyheit

Jena (Frühjahr/Sommer 1801)

| *Der Nahme für die Staatsverfassung ... (Genf)*

Der Nahme für die Staatsverfassung Deutschlands macht der Staatsrechtslehre immer Mühe; diese Verfassung entspricht keiner der gewöhnlich aufgeführten Arten; sie ist weder Monarchie, noch Aristokratie, noch Demokratie. Ein auswärtiger Staatsrechtslehrer, hat längst den politischen Zustand Deutschlands geradezu Anarchie genannt. Auch die deutschen Staatsrechtslehrer getrauen sich Deutschland nicht eigentlich mehr einen Staat zu nennen, aber sie meinen, es sey doch noch ein Staatskörper, ein Reich; und wirklich wenn man Deutschland als einen Staat ansehen wollte, so müßte man zugeben, daß seine Verfassung wohl die schlechteste, und sein Zustand eine Anarchie sey, und es ist darum die Ansicht vorzuziehen, daß Deutschland eigentlich nicht mehr als ein Staat zu betrachten sey, sondern als eine Mehrheit von Staaten, denen ein höchst loses Band noch einen Schein von Vereinigung läßt. |

Der[1] wahre Zustand eines Staats offenbahrt sich nicht sowohl in der Ruhe des Friedens, als in der Bewegung des Kriegs, wo die Masse ihre Kraft an einem Widerstande mißt, und nicht durch den Schein ihrer Oberfläche zu gefallen, sondern die innre Festigkeit und ihren Kern zu erproben hat. Deutschlands Krieg mit der französischen Republik und im Frieden der Verlust, mehrerer seiner schönsten Länder und einiger Millionen seiner Bürger, auf der Hälffte Deutschlands eine Schuldenlast, die das Elend des Kriegs noch weit in den Frieden hinein verlängert, – dieser Krieg und diß vorlaüffige Resultat desselben ist als

1 *Daneben am Rande:* Was ist nicht was seyn soll; Anforderungen; Aussprechen dessen was ist; Unredlichkeit gegen sich und andere.

die neueste Erfahrung anzusehen, die Deutschland von der Vortrefflichkeit seines politischen Zustandes gemacht hat.

Nach einer grossen, besonders unglüklichen Katastrophe ist es auch sonst im Leben gewöhnlich in sich zum Nachdenken über seinen Zustand getrieben zu werden, da die Menschen sonst, so lang ihnen die Gegenwart, und ihr Gesichtskreis das Gefühl von Wohlseyn gewährt, bewußtlos dahinleben, ohne Gedanken an die Möglichkeit einer Zukunft die anders ist als die Gegenwart, – und in einer Vergessenheit an die Dinge von denen ihr Zustand abhängt die gerade izt ausser ihrem | beschränkten Gesichtskreis wirken. Reflexionen über seinen Zustand, die im Glük deßwegen widerlich sind, erregen nach einer wichtigen Katastrophe die Aufmerksamkeit.

An diese Zufälligkeit des Zeitmoments knüpft die gegenwärtige Abhandlung ihren Zwek an einige Seiten des politischen Zustands Deutschlands besonders sofern er mit der Staatsverfassung zusammenhängt, zum Bewußtseyn zu bringen. Es versteht sich von selber, daß in der Darstellung dessen was ist, nicht Kathedertheorieen können zum Grunde gelegt werden. Es kan nicht die Rede davon seyn, was seyn | und geschehen s o l l, und was Rechtens ist, sondern von dem was geschieht, und Wirklichkeit hat. Ausser dem, daß ein Theil der rechtlichen Verhältnisse so sehr PartheiSache ist, daß jede Parthei ihr eigenes Recht hat, so muß der andere Theil, worüber die Theorieen etwa übereinkämen, gerade mit der Praxis in Vergleichung gesetzt werden, und die interessanteste und die hervorstechendste Seite des politischen Zustandes Deutschlands ist der so gründlich organisirte Widerspruch des Rechts und der Praxis.

Das Gebaüde der deutschen Staatsverfassung ist nach seinen Grundsätzen das Werk vergangener Jahrhunderte, die Gerechtigkeit und Gewalt, die Tapferkeit und die Weisheit verflossener Zeiten, die Ehre und das Blut die Noth und das Wohlseyn längst verwester Geschlechter wohnt in den Formen jenes Werks; es [ist] ihnen das Schiksal der Vorzeit eingeprägt; aber der Verlauff der Bildung hat jenes

Schiksal und das Leben der itzigen Zeit voneinander abgeschnitten, jenes Gebaüde mit seinen Pfeilern und Schnörkeln ist ein Leichnam geworden, der von | dem Leben der itzigen Zeit nicht mehr getragen und beseelt wird, keinen Antheil und keine Nahrung von ihrem Interesse und Thätigkeit erhält, und isolirt vom Geiste der Welt, ohne lebendige Wechselwirkung wie eine Mumie dasteht.

Diß völlig abgezehrte Staatsrecht wirft aber einen sehr dikleibigen Schein um sich; Mosers Bearbeitung des deutschen Staatsrechts ist nicht durch Wiederhohlung, sondern durch die wirkliche und ewige Verschiedenheit der Dinge selbst zur Bibliothek angeschwollen. Die endlose Masse weitschichtiger Rechte widerspricht der Ansicht, nach welcher Deutschland wohl ein StaatsKörper, ein Reich, – d.h. ein leerer Nahme von Staat, kein Staat mehr sey, also keine Staatsverfassung und eigentlich kein Staatsrecht mehr habe. Wenn wir jene ungeheure Masse von Rechten als Staatsrecht gelten lassen wollten, so müßten [wir] eigentlich sagen daß sie nicht Recht des Staats, sondern System von Recht gegen den Staat, und daß die deutsche Verfassung ihrem grösten Theile [nach] eigentlich in der allgemeinen Garantie der Aufhebung des Staates besteht.

Die Deutschen sind wohl das einzige Volk, dessen Staats-Verbindung so organisirt ist, daß keine StaatsVerbindung statt finde. Diese Organisation des Staatsrechts | gegen das Recht des Staats muß nicht als eine Verbindung zu etwas Negativem gefaßt werden, wie im innern von Afrika sich viele Staaten vereinigt haben sollen, die Christliche Religion aus ihren Ländern abzuhalten oder wie überhaupt die gegenseitige Garantie der Staaten über den Umfang ihrer Länder an sich nur einen negativen Sinn hat, nemlich nur gegen etwas gerichtet ist; hier ist die Verbindung sich gegen irgend etwas anderes als die Verbindung zu setzen, an sich selbst positiv; das Princip des deutschen Bundes und seines Staatsrechts hingegen ist nicht gegen irgend einen andern Gegenstand sondern gegen sich selbst gerichtet. Wenn Mächte durch ein Bündniß sich gegenseitig anheischich machten, sich jedem Bündniß miteinander zu widersetzen, dann erst wäre das ihre negative Verbindung von gleicher Bedeutung mit der negativen Verbindung der deutschen Stände.

Auch kan das Wesen jenes deutschen Staatsrechts nicht mit denjenigen Einrichtungen anderer Staaten verglichen werden, die unter dem Namen von Tribunaten Parlamenten u.s.w. bekannt sind, und deren Zwek die Einschränkung der Willkühr der Regierung ist; diese Einrichtungen setzen Regierung wesentlich voraus, und haben die eigentliche Bestimmung die Regierung selbst in ihrer ganzen Stärke, die durch Willkühr verlohren ginge, zu erhalten. Das Wesen des deutschen Staatsrechts [ist] nicht eine Staatsregierung einzuschränken, und dadurch zu sichern, sondern keine aufkommen zu lassen.

Corpus der Vorlage

| *Diese Form des deutschen Staatsrechts …*

Diese Form des deutschen Staatsrechts ist tief in dem gegründet, wodurch die Deutschen sich am berühmtesten gemacht haben, nemlich in ihrem Trieb zu Freyheit; dieser Trieb ist es, der die Deutschen, nachdem alle andre europäischen Völker sich der Herrschafft eines gemeinsamen Staates unterworfen haben, nicht zu einem gemeinschafftlicher Staatsgewalt sich unterwerfenden Volke werden ließ. Die Hartnäkkigkeit des deutschen Charakters hat sich nicht bis dahin überwinden lassen, daß die Einzelnen Theile ihre Besonderheiten der Gesellschafft aufgeopfert, sich alle in ein Allgemeines vereinigt, und die Freyheit in gemeinschafftlicher freyer Unterwürfigkeit unter eine oberste Staatsgewalt gefunden hätten.

Das ganz eigenthümliche Princip des deutschen Staatsrechts steht in unzertrenntem Zusammenhang mit dem Zustande Europa's, in welchem die Nationen nicht mittelbar durch Geseze sondern unmittelbarer an der obersten Gewalt Theil nahmen. Die oberste Staatsmacht war unter den Europäischen Völkern eine allgemeine Gewalt, an der jedem eine Art von freyem und persönlichem Antheil zukam. |

Diesen freyen persönlichen von Willkühr abhängigen Antheil haben die Deutschen nicht in den freyen, von Willkühr unabhängigen Antheil verwandeln wollen, der in der Allgemeinheit und Kraft von Gesetzen besteht, sondern sie haben sich ihren spätesten Zustand ganz auf die Grundlage jenes Zustandes der nicht gesetzwidrigen, aber gesetzlosen Willkühr erbaut. Der spätere Zustand geht unmittelbar von jenem Zustand aus, worin die Nation, ohne ein Staat zu seyn, ein Volk ausmachte; in dieser Zeit der alten deutschen Freyheit, stand der Einzelne in seinem Leben und Thun für sich, er hatte seine Ehre und sein Schiksal, nicht auf dem Zusammenhang mit einem Stand, sondern auf ihm selbst beruhend; in seinem eignen Sinn und Krafft zerschlug er sich an der Welt, oder bildete er sie sich zu seinem Genuß; zum Ganzen gehörte er durch Sitte, Religion, einen unsichtbaren lebendigen Geist, und einige wenige grosse Interesse, sonst in seiner Betriebsamkeit und That, ließ er sich nicht vom Ganzen beschränken, sondern begränzte ohne Furcht und Zweifel nur sich selbst; aber was innerhalb seines Kraises lag, war so sehr und so ganz Er selbst, daß man es nicht einmal sein Eigenthum nennen konnte, sondern für das ihm zu seinem Kreise gehörige, was wir einen Theil nennen würden, also auch nur einen Theil unserer selbst daran setzten, setzte er Leib und Leben, und Seele und Seeligkeit daran; die Theilung und Berechnung, worauf unser Gesetzzustand beruht, daß es für eine geraubte Kuh nicht der Mühe werth ist, den Kopf aufs Spiel zu setzen, noch gegen eine 10fach und unendlich überlegne Macht (wie die [des] Staats) sich unverhohlen mit seiner Einzelheit zu setzen kannte er nicht, sondern war voll|ständig und ganz in dem seinigen. (Den Franzosen ist entier ganz und eigensinnig.)

Aus diesem eigenwilligen Thun, das allein Freyheit genannt wurde, bildeten sich Kraise von Gewalt über andere, nach Zufall und Charakter ohne Rüksicht auf ein Allgemeines, und mit wenig Einschränkung von dem, was man Staatsgewalt nennt; denn diß war im Gegensatz gegen die Einzelne fast gar nicht vorhanden.

Diese Kreise von Gewalt fixirte die fortgehende Zeit; die Theile der allgemeinen Staatsmacht wurden eine Mannichfaltigkeit von ausschliessendem vom Staate selbst unabhängigem und nach keiner Regel noch Grundsatz vertheiltem Eigenthum, diß mannichfaltige Eigenthum bildet nicht ein System von Rechten, sondern eine Sammlung ohne Princip, deren Inkonsequenzen und Verworrenheit des höchsten Scharfsinns bedurfte, um bei vorkommender Kollision sie gegen ihre Widersprüche so viel möglich zu retten, oder vielmehr der Noth und Übermacht bedurfte um sich miteinander zu vertragen, vorzüglich aber in Rüksicht aufs

Ganze, der speziellsten göttlichen Providenz, um es nothdürftig zu erhalten.

Das deutsche Staatsrecht ist daher eine Sammlung von PrivatRechten; die politische Gewalten und Rechte sind nicht nach einer Organisation des Ganzen berechnete Staatsämter, die Leistungen und Pflichten des Einzelnen sind nicht nach dem Bedürf|nisse des Ganzen bestimmt; sondern jedes einzelne Glied der politischen Hierarchie jedes Fürstenhaus jeder Stand, jede Stadt, Zunft u.s.w. alles, was Rechte oder Pflichten in Bezug auf den Staat hat, hat sie sich selbst erworben, und der Staat hat bei solcher Schmälerung seiner Macht keine andere Verrichtung als es zu bestätigen, daß seine Macht ihm entrissen wurde; so daß wenn der Staat alle Gewalt verliert, und doch der Besitz der Einzelnen auf der Macht des Staats beruht, – der Besitz derjenigen nothwendig sehr schwankend seyn muß, die keine andre Stütze haben als die Staatsmacht, die gleich Null ist.

Die Grundsätze des deutschen öffentlichen Rechts, sind daher nicht aus dem Begriffe eines Staats, oder dem Begriffe einer bestimmten Verfassung, einer Monarchie u.s.w. abzuleiten, und das deutsche Staatsrecht ist nicht eine Wissenschafft nach Grundsätzen, sondern ein Urbarium von den verschiedensten der nach Art des Privatrechts erworbenen Staatsrechten. Gesezgebende, gerichtliche, geistliche, militärische Gewalt sind auf die regelloseste Art und in den ungleichartigsten Portionen gemengt, getheilt und verbunden, gerade so mannichfaltig als das Eigenthum der Privatleute.

Durch ReichstagsAbschiede, FriedensSchlüsse, Wahlkapitulationen, Hausverträge, Reichsgerichtliche Entscheidungen u.s.w. ist das politische Eigenthum eines jeden Gliedes des deutschen Staatskörpers aufs sorgfältigste bestimmt. Die Sorgsamkeit dafür hat sich mit der pünktlichsten Religiosität auf alles und jedes erstrekt, und auf scheinbar unbedeutende Dinge, z.B. Titulatur, Ordnung im Gehen und Sitzen, | Farbe mancher Meubles u.s.w. jahrelange Bemühungen verwandt. Von dieser Seite der genauesten Bestimmung jedes auch noch so geringfügigen Umstands, der sich aufs Recht bezieht, muß dem deutschen Staate die beste Organisation zugeschrieben werden; das deutsche Reich ist im Recht, wie das Reich der Natur in seinen Produktionen, unergründlich im Grossen, und unerschöpflich im Kleinen, und dise Seite ist es, welche die Eingeweihten in die unendliche Details der Rechte mit jenem Staunen vor der Ehrwürdigkeit des deutschen Staatskörpers, und mit jener Bewunderung für diß System der durchgeführtesten Gerechtigkeit erfüllt.

Diese Gerechtigkeit jeden Theil in seiner Trennung vom Staat zu erhalten und die nothwendigen Ansprüche des Staats an das einzelne Glied desselben stehen in dem voll kommensten Widerspruche. Der Staat erfodert einen allgemeinen Mittelpunkt, (einen Monarchen und Stände) worin sich die verschiedenen Gewalten, Verhältnisse zu auswärtigen Mächten, Kriegsmacht, Finanzen die hierauf Bezug haben u.s.w. vereinigten, einen Mittelpunkt [der] zu der Direktion auch die nothwendige Macht hätte, sich und seine Beschlüsse zu behaupten und die einzelne Theile in der Abhängigkeit von sich zu erhalten. Durch das Recht hingegen ist den einzelnen Ständen beynahe gänzliche, oder vielmehr gänzliche Unabhängigkeit zugesichert. Wenn es Seiten der Unabhängigkeit gibt, die nicht ausdrüklich und feyerlich in Wahlkapitulationen, Reichstagsabschieden u.s.w. bestimmt sind, sind sie ihm durch die Praxis sanktionirt, ein wichtigerer und durchgreiffenderer Rechtsgrund als alle | übrigen. Das deutsche Staatsgebaüde ist nichts andres als die Summe der Rechte, welche die einzelnen Theile dem Ganzen entzogen haben, und diese Gerechtigkeit, die sorgsam darüber wacht daß dem Staat keine Gewalt übrig bleibt, ist das Wesen der Verfassung.

Mögen nun die unglüklichen Provinzen, die in der Hülflosigkeit des Staates dem sie angehören, zu Grunde gehen, den politischen Zustand desselben anklagen, mag das Reichsoberhaupt und die zunächst bedrängten patriotischen Stände, die übrigen vergebens zu gemeinschafftlicher

Mitwirkung aufrufen mag Deutschland ausgeplündert, und beschimpft werden – der Staatsrechtsgelehrte wird zu zeigen wissen, daß diß alles den Rechten und der Praxis ganz gemäß, und alle Unglüksfälle Kleinigkeiten gegen die Handhabung dieser Gerechtigkeit sind. Wenn die unglükliche Art, mit welcher der Krieg geführt worden ist, in dem Betragen einzelner Stände liegt, von denen der eine kein Kontingent, sehr viele statt der Soldaten izterst ausgehobne Rekruten, stellten, der andere keine Römermonate bezahlte, ein dritter zur Zeit der höchsten Noth sein Kontingent weg zog, viele Friedensschlüsse und Neutralitätsverträge eingingen, die allermeisten, jeder auf seine Art, die Vertheidigung Deutschlands vernichteten, so beweißt das Staatsrecht, daß die Stände das Recht zu einem solchen Betragen hatten, das Recht, das Ganze in die größte Gefahr, Schaden und Unglük zu bringen, und weil es Rechte sind, müssen die Einzelnen und die Gesammtheit, solche Rechte, zu Grunde gerichtet zu werden aufs strengste bewahren und beschützen. Für diß Rechtsgebaüde des deutschen Staats gibt es deßwegen vielleicht keine passendere Innschrifft, als die:

Fiat justitia, pereat Germania.

Es ist ein wenn nicht vernünftiger, doch gewissermassen edler Zug im deutschen Charakter, daß das Recht überhaupt, sein Grund und seine Folgen mögen auch beschaffen seyn wie sie wollen, ihm so etwas heiliges ist; wenn Deutschland als | eigner unabhängiger Staat, wie es allen Anschein hat, und die deutsche Nation, als Volk, vollends ganz zu Grunde geht, so gewährt es immer noch einen erfreulichen Anblik, unter den zerstörenden Geistern, die Scheue vor dem Recht voran zu erblikken.

Eine solche Ansicht würde der politische Zustand und das Staatsrecht Deutschlands gewähren, wenn Deutschland als ein Staat anzusehen wäre; sein politischer Zustand müßte als eine rechtliche Anarchie, sein Staatsrecht als ein Rechtssystem gegen den Staat betrachtet werden. Allein alles stimmt zusammen, daß man Deutschland nicht mehr als ein vereinigtes Staatsganzes, sondern als eine Menge unabhängiger und dem Wesen nach souveräner Staaten anzusehen habe. Aber, sagt man, Deutschland ist ein Reich, ein Staatskörper, es steht unter einem gemeinschafftlichen Reichsoberhaupt, steht im Reichsverband; diesen Ausdrükken kan als gesetzlichen Titeln schlechterdings nicht zu nahe getreten werden; aber eine Betrachtung in der es um Begriffe zu thun ist, hat mit jenen Titeln nichts zu schaffen, sondern aus der Bestimmung der Begriffe kan erhellen, welche Bedeutung etwa jene Titel haben. Freilich werden solche Ausdrükke: Reich, Reichsoberhaupt, oft für Begriffe genommen, und sie müssen die Aushülfe in der Noth seyn. Der Staatsrechtslehrer, der Deutschland nicht mehr einen Staat nennen kan, weil er sonst manche Konsequenzen zugeben müßte, die aus dem Begriff eines Staats folgen, und die er doch nicht zugeben darf, hilft sich weil denn Deutschland doch auch wieder nicht als NichtStaat gelten soll, damit daß er den Titel Reich als einen Begriff gibt; – oder | da Deutschland keine Demokratie, noch eine Aristokratie ist, sondern [nach] ihrem Wesen eine Monarchie seyn sollte, und der Kaiser doch wieder nicht als Monarch angesehen werden soll, so hilft man sich mit dem Titel Reichsoberhaupt, den er führt, auch in einem System, worinn nicht Titel, sondern bestimmte Begriffe herrschen sollen. Durch den ganz Allgemeinen Begriff Reichsoberhaupt, ist der Kaiser in eine Kategorie mit dem ehmaligen Doge von Venedig, und dem Türkischen Sultan geworfen, diese beyde sind gleichfalls Oberhaüpter des Staats, aber jener das eingeschränkteste Oberhaupt einer Aristokratie, dieser das unbeschränkteste einer Despotie; und weil der Begriff eines Oberhaupts auf den verschiedenartigsten Umfang von oberster Staatsgewalt paßt, so ist er völlig unbestimmt, und hat ebendeßwegen gar keinen Werth; er gibt sich dafür aus, etwas ausgedrükt zu haben, und hat im Grunde nichts ausgedrükt. Auf wissenschafftlichem und geschichtlichem [Felde] sind solche nichts bedeutende Ausdrükke zu vermeiden, wenn der deutsche Charakter auch sonst im wirklichen Leben, ihrer als Auskunftsmittel bedarf. Bei der Hartnäkkigkeit des deutschen Wesens nemlich, auf seinem Willen durchaus zu bestehen, oder bei getrennten und nicht zu vereinigenden Staatsinteressen, wenn dort im bürgerlichen Leben, hier in der Politik, aus andern irgend wichtigen Gründen doch zugleich auch eine Vereinigung stattfinden soll so gibt es kein besseres Mittel, als einen allgemeinen Ausdruk zu finden, der beyde befriedigt, und der doch beyde Theile bei ihrem Willen läßt, wobei die Differenz nach wie vor besteht, oder wenn wirklich ein Theil nachgeben muß, durch jenen allgemeinen Ausdruk, wenigstens das Geständniß des Nachgebens vermieden ist. Wenn sich die Deutschen Jahrhunderte lang mit solchen allgemeinen Ausdrükken, einen Schein von Vereinigung, in welcher | der That nach kein Theil von seinen Ansprüchen auf Getrenntseyn das mindeste aufgegeben hat, hingehalten haben, so muß die Reflexion hierüber, vollends wenn sie wissenschafftlich seyn soll, die Begriffe festhalten, und in dem Urtheil, ob ein Land einen Staat ausmache, sich nicht mit allgemeinen Ausdrükken herumtreiben, sondern den Umfang der Macht in Erwägung ziehen, der dem gelassen ist, was Staat heißen soll, und da sich bei genauerer Ansicht ergibt, daß dasjenige, was im Allgemeinen Staatsrecht genannt wird, Rechte gegen den Staat sind, so wäre die Frage ob denn dessen ungeachtet noch dem Staat eine Macht, wodurch er wirklich ein Staat ist [zukommt]; und bei genauerer Ansicht desjenigen, was hiezu erforderlich ist, in Vergleichung mit dem Zustand Deutschlands in Rüksicht auf eine Staatsmacht, wird sich zeigen, daß Deutschland eigentlich kein Staat mehr genannt werden kan. Wir gehen die verschiedenen HauptGewalten durch, die sich in einem Staate vorfinden müssen.

Wir können eine Menschenmenge nur dann einen Staat nennen, wenn sie zur gemeinschafftlichen Vertheidigung ihres Eigenthums überhaupt, v e r b u n d e n ist. | Es versteht sich zwar von selbst, ist aber nöthig angemerkt zu werden, daß diese Verbindung nicht ein leeres Wort seyn darf, nemlich diese Verbindung zur gemeinschafftlichen Vertheidigung muß nicht eine Verbindung seyn, wodurch nichts vertheidigt, und einem Feinde ohne Versuch der Vertheidigung das Eigenthum überlassen wird, sondern durch diese Verbindung zur Vertheidigung muß eine wirkliche Vertheidigung zu Stande kommen. Die Einrichtung zu dieser wirklichen Vertheidigung ist die Staatsmacht; diese muß theils hinreichend den Staat gegen innere oder aüssere offenbare Feinde [zu schützen] seyn, theils sich selbst gegen den allgemeinen Andrang der Einzelnen zu erhalten. Was das Letztere betrifft, so wünscht jeder einzelne freilich vermittelst des Staats in Sicherheit seines Eigenthums zu leben, die Staatsmacht erscheint ihm aber besonders unter einem grossen Volk als etwas Fremdes ausser ihm vorhandenes; er läßt dieses ausser ihm sich befindende für sich sorgen, wie er für sich sorgte, und sein Beitrag gegen [ein] so ungeheures Ganzes muß ihm so unverhältnißmässig vorkommen, daß er ihn nicht für wichtig hält, und also sein Gewissen über seine Nachlässigkeit leicht befriedigt; gegen diese centrifugale natürliche Tendenz des Einzelnen, muß der Staat Macht genug haben, sich zu erhalten; und wenn sonst nur der Staat überhaupt organisirt ist, und nur die gesetzlichen Pflichten in Anspruch nimmt so hat Ordnung und Strenge hier zunächst ohne weitern Rükgang an die eigentliche Macht ihre Wirkung. Wenn | aber die Macht Einzelner so groß ist, daß sie sich dem Staat zu widersetzen vermöchten, also in der Möglichkeit sich befinden, seine Feinde zu werden, ist gegen sie dieselbe Art von Macht erforderlich, wie gegen aüssere Feinde, so wie auch die besondere Macht gegen Verbrecher überhaupt keiner besondern Erwähnung verdient.

Die Einheit der Staatsmacht zum allgemeinen Zwek der Vertheidigung ist das wesentliche eines Staats. Alle andern Zwekke und Wirkungen der Vereinigung können auf eine höchst mannichfaltige und Einheitslose Art vorhanden seyn. Schon die Art wie die gesammte Staatsmacht in eine oberste Staatsgewalt übergegangen ist [in] den Händen derjenigen die über sie disponiren sich befindet, ist dazu daß ein Volk einen Staat bildet völlig gleichgültig; es ist gleich ob der oberste Gewalthaber Einer oder mehrere, und zu dieser Majestät erwählt oder gebohren ist – ob überhaupt für die einzelnen Theile des Staats hierin eine Gleichförmigkeit statt findet; der Monarch von Rußland hat Leibeigne unter seinen Unterthanen, | Bürger von Städten, die Municipalverfassungen haben, freye Edelleute und Fürsten, die selbst wieder Unterthanen haben, so wilde noch natürlich freye Völker, daß sie Gesetze und Regierung kaum den Namen nach kennen; so ist in jedem andern europäischen Staate das Verhältniß der Staatsbürger zur obersten Staatsgewalt höchst ungleichförmig; fast jedes kleinere im allgemeinen Ganzen enthaltene Ganze, einzelne Stände, Städte, Provinzen haben ihre eigne Verfassung und Rechte. Aber so wie alle eine oberste Macht bilden helfen und einer obersten Macht gehorchen, so machen sie einen Staat zusammen aus.

Was bürgerliche Gesetze der Gerechtigkeitspflege betrifft so macht weder die Gleichheit der Geseze und Rechtspflege eine Menge von Menschen zu Einem Staate noch hebt ihre Verschiedenheit die Einheit des Staats auf; wenn in ganz Europa nach dem römischen, oder einem anderen Recht gerichtet würde, so würde Europa nicht Einen Staat ausmachen; ebenso wenig wenn sie in Ansehung der Rechtspflege in einer allgemeinen Verbindung stehen, und z.B. alle Staaten einander die Verbrecher ausliefern. |

So ist gleichfalls dazu damit eine Menge Einen Staat ausmache, nicht nothwendig, daß sie unter ebendenselben bürgerlichen und peinlichen Gesezen stehe. Man kan sich darüber auf das Beispiel fast aller Europäischen Staaten berufen, unter welchen wenige sind, die eine gleichförmige Gesezgebung haben. Frankreich hatte vor der Revolution ein sehr mannichfaltiges System von Gesezen; in vielen Provinzen galt römisches Recht, aber ganze Provinzen, ja fast jede Stadt hatte besondere herkommliche Geseze, das alte

Burgundische, Britannische Recht u.s.w. ein französischer Schriftsteller sagte, wer durch Frankreich Post reist, wechselt öfters Geseze, als Pferde.

Die Gerichtshöfe können GerichtsSprengel von sehr verschiedenem Umfang haben; ob hier ein Edelmann, dort ein Stadtgericht, erste Instanz, ob die höchsten Instanzen verschieden sind, ob eine höchste Instanz für einen ganzen Staat aufgestellt ist, ist gleichgültig.

Ebenso unabhängig vom Staat, oder ungleichförmig kan die Ernennung zu Gerichtsstellen, zu den Städtemagistraten, DorfSchultheissen, andern Ämtern der Verwaltung seyn. Einrichtungen, welche diese Umstände betreffen sind nur relativ wichtig für den Staat, innerhalb einer gewissen Gränze gleichgültig für seinen Hauptzwek; aber eine und ebendieselbe Macht ist bereit, die abweichenden Aussprüche abweichender Geseze zu unterstüzen, und ihre Kraft zu handhaben. |

Eben [so wenig] hört eine Menge [damit] auf, zu Einem Staate zu gehören, daß ihre Theile verschiedene Abgaben bezahlen. Diese Ungleichförmigkeit findet wieder fast in allen europäischen Staaten statt. Davon nicht zu reden, daß die natürliche Ungleichheit der Beiträge zu den Staatsausgaben, die durch Ungleichheit des Reichthums entspringt so gar nicht den Staat auflöst, daß die Staaten eigentlich darauf beruhen, so findet fast allgemein eine Ungleichförmigkeit schon in Rüksicht auf die verschiedenen Stände statt, Adel Geistlichkeit Bürger- und Bauernstand tragen fast nirgend in gleichem Verhältnis bei; ebenso grosse Verschiedenheit findet, abgesehen von den Ständen, in Rüksicht der verschiedenen Provinzen die zu einem Staat gehören, statt; der ungeheure Unterschied hierin in Frankreich überhaupt und z.B. besonders in Betracht des Salzes (in einigen Provinzen war der Preis des ℔ Salzes unter 6 Sous, in andern über 12 Sous) ist bekannt. Ebenso wenig Einheit ist nothwendig in Rüksicht auf Steuern von Haüsern und liegenden Gründen, wie verschieden sind nicht die Abgaben durch auf dem Gut hafftende Servituden, Bodenzinsen und so weiter. Ebenso wenig mag darin ein Zusammenhang seyn, in welche Kassen diese Abgaben fliessen, ob auf einem Akker ein Edelmann die Jagdgerechtigkeit, die Stadt die Grundsteuer, eine Abtey den Zehenden – hat; – wenn nur ein Mittelpunkt ist, dessen Macht durch ein – wenn schon durchaus ungleiches Zusammenströmen – gehalten wird; es läßt sich auch denken, daß die Macht des Staats, insofern sie Geld nöthig hat, durch gar keine Beiträge der einzelnen Eigenthümer genährt wird, in der Lehensverfassung fand der Fall statt, wo der Staat als solcher kein Geld nöthig hatte, und sehr mächtig war; oder wenn ihm Geld nothwendig ist, so ist es gedenkbar, daß er durch Domänen die Staatsausgaben | bestreitet, und nicht einmal ein Mittelpunkt für die Abgaben ist, sondern daß diese auf die mannichfaltigste Art sowohl in Rüksicht der Geber und ihres Quantums, als der Empfänger getrennt vom Staat ohne alle Beziehung auf ihn bestehen.

Ein ebenso loser oder gar kein Zusammenhang mag in unsern Staaten stattfinden in Rüksicht auf Sitten, Lebensart, Sprache u.s.w. Ein kleiner Staat, Rom in seinem Ursprung, oder Athen hätte freilich nicht bestehen können, wenn in seinen Mauern, griechisch, französisch, deutsch russisch, kamtschadalisch, kirgisisch u.s.w. in 30erlei Sprachen gesprochen worden wäre, oder wenn zugleich so [viele] Sitten, unter ihren Bürgern geherrscht hätten, als die Sitten von russischem Hofadel von reichen Bürgern, von Kosaken u.s.w. oder nur so verschiedene Sitten, als in jeder grossen Stadt in den Abstuffungen der Stände vorhanden sind.

Die gänzliche Verschiedenheit der Sprache, der Dialekte, die gewöhnlich die Verschiedenen mehr gegeneinander reitzt als völlige Unverständlichkeit

| *dennoch war Deutschland ...*

dennoch war Deutschland ursprünglich ein Staat, und sollte ein Staat bleiben, seine Mitglieder zu Einem Zwek der Vertheidigung des Ganzen zusammenwirken; ungeachtet die Staatsgewalt durchaus PrivatEigenthum der einzelnen Stände geworden ist, ist doch die Foderung vorhanden, daß sie eine Staatsmacht zusammenbilden; aber damit diß geschehe muß der Staat Zwangsrecht über seine Mitglieder haben, und hiezu Macht, aber die Macht hat er nicht, und somit kan der Staat sie nicht zwingen, einen Staat auszumachen, und so ist kein Staat vorhanden; das Problem war also aufzulösen, wie Deutschland als Staat, der keine eigenthümliche Macht hätte bestehen, wie es ohne ein Staat zu seyn, ein Staat seyn sollte. Die Macht Deutschlands ist nicht eine Macht des Staats, sondern der einzelnen, und ein Ganzes ein Staat soll dadurch vorhanden seyn, daß die Einzelnen ihre Macht dem Ganzen leihen. Weil das Ganze wenn es eine Macht hat, nur eine geliehene Macht hat, so kan es diejenigen, die ihm die Macht leihen, nicht zwingen, sie ihm zu leihen; das Verhältniß der Theile unter sich und zum Ganzen, weil die Staatsmacht ihr Privateigenthum ist, [ist] ein Rechtsverhältniß und wenn hiezu eine richterliche Gewalt des Staats organisirt ist, so fehlt dieser Rechtspflege der Nerv ihre Aussprüche geltend zu machen, praktische Menschen müssen sie als eine bloß idealische Einrichtung ansehen. |

Der Zusammenhang der einzelnen Glieder des unorganischen Körpers, das Reichsband beruht auf der oberstrichterlichen Gewalt des Staats, und wenn die Nichtigkeit derselben schon im Mangel der Macht liegt, so ist sie doch noch besonders zu betrachten.

Als ein Hauptzug tritt in die Beschaffenheit dieser richterlichen Gewalt der Umstand, daß dasjenige was als Staatsgewalt betrachtet werden muß, wenn Deutschland als ein Staat angesehen werden soll, Privateigenthum der einzelnen

Theile ist. In der reichsrichterlichen Gewalt ist nemlich bürgerliche Rechtspflege, und jene Rechtspflege über die vereinzelnte Staatsgewalt vereinigt; Staatsrecht und Privatrecht ist derselben Gerichtsbarkeit unterworfen, die Reichsgerichte sind die obersten Appellationsgerichte für bürgerliche Rechtshändel, und für Staatsrechte, der Umfang ihrer richterlichen Gewalt in letzterer Rüksicht wird durch die Austrägalinstanzen gemindert, einer Art von noch eingeschränkterer Art der Rechtspflege, welche Staatsrechte noch in einem höheren Grad als PrivatSachen behandelt.

Diese Verbindung einer bürgerlichen und StaatsRechtspflege hat im allgemeinen schon die Wirkung die Geschäffte der bestehenden Reichsgerichte so zu vergrössern, daß sie unvermögend sind, die Menge der vorkommenden Geschäffte zu besorgen; es ist von Kaiser und Reich und dem Reichskammergericht selbst anerkannt, daß das Reichskammergericht noch weniger im Stand ist, als der Reichshofrath der Menge seiner Geschäffte gewachsen ist. Kein Übel scheint einer leichtern Abhülfe fähig zu seyn; man denkt sich das Mittel sehr einfach, wenn auch nicht mehrere unabhängige Gerichte errichtet werden sollen

| *Die Fortpflanzung dieses kriegerischen Talents ...*

Die Fortpflanzung dieses kriegerischen Talents selbst beweißt, daß diese Schaaren von Bewaffneten nicht müssig sind. Seit Jahrhunderten wird kein bedeutender Krieg unter den europäischen Mächten geführt, worin nicht deutsche Tapferkeit sich wenn nicht Lorbeern, immer Ehre erwirbt, worin nicht Ströme deutschen Blutes flössen.

Bei der Menge seiner Bewohner den kriegerischen Talenten derselben, der Bereitwilligkeit ihrer Herrn, ihr Blut zu vergiessen, bei seinem Reichthum an den todten so wie an den lebendigen Erfordernissen des Krieges – ist kein Land wehrloser, keines unfähiger nicht zu erobern, nur sich zu vertheidigen als Deutschland. Nicht einmal die Versuche der Vertheidigung, das blosse Streben, ist bedeutend noch ehrenvoll.

Die Kriegsmacht besteht bekanntlich aus dem Militär der grössern und kleinern Stände. Was das letztere betrifft, so können diese Armeen, Heere, Truppenkorps oder wie man sie nennen will, gewöhnlich nicht mehr als Policey und Parade=Soldaten seyn, nicht Krieger, die nicht höhers kennen als den Ruhm ihres Heeres und Dienstes. Der militärische Geist, der das Herz jeden Kriegers eines grossen Heeres bei dem Wort: unsre Armee hebt, dieser Stolz auf seinen Stand und Dienst, die Seele eines Heeres, kan in der Stadtwache einer Reichsstadt, der Leibgarde eines Abtes nicht gedeihen. Die Art von Achtung, welche der Anblik der Uniform grosser Heere für das noch unbekannte Individuum erwekt, das sie trägt, kan der Uniform einer Reichsstadt nicht zu Theil werden. Ich bin 20, 30 Jahre in diesem Dienste gewesen, in dem Munde des bravsten Soldaten eines kleinen Reichsstandes führt eine ganz andere Empfindung und Wirkung mit sich, als in dem Munde eines Officiers eines grossen Heeres; denn das Selbstgefühl des Mannes, und die | Achtung anderer vor ihm wächst mit der Grösse des Ganzen, dem er angehört er nimmt an dem Ruhme Theil, den Jahrhunderte auf dasselbe gehaüfft haben.

Die Unbedeutenheit der vereinzelten kleinen Militärkorps durch ihre geringe Anzahl braucht durch Ungeschiklichkeit und andere ungünstige Einrichtungen nicht noch vermehrt zu werden. Es muß sehr grosse Nachtheile haben, daß beim Ausbruche eines Krieges die kleinern Stände erst ihre Soldaten werben, oft die Officiere izt erst anstellen, also ungeübte Leute ins Feld schikken, daß ein Stand den Trommler, der andere die Trommeln zu liefern hat u.s.w. daß wegen der Menge von Ständen, die Kontingente zusammenschikken, Ungleichheit in den Waffen, dem Exercitium u.s.w. Unbekanntschafft der Gemeinen mit den Officieren statt findet, – daß jeder Stand eigentlich selbst für die Verproviantirung selbst zu sorgen das Recht hat, also die gröste Unordnung im Dienst und eine hindernde Oberladung an Civilpersonen und Troß, ausser den unnöthigen Kosten herrschte; nach der rechtlichen Theorie gehören zu einem detachirten Piquet von zwanzig Mann verschiedener Stände eigentlich zwanzig eigne Proviantcommis, Bekker u.s.w. Daß die Reichsmatrikel etliche hundert Jahre alt ist, also dem jetzigen Verhältnisse der Grösse und Macht der Stände nicht mehr entspricht, und also Unzufriedenheit, Klagen, und ewige Rükstände veranlaßt, daß in ihr Landschafften vorkommen, deren geographische Lage nicht einmahl mehr auszumitteln ist, und hundert andere Umstände sind zu bekannt, um nicht, wenn man sie anführt, langweilig zu seyn.

Wenn nun schon die Unbedeutenheit des Militärs der kleinen Stände da verschwindet, wenn sie sich versammeln und in eine Reichsarmee konkresciren, so setzen die erwähnten und unzählige andere Nachtheile die Brauchbarkeit dieses Heeres im Kriege unter alle Armeen des übrigen Europa's, die türkische selbst nicht | ausgenommen, und schon der Nahme einer Reichsarmee hatte sonst ein besonderes Unglük. Wie der Nahmen anderer auch fremder Armeen, den Gedanken der Tapferkeit und Furchtbarkeit erwekt, so heiterte eher der Nahmen der Reichsarmee der in einer deutschen Gesellschafft ausgesprochen wird, jedes

Gesicht auf, erwekte alle nach Stand und Gebühr witzigen Launen, und jeder griff in den Beutel seiner Anekdoten über sie, um etwas zum Besten zu geben. Und wenn man die deutsche Nation zu ernsthaft und des komischen unfähig findet, so vergißt man die Farcen der Reichskriege, die freilich auch mit aller möglichen Ernsthaftigkeit aufgeführt werden. Während die Organisation der Reichsarmee und alle Folgen derselben sich um nichts verbessert haben, hat nur das Gefühl des durch ihre Beschaffenheit bewirkten Unglüks, und der Schande Deutschlands, die allgemeine Sucht, darüber zu spotten vermindert.

Doch würden die nachtheiligen Folgen der Beschaffenheit desjenigen Theils der Reichsarmee grossentheils wegfallen, wenn nur eine wahre Reichsarmee zusammengebracht werden könnte; und hierinn zeigt sich am sichtbarsten die Auflösung Deutschlands in unabhängige Staaten, und sein Aufhören ein Staat zu seyn. Nach den Grundgesetzen und nach der Theorie würde die Reichsarmee ein furchtbares Heer seyn können, aber die Praxis, diß mächtige Princip des deutschen Staatsrechts gibt ganz andere Resultate. Allerdings hat man nur zu offt eine ungeheure Anzahl deutscher Soldaten im Felde gesehen, aber auf welche Art? es versteht sich von selbst, nicht als Reichsarmee, sondern bei innerlichen Kriegen im dreissigjährigen, siebenjährigen, in welchen die Kräffte, die zum gegenseitigen Beystand gebraucht werden sollten sich selbst zerstörten, und Deutschland seine eignen Eingeweide zerfleischte; das was man deutsche Staatsverfassung nennt, vermag nicht nur nicht solche Kriege zu verhüten, sondern sie sind vielmehr, wovon unten die Rede seyn wird, gesetz- und rechtmässig. Desto unbeträchtlicher ist die deutsche Armee, wenn der Feind | eine fremde Macht ist; sie besteht alsdenn gewöhnlich meist, aus den Truppenkorps der mindermächtigen Stände. Die – fünffache – Kontingente von Oesterreich Brandenburg, Hessen, Hannover, Sachsen Bayern und anderer bilden für sich kleine Heere und vereinigt würden sie eine an sich furchtbare Armee ausmachen, und die Ungeschiklichkeit der damit vereinigten kleinern Kontingente verschwinden machen. Allein weil diese grossen Kontingente von etwas ganz anderem als der obersten Staatsgewalt abhängen, so ist ihre Mitwirkung zur Beschützung Deutschlands unzuverlässig. Das österreichische Kontingent kan hierunter nicht begriffen werden, denn der Kaiser ist wegen der Schwäche oder Unzuverlässigkeit der Reichsarmee genöthigt den Krieg als Monarch anderer Königreiche mit weit grössern Anstrengungen, als seine ständischen Obliegenheiten gegen das Reich erfoderten, zu führen, und Deutschland den Umfang seiner anderweitigen Macht geniessen zu lassen. Bei den übrigen Kontingenten aber kommen die reichsständischen Pflichten und die Sorge für das eigne Land des Standes oder sonstige eigenthümliche dem Interesse Deutschlands fremde Interesse in Kollision; hiernach kan es dann geschehen, daß nach seiner eigenen Absicht, ohne Rüksicht auf die reichsständischen Pflichten der eine Stand gar kein Kontingent stellt, der andere wenn er es auch gestellt hat während des noch fortdauernden Kriegs Frieden oder NeutralitätsVerträge mit dem Reichsfeinde eingeht mitten in den kritischsten Lagen sich zurükzieht, und den angegriffenen Mitstand seiner eigenen Schwäche, und der verwüstenden Übermacht des Feindes überläßt. Wenn die Reichsgesetze den Ständen das Recht geben, mit | auswärtigen Mächten Bündnisse zu schliessen, und also eine Wahl zwischen ihnen und Deutschland zu haben, und die gesetzliche Klausel, insofern solche Bündnisse den Pflichten gegen Kaiser und Reich nicht widersprechen, durch einen Hauptgrundsatz der deutschen Gesetze, zweydeutig oder völlig eliminirt worden ist, und ständische Reichstagsvota also dahin gehen können, daß ihnen ihre sonstigen Verbindungen nicht erlauben, an der Aufstellung eines Reichskontingents und der Bezahlung der Beiträge zu dem Kriege Theil zu nehmen, so bewirkt dieses Verhältniß einen Zustand von Hülflosigkeit für andere Stände, und diese Wirkung wird wieder selbst Ursache, die Schwäche des Reichs zu vergrössern. Weil nemlich Deutschland sich keine Verfassung geben will, die es in Stand setzte, seine Glieder gegen auswärtige Feinde zu schützen, so ist der Stand der in Gefahr ist, völlig in Naturzustand versetzt, nicht nur berechtigt, sondern durch die Rüksicht seiner Selbsterhaltung verpflichtet, für sich so gut er kan zu sorgen; es wäre höchst unnatürlich und ungereimt, zu fordern, daß er sich auf einen Schutz verlassen soll, der weltkündig nicht zu schützen vermag, und durch das Recht, Bündnisse zu schliessen, gesetzlich und rechtlich verweigert wird. Es wird den Schwächern nothwendig, sich unter den Schutz auswärtiger Mächte, die für sich ganz unabhängig Krieg und Frieden machen können, zu begeben, und sich von ihnen Neutralität und Schutz garantiren zu lassen, was um so mehr angeht, da solche auswärtigen Mächte zugleich Mitstände des Reichs sind, aber bei der Unabhängigkeit und Eigenthümlichkeit ihrer Interesse eigentlich nur diesen Namen haben, und somit durch ihre Unthätigkeit wieder neuen Vortheil ziehen. Dieser gewährte Schutz ist um so unverfänglicher weil er ursprünglich nur einen bestimmten Gegenstand betrifft, und also seinem Wesen nach temporär scheint, also keine Schutzherrlichkeit heißt, und auch deßwegen nicht so genannt wird, weil in neuern Zeiten solche Nahmen vermieden, und gern jedem Staate der Titel eines unabhängigen Staates gelassen wird, wie sich auch die französische Republik in ihren Verträgen mit der batavischen und cisalpinischen Republik nicht Schutzherrn genannt hat, und wenn | die Artikel solcher Verträge stipuliren, daß sie in diese Staaten Heere als Garnisonen legt, und dafür jährliche Summen bezieht, welche nicht Schutzgelder heissen, so enthält immer der erste Artikel einer solchen Übereinkunft die Anerkennung der Unabhängigkeit eines solchen Staates.

Sind nun mehrere grosse Kontingente zusammengetreten, so stört das Unstäte ihrer Verhältnisse die gemeinschafftliche Wirksamkeit. Es findet über diese Truppenkorps nicht die freye Disposition statt, die zur Sicherheit der Ausführung der Kriegsplane nothwendig, und der Plan eines Feldzugs oder vielleicht einzelner Operationen erfodert zur That nicht sowohl Ordres an die Truppen, als vielmehr Negociationen. Es kan nicht fehlen, daß nicht auch die Berechnung eintritt, ob ein Korps eines einzelnen Standes zu viel gebraucht, andere dagegen geschont, und die Gleichheit des Rechts verletzt werde. Wenn die Möglichkeit, daß ein solches Kontingent in den wichtigsten [Momenten] vielleicht zurükgezogen wird, noch in Betracht kommt, und die Eifersucht der verschiedenen Korps, die sich als verschiedene Nationen ansehen, so tragen alle diese Umstände bey, daß eine auch der Zahl und dem Gehalt nach ansehnliche Reichsarmee keine verhältnißmässige Wirkung hervorbringen kan.

Die kriegerische Schwäche Deutschlands wird daher nicht eine Folge der Feigheit oder der militärischen Untauglichkeit seiner Bewohner geachtet, es hält sie niemand weder für unkriegerisch noch unbekannt mit den Geschiklichkeiten, die in neuern Zeiten zum Siege soviel als Tapferkeit beytragen. Wenn bei jeder Gelegenheit die Reichskontingente die grössten Beweise von Muth gegeben und sich ihres deutschen Nahmens und ihrer Ahnen würdig gezeigt haben, so ist die Anordnung des Ganzen und die allgemeine Trennung Schuld daran, daß in jenen Thaten kein Seegen ist, und die Anstrengungen und Aufopferungen der einzelnen Menschen und Korps fruchtlos verloren gehen. |

Die Finanzen sind in neuern Zeiten ein hauptsächlicher Theil der Staatsmacht geworden, weil alle europäischen Staaten sich mehr oder weniger von der Lehensverfassung entfernt haben; da aber Deutschlands politische Verhältnisse in Rüksicht auf das was man Verfassung nennt, ein altes Erbstük sind, und jede Veränderung derselben nur eine Verminderung war, so hat Deutschland keine Finanzen zu erben gehabt; oder dasjenige verloren, was je so heissen konnte; von den Einkünften des deutschen Reichs, dem Verhältniß derselben zu den Ausgaben, der Art, die nothwendigen Summen aufzutreiben, StaatsKredit, Staatsschulden, kan nicht die Rede seyn, diese so ungeheuer wichtigen

Rüksichten, die in andern Staaten den Aufwand der grösten Talente erfodern, worin Fehler die fürchterlichsten Folgen haben können, alle diese Sorgen plagen Deutschland nicht.

In der alten reinen Lehensverfassung hatte dasjenige, was itzt zur Bestreitung der Staatsausgaben die Form von allgemeinen Auflagen hat, mehr die Form von eigenthümlichem Besitz und Rechten des obersten Lehensherr, der aus seinen Domänen den Aufwand für die Führung der Oberherrlichkeit Verwaltung, Rechtspflege, Gesandtschafften u.s.w. bestritt; – die wenigen Fälle Gefangenschafft des obersten Lehensherr, Ausstattung der Prinzen u.s.w., in welchen eine eigentliche Auflage gemacht wurde, kommen hier nicht in Betracht. Den Aufwand für den Krieg hatte jeder Vasall selbst zu bestreiten. Man hat in neuern Zeiten das andere Extrem dieser Finanzlosigkeit nemlich jede Ausgabe, die ein öffentliches Amt bis auf den geringsten Dorfrichter (juge de paix) und Häscher und weiter herab [erfodert] als Abgabe zuerst an die oberste Staatsgewalt gelangen und als Staats|ausgabe wieder zurük in die kleinsten Zweige des öffentlichen Dienstes, durch alle Mittelglieder von Gesetzen, Dekreten und Verrechnungen fliessen gesehen.

In Deutschland findet nicht nur diese überflüssige Einmischung des Staats in jede kleine öffentliche Kosten nicht statt, die unmittelbaren Stände sogar auch die Landstädte in ihnen, Dörfer sorgen unter der allgemeinen Aufsicht aber nicht nach Befehlen des Staats meist selbst für den Theil der Finanzen, der sie unmittelbar selbst betrifft – sondern weil Deutschland in eine Menge unabhängiger Staaten zerfallen ist, so kan es auch nicht eigentliche allgemeine Finanzen geben. Dieser Mangel an Finanzen würde wie oben gezeigt ist, für sich nicht hindern, daß Deutschland nicht ein Staat wäre, wenn nur insofern, als in neuern Zeiten zur gemeinschafftlichen Vertheidigung durch eine Kriegsmacht, Finanzeinrichtungen nothwendig sind, [solche] vorhanden wären.

Die Kammersteuern welche von den Ständen zur Erhaltung des Kammergerichts entrichtet werden machen eigentlich allein die ordentlichen Finanzen Deutschlands aus; sie sind demnach sehr einfach, und kein Pitt ist erforderlich, sie zu dirigiren; selbst wegen dieser Kammerzieler wird geklagt, daß sie offt schlecht eingehen, Brandenburg bezahlt die Erhöhung nicht, die vor mehrern Jahren dekretirt worden war, u.s.w. Die regelmässigen Kosten des andern obersten Reichsgerichts des Reichshofraths werden ohnehin vom Kaiser getragen und in neuern Zeiten ist der Anfang gemacht worden, durch Verkauff von heimgefallnen Reichslehen | einen Fond hiezu zu gründen. – Die Rechtspflege hat ohnehin auf die Staatsmacht keine unmittelbare Beziehung, und inwiefern diese Rechtspflege sich zugleich auch auf die Organisation der Staatsmacht, auf die politischen Verhältnisse beziehe, davon wird nachher die Rede seyn. Sowenig zwey Staaten, deren Monarchen zur Schlichtung ihrer Streitigkeiten ehmals zuweilen einen dritten zum Schiedsrichter erwählten, oder überhaupt an dem päbstlichen Stuhle ein gemeinschaftliches Gericht hatten, für Einen Staat zu halten waren, ebenso wenig kan das, was Reichsjustiz heißt, und eine Finanzeinrichtung, die hierauf Beziehung hat, Deutschland zu Einem Staate machen.

Nach dem Grundsatze der Lehensverfassung werden die Kontingente von den Ständen selbst bezahlt und ernährt; was den letztern Punkt betrifft, so hat das dringende Bedürfniß viele Stände veranlaßt, von der Ausübung dieses Rechts nachzulassen, und den vortheilhafften Ausweg zu treffen, mit dem Reichsoberhaupt eine Übereinkunft wegen der gemeinschafftlichen Verpflegung zu treffen; so haben auch kleinere Stände von ihrem Rechte, selbst ihre Soldaten ins Feld zu stellen, keinen Gebrauch gemacht, und mit grössern Ständen sich abgefunden welche für Aufstellung des die kleinern Stände treffenden Quantums von Militär sorgten. Man sieht aber, daß wenn hierin eine Dämmerung zu einer Verwandlung der eigenen Kontingente in Geldbeyträge, zu einem Übergang der gewissermassen persönlichen Leistungen in eine moderne Finanzeinrichtung und damit einer Übertragung der Errichtung und Aufrechthaltung der

Kriegsmacht an das Reichsoberhaupt, durchschiene – daß diß ganze Verhältniß nur kleine Stände betroffen hat, und eine Sache des vorübergehenden Zufalls war.

Zu den Kosten derjenigen Seiten eines modernen Kriegs, welche durch die Stel|lung von Soldaten nicht befriedigt werden, beschliessen die Stände Geldbeiträge unter der Benennung von Römermonaten. Es hat sich nach den Rechnungen dieser der deutschen Reichs=Kriegs=Operations=Kassen=Gelder gezeigt, daß etwa die Hälffte desjenigen eingegangen ist, was beschlossen war; in den letzten Monaten des Kriegs, vor Eröffnung des Rastadter Kongresses gaben die öfentlichen Bekanntmachungen des in der Kasse Vorräthigen die Summe auf 500, den andern Monat auf 300 fl. an u.s.w. und wenn in an dern Staaten der Bestand der Kriegskasse eben nicht monatlich bekannt gemacht wird, so hat diese Bekanntmachung bei Deutschland auf die feindlichen Operationen gegen die ReichsKriegs-Operationen eben keinen Einfluß.

Eine wichtigere Seite aber sind die Grundsätze die hierüber obwalten und zum Vorschein kommen. Es ist nemlich reichsgesetzmässig, daß in Reichssteuersachen überhaupt durch die Majorität der Stimmen die Minorität nicht gebunden ist, mit der Einschränkung nemlich, wenn die Minorität, protestantisch ist. Aber auch ohne diese Einschränkung bezahlt Brandenburg die erhöhten Kammerzieler nicht, weil es überhaupt unausgemacht sey, ob die Majorität verbindende Krafft habe; auch ist oben schon angeführt worden, daß in die von der Majorität in den letzten Zeiten des Kriegs beschlossenen Ausschreibungen von Römermonaten von vielen Ständen wegen anderweitiger Verbindungen sich nicht eingelassen worden ist. Man sieht, daß wenn Deutschland ein Staat wäre, solche Grundsätze durchaus unmöglich seyn würden.

Ehmals gab es auch in Rüksicht auf Finanzen eher eine Staatsmacht; aber diese Einkünfte des Kaisers, Zölle, Abgaben der Reichsstädte wurden allgemein als | Eigenthum des Kaisers betrachtet, jene Zeiten waren durchaus vom Begriff eines Allgemeinen, eines Staats, einer Macht desselben entfernt. Die Kaiser verkaufften und was noch unbegreifflicher die Stände kaufften oder nahmen sie zum – späterhin unablößlich gemachten – Pfande; so wie auch die unmittelbare Staatsgewalt gekaufft oder zum Pfand genommen wurde. Ein stärkerer Zug von Barbarei eines Volkes ist nicht aufzutreiben.

Es ist jedoch nicht zu leugnen, daß nicht das Bedürfniß, Finanzen für Deutschland zu erschaffen von Zeit zu Zeit gefühlt worden ist, und Vorschläge gethan worden sind, die Geldquellen des Reichs zu vermehren. Weil zugleich die Stände nicht gesonnen waren, diese Geldmacht durch Gesetze zu Beyträgen zu bewerkstelligen, so müßte beydes vereinigt werden, einen bleibenden Fonds für den Staat zu finden, und die Stände nicht zu beschweren. Weil der letztere Umstand in der Gesinnung hauptsächlich hervorsticht, so ist nicht zu zweifeln, daß einer, der den Wunsch thäte, ein Goldberg möchte in Deutschland aufwachsen, von dem jeder Dukaten, der nicht fürs Reich verwendet würde, sogleich als Wasser verlauffen sollte, daß ein solcher Wünschender für den grösten deutschen Patrioten, der je existirte, von einer Menge ehrlicher Reichsbürger angesehen würde, weil sie im ersten Moment das Gefühl daß sie hiemit nichts zu bezahlen hätten, vor der Besinnung haben würden, daß durch einen solchen Wunsch kein Pfennig in die Reichskasse kommt. Hievon abgesehen, so haben dagegen ältere Reichstage in Beziehung auf das Bedürfniß eines solchen Fonds keine ideale Quellen, sondern ohne daß ein einzelner Stand von seinem Interesse etwas aufzuopfern hätte, wahre Realitäten, | wirkliche Länder, zur Bestreitung der reichsangelegenheitlichen Unkosten, wie jene Jäger einen reellen Bären zur Bezahlung ihrer Zeche, bestimmt. Vor mehrern hundert Jahren wurde nemlich ein Gesetz gemacht, daß zu Errichtung eines Reichsfonds alle diejenigen Länder bestimmt werden sollen, welche in fremder Nationen [Hände] gerathen sind, wenn sie das deutsche Reich wieder an sich bringt. Somit kan der Verlust des linken

Rheinufers von einer tröstlichern Seite angesehen werden, nemlich als eine Möglichkeit zur Gründung eines solchen Fonds.

Wenn solche zu ihrer Zeit gründlichere Gedanken auch nicht vergessen wären und der deutsche Charakter sanguinisch genug seyn sollte, um bei dem jetzigen politischen Zustande Europas[1] und Deutschlands auf solche Hoffnungen eine Hoffnung zu setzen, so könnten sie doch bei der Erwägung ob Deutschland die Art der Macht, die jetzt zum Wesen eines Staats gehört, eine Geldmacht besitze nicht in Betracht kommen.

Ehedem kam auch öffters ein Fall vor, in welchem einzelne Stände für [das] Allgemeine Unkosten und Mühe hatten nemlich bei Exekutionen von Achterklärungen oder andern reichsgerichtlichen Bescheiden; wenn sie wirklich in Gang gebracht wurden so fielen die Kosten der unterliegenden Parthei zur Last, natürlich mußte die Parthei nicht bloß im Recht, sondern auch im Krieg unterlegen seyn; denn das Reichsexekutionsheer des siebenjährigen Kriegs erhielt für seine Mühe von dem Stande, gegen welchen es gerichtet war, keinen Schadenersatz. In ältern Zeiten gab es einen mächtigen Sporn eine Achtserklärung wirklich zu exequiren, der exequirende Theil behielt, ohne weiteres Recht daran, zur Entschädigung für seinen Aufwand die Länder oder einen grossen Theil der Länder des exequirten Standes. Auf diese Art kamen die Schwyzer in den Besitz des größten Theils der | ursprünglichen Länder des Habspurgischen Hauses; Bayern in den Besitz von Donauwerth u.s.w.

Um dieses Mangels willen, sowohl an Kriegs- als an Geldmacht kan Deutschland nicht[2] als Staat angesehen werden, es ist unvermögend sich zu vertheidigen,

1 *Daneben am Rande:* Exekutionskosten
2 *Daneben am Rande:* Folgen hievon s. II:

| *kan, wodurch die Freyheit ...*

kan, wodurch die Freyheit der richterlichen Gewalt gefährdet wird. Aber die Rechtspflege tritt ganz aus ihrer Natur wenn Staatsgewalt ihr Gegenstand werden soll, weil hiemit sie, die wesentlich nur ein Theil des Staats ist, hiemit über das Ganze gesetzt würde, in dessen Willkühr es steht sich dem Theile zu unterwerfen oder nicht, und das Ganze ist da wo die Macht ist; denn die Macht ist die Vereinigung der Einzelnen. So lange die Gewalten nicht so organisirt sind daß auf der Seite dessen was Rechtspflege heißt, zugleich auch die Macht ist, so ist diese Rechtspflege etwas rein theoretisches; und sie kan sowohl in Rüksicht geringerer streitiger Verhältnisse der Stände untereinander durch die eigentlichen Reichsgerichte, als in Rüksicht der bedeutendern und der sich auf die Obliegenheiten gegen das Ganze beziehenden durch den Reichstag nicht in Ausübung übergehen. Den Widerspruch der darin liegt, daß Staatsgewalt als PrivatEigenthum angesehen und behandelt werden soll, zu lösen, haben sich Jahrhunderte vergeblich angestrengt. Der schönen Theorie, daß [bei] vorfallenden Streitigkeiten nicht durch Gewalt der Waffen, denn Gewalt könne ja über Recht nicht entscheiden, sondern durch Urtheil und Recht ent|schieden werden sollte, ist die Praxis ungetreu geworden, und der Natur gefolgt, und die Verhältnisse der mächtigern Stände des Reichs untereinander und zum Reich sind aus der Sphäre des Rechts durch die Nothwendigkeit der Sache in die Sphäre der Politik versetzt worden. Grosse Stände, die zugleich Monarchen anderer Staaten sind, sind ohnediß in einem andern Verhältniß gegeneinander, und in Bezug auf Krieg und Frieden nicht unter dem Gesetze des Landfriedens; kleinere Stände sollen sich nach demselben zwar nicht bekriegen, allein durch das Recht des Bündnisses mit auswärtigen Mächten, sind sie, nur durch einen Umweg, in ebendiß Verhältniß gesetzt, und als Bundesgenosse eines fremden Staates hat z. B. ein Bischoff von Münster im vorigen Jahrhundert die ReichsStadt Münster erobert, und in eine Landstadt verwandelt. Auch sind [Dinge] von grösserer Wichtigkeit, der Besitz von Ländern u.s.w. durch die Wahlkapitulation und sonst förmlich zu Gegenständen der Politik gemacht worden, es soll über solche Gegenstände nicht durch die Reichsgerichte und die obristrichterliche Gewalt, sondern durch gütlichen Vergleich der Stände unter sich entschieden werden; und wenn es durch gütlichen Vergleich nicht geschehen kan, so geschieht es nothwendig durch Krieg. Die Jülich=Bergische Successions=Sache ist so wenig auf dem Wege Rechtens entschieden worden, daß sie vielmehr den dreissigjährigen Krieg veranlaßt hat; so haben in der Bayerischen SuccessionsSache in neuern Zeiten nicht Reichsgerichte sondern Kanonen und Politik gesprochen. Auch in Sachen, die minder mächtige Stände betreffen ist es nicht die Reichsjustiz die den entscheidenden Spruch thut, es ist bekannt, daß in den SuccessionsStreitigkeiten der Sächsischen Haüser wegen der Länder der erloschenen Linien, von Koburg Eisenberg und Römhild 206 Reichshofrathsconclusa ergangen sind, und die wichtigsten Punkte doch durch Vergleiche entschieden worden sind. Ebenso hat man gesehen, daß in der Lütticher Sache nicht nur das Reichskammergericht den Urtheilsspruch gethan, und auf Exekution erkannt, und mehrere Stände dazu evocirt, sondern daß auch diese | Stände wirklich diese Obliegenheit erfüllten, allein nicht sobald war dieser Anfang gemacht, als der mächtigste Stand unter den Exekutoren sich nicht begnügte, blosser Exekutor von reichskammergerichtlichen Sprüchen zu seyn, sondern nach eigner guter Absicht zu Werk ging, und die Sache aus dem gerichtlichen Weg in den politischen spielte, und als diß nicht durchging, auch die Exekutions=Rolle aufgab; wenn in einer solchen delikaten Lage eines Mißverständnisses zwischen Fürst und Unterthan eine Vermittlung wünschenswerth seyn kan, so wird hingegen, wenn gerichtliche Aussprüche ergangen sind, dadurch daß an die Stelle der Exekution noch eine Vermittlung gesetzt werden soll, der ganze Standpunkt des Moments, zu dem die Sache gediehen ist, und durch eine scheinbar gute Wirkung für den Augenblik das wesentliche Princip der Verfassung verrükt, oder vielmehr es offenbahrt sich bei solchen Gelegenheiten, daß es schon vorher längst verrükt war.

Es scheint hierüber ein Unterschied gemacht werden zu müssen; es ist zu offenbar, daß die Verhältnisse der mächtigen Stände gegeneinander durch Politik entschieden werden, dagegen aber scheinen die kleinern Stände ihre Existenz schlechterdings dem rechtlichen Reichsverband zu danken zu haben. Es ist keine Reichsstadt die sich für sich fähig hielte, ihren benachbarten grossen Mitständen Widerstand leisten zu können, so wenig als ein Reichsritter seine Unmittelbarkeit gegen einen Fürsten weder durch sich selbst behaupten zu können glaubt, noch auch durch die Verbindung mit dem übrigen Korps der Reichsritterschafft, die Sache spricht für sich selbst, und es ist überflüssig das Schiksal der Reichsritterschafft in Franken anzuführen; ein Versuch und noch weniger das Gelingen eines Versuchs, wie der des Franz von Sikkingen ein Churfürstenthum zu erobern, gehört nicht mehr unter die möglichen Dinge jetziger Zeit; so wie Associationen von Reichsstädten oder Äbten nicht mehr das leisten könnten, was sie ehedem vermochten. Wenn die | Macht der einzelnen Stände auch nicht ihre Macht, wenn sie sich verbinden es nun nicht ist, was sie erhält, so scheinen sie nichts anderm als dem Reichsverband und der durch den Landfrieden zu Stande gekommenen rechtlichen Verfassung, ihre Existenz als unmittelbare, und gewissermassen abhängige Staaten, zu verdanken zu haben. Es ist aber nun die Frage, wodurch denn noch diß sogenannte rechtliche Verhältniß, und damit der Bestand der Ritterschafft, Abteyen, Reichsstädte, Grafen u.s.w. erhalten wird? Offenbar nicht durch seine eigne Macht, denn es ist keine Staatsmacht vorhanden, sondern gleichfalls [durch] die Politik. Wenn man die Politik nicht unmittelbar als die Grundlage der Existenz der mindermächtigen Stände ansieht, so geschieht es nur darum, daß man in dem Räsonnement bei dem Reichsverband das ein Mittelglied ausmacht, als einer Grundlage stehen bleibt, und vergißt, wodurch dieses Reichsverband getragen wird. Staaten wie Lukka, Genua u.s.w. haben sich Jahrhunderte ohne Reichsverband erhalten, bis sie das Schiksal von Pisa, Siena, Arezzo, Verona, Bologna Vicenza etc. etc. kurz man könnte die ganze Geographie der Städte, Fürstenthümer, Grafschafften, u.s.w. Italiens aufzählen – erfuhren; der mächtiger scheinenden Republik, die vorher so viele unabhängige Städte verschlungen hatte, machte die Ankunfft eines Adjutanten ein Ende, der den blossen Befehl des Generals einer fremden Macht überbrachte. Diese Staaten, denen während aus der Loterie des Schiksals die mehrern hundert italienischer souveräner Länder Nieten zogen, die wenigen Treffer einer etwas verlängerten | Unabhängigkeit zugefallen waren, bestanden bloß durch die eifersüchtige Politik der sie begränzenden grössern Staaten, mit deren Macht sie in vorigen Jahrhunderten sich in einen Kampf einlassen konnten, aber ohne aüssern Verlust, ganz unverhältnißmässig schwach gegen sie geworden waren. Aber in dem gleichen Antheil der Beute, in der Gleichheit der Vergrösserung oder Verminderung findet sich die Eifersucht der Politik ebenfalls befriedigt, und in den daraus entspringenden Kombinationen der Interesse sind Staaten wie Venedig, Polen, u.s.w. verlohren.

Die Umänderung des Faustrechts in Politik ist nicht als ein Übergang von Anarchie in eine Verfassung zu betrachten, das wahre Princip hat sich nicht verändert, nur seine Aussenseite; im Zustande vor dem Landfrieden schlug der Beleidigte, oder der Eroberungslustige geradezu drein, in der Politik hingegen wird berechnet, ehe man losschlägt, und um eines kleinen Gewinns willen nicht grosses Interesse auf das Spiel gesetzt, aber wo er sicher gemacht werden zu können scheint, nicht verabsaümt. Weil die Masse der deutschen Staaten keine Macht bildet, kan die Unabhängigkeit ihrer Theile nur solang respektirt werden, als der Vortheil anderer Mächte es erfordert, und höhere Interesse oder auch Rechte der Entschädigung u.s.w. nicht ins Spiel kommen. Was das Interesse betrifft, so konnte z.B. Frankreich als seine Armeen die Hälffte Deutschlands besetzt hatten, so gut als es die unabhängigen Staaten und unmittelbaren Standschafften in den Niederlanden und in den Ländern des linken Rheinufers die nachher im Frieden an Frankreich abgetreten worden sind, aufgehoben hat, auch die Verfassungen der Länder auf dem rechten | Rheinufer aufheben, und wenn diese Zertrümmerung der Unabhängigkeit sovieler Fürstenthümer, Grafschafften, Bißthümer, Abteyen, Reichsstädte, Freyherrschafften auch keinen Bestand haben konnte, diese Länder hiedurch in noch viel grösseres Unglük stürzen, wenn nicht die Politik nemlich die Rüksicht gegen Preussen, und die zu fürchtende Erschwerung des Friedens u.s.w. und schon der Nutzen es abgehalten hätte, den eine einmal feststehende Ordnung zur Eintreibung von[1] Kontributionen hat, welche, nach den französischen officiellen Blättern in geringem Masse in diesen Ländern erhoben worden sind.

Dieser[2] Übergang vom Zustande der offenbaren Gewalt in den Zustand der berechneten Gewalt hat sich natürlich nicht auf einmal gemacht, sondern es ist im Gegentheil durch eine rechtliche Verfassung geschehen. Man konnte nach dem Landfrieden Deutschland allerdings eher als einen

1 *Am Rande mit Einfügungszeichen:* wie die französischen officiellen Blätter man weiß nicht ob im Ernst, oder aus Spott des Elends [schreiben] wenigen

2 *Daneben am Rande:* Von der Lehensverfassung konnte Deutschland in eine rechtliche Verfassung übergehen, oftmals auch nicht und doch ein Staat, innres der Menschen verbindet Religion, veränderte bürgerliche Sitten, Emporhebung der Industrie Handels, Städte, wo jeder für sich sorgt, keinen Blik aufs Ganze, wie der Adel.

Aber hiemit ein andres Band nothwendig, Macht des Staats, wenigstens unvollständigeres, nicht möglich wegen unverhältnißmässiger Vergrösserung einzelner Staaten, fremde Mächte Deutsche Reichsstände, Vielheit Fortgang in Friedensschlüssen, Schweden, England, Preussen, nordische Barbarei des römischen Reich.

Staat ansehen, als heutzutage; durch die Lehensverfassung war die Staatsgewalt in sehr viele Theile zersplittert, aber wegen der Menge der Theile waren einzelne nicht mächtig genug dem Ganzen | sich zu widersetzen. Aber als wenn das Schiksal Deutschland zu einem solchen Zustande schlechterdings nicht bestimmt hätte, überwand es den Überdruß an der Rechtlosigkeit, und den Versuch eines festern Zusammenhangs durch den Landfrieden bald durch das tiefere Interesse der Religion, das die Völker auf ewig entzweyte. Unter allen Stürmen des ungesetzlichen Zustandes der Fehdezeiten, sowohl in Rüksicht der Stände gegen einander, als gegen das Allgemeine bestand ein gewisser Zusammenhang des Ganzen. Wenn die Erfüllung der Obliegenheiten nicht nur von dem freyen Willen der Stände im Allgemeinen, sondern von dem Willen der Einzelnen abzuhängen und der gesetzliche Zusammenhang sehr schwach schien, so herrschte dagegen ein innerer Zusammenhang der Gemüther; bei der Gleichheit der Religion, und weil der noch nicht emporgestiegene Bürgerstand die grosse Mannichfaltigkeit nicht ins Ganze gebracht hatte, konnten Fürsten, Grafen und Herrn sich einander näher und eher als ein Ganzes betrachten, und demnach als ein Ganzes handeln. Es war keine den Einzelnen entgegengesetzte und von ihnen unabhängige Staatsmacht vorhanden, wie in den modernen Staaten; die Staatsmacht und die Macht und der freye Willen der Einzelnen war Eins und dasselbe. Aber diese Einzelne hatten eher den Willen, sich und ihre Macht in einen Staat zusammen bestehen zu lassen. Als aber durch das Emporkommen der Reichsstädte der bürgerliche Sinn, der[1] nur für ein Einzelnes ohne Selbstständigkeit und ohne Blik auf das Ganze sorgt, eine Macht zu werden anfing, hätte diese Vereinzelung der Gemüther ein allgemeineres positiveres Band erfodert, und als Deutschland durch den Fortgang der Bildung und Industrie nunmehr an den Scheideweg gestossen war, entweder

1 *Daneben am Rande:* der fürstlicher und adeliger freyer der Noth des Erwerbs nicht unterworfne Sinn

sich dazu zu entschliessen, einem Allgemeinen zu gehorchen, oder die | Verbindung vollends zu zerreissen, trug der ursprüngliche deutsche Charakter, auf dem freyen Willen des Einzelnen zu beharren und sich der Unterwürfigkeit unter ein Allgemeines zu widersetzen, den Sieg davon, und bestimmte Deutschlands Schiksal seiner alten Natur gemäß. Im Verlauf der Zeit hatten sich grosse Massen von Staaten und die Herrschafft des Handels= und Gewerbreichthums gebildet, die Unbändigkeit des deutschen Charakters konnte nicht unmittelbar die Bildung selbstständiger Staaten betreiben, die alte freye Krafft des Adels sich den entstandenen Massen nicht widersetzen, vorzüglich bedurfte der Ansehen und politische Bedeutsamkeit gewinnende Bürgergeist einer Art von innerer und aüsserer Legitimation; der deutsche Charakter warf sich auf das innerste des Menschen, Religion und Gewissen, befestigte von hier aus die Vereinzelung und die Trennung des Aüssern, als Staaten erschien nur als eine Folge hievon.

Der ursprüngliche nie gebändigte Charakter der deutschen Nation bestimmte die eiserne Nothwendigkeit ihres Schiksals, innerhalb der von diesem Schiksal gegebenen Sphäre treiben Politik, Religion, Noth, Tugend, Gewalt, Vernunft, List und alle Mächte, welche das menschliche Geschlecht bewegen, auf dem weiten Schlachtfelde, das ihnen erlaubt ist, ihr gewaltiges, scheinbar ordnungsloses Spiel; jede beträgt sich als eine absolutfreye und selbstständige Macht, bewußtlos, daß sie alle Werkzeuge in der Hand höherer Mächte, des uranfänglichen Schiksals und der alles besiegenden Zeit sind, die jener Freyheit und Selbstständigkeit lachen. Selbst die Noth, diß gewaltige Wesen hat den deutschen Charakter und sein Schiksal nicht bezwungen, das allgemeine Elend der Religions- und besonders des dreissig-|jährigen Kriegs hat sein Schiksal vielmehr weiter und stärker entwikelt, und ihre Resultate waren eine grössere und konsolidirtere Trennung und Vereinzelung.

Die Religion, statt durch ihre eigne Spaltung sich vom Staate abzusondern, hat vielmehr diese Spaltung in den

Staat hineingetragen, und am meisten beygetragen, den Staat aufzuheben, und sich so in das was Verfassung heißt hineingeflochten, daß sie Bedingung von Staatsrechten ist.

Schon in den besondern Staaten, woraus Deutschland besteht, sind sogar Bürgerrechte an sie geknüpft. An dieser Intoleranz haben [beide] Religionen gleichen Antheil, und keine der andern nichts vorzuwerfen; die österreichischen und brandenburgischen Fürsten haben der reichsgesetzmässigen Intoleranz zum Trotz religiöse Gewissensfreyheit für höher geachtet, als die Barbarei von Rechten.

Die Zerrüttung durch die Trennung der Religion war in Deutschland vorzüglich stark, weil das Staatsband in keinem Lande so lose war, als in diesem, und die herrschende Religion mußte um so erbitterter auf diejenigen seyn, die sich trennten, weil mit der Religion nicht nur das innerste Band der Menschen zerrissen wurde, sondern weil hiemit gewissermassen fast das einzige Band zerrissen war, da hingegen in andern Staaten noch eine Menge Verknüpfungen in ihrer Festigkeit blieben. Weil schon die Gemeinschafft der Religion eine tiefere Gemeinschafft die der physischen Bedürfnisse, des Eigenthums, des Erwerbs hingegen eine niedrigere ist, und die Foderung der Trennung an sich unnatürlicher ist als die Foderung, daß eine bestehende Vereinigung bleibe, so zeigte sich die Katholische Kirche fanatischer, weil ihre Foderung im Allgemeinen auf Verbindung und das heiligste dieser Verbindung ging, und wollte höchstens von Gnade und Duldung nichts vom Recht, d.h. dem Fixiren der Trennung, hören, worauf der Protestantismus drang. Beide Theile vereinigten sich endlich dahin, sich gegenseitig bürgerlich auszuschliessen, und diese Ausschliessung mit aller Pedanterei des Rechts zu umgeben und zu befestigen. Die Erscheinung ist dieselbe, daß in katholischen Ländern den Protestanten, und in Protestantischen den Katholiken Bürgerrechte versagt sind; doch scheint der Grund verschieden; die Katholiken hatten die Stellung von Unterdrükkern, | die Protestanten die der Unterdrükten; die Katholiken [hatten] den Protestanten, als Verbrechern, freye Religionsübung in ihrer Mitte [versagt]; für die Protestanten, wo ihre Kirche die herrschende war, fällt dieser Grund weg, so wie die Besorgniß, unterdrükt zu werden; der Grund der protestantischen Intoleranz konnte nur entweder das Wiedervergeltungsrecht des Hasses und der Intoleranz der Katholiken, – was ein zu unchristliches Motif gewesen wäre, oder ein Mistrauen in die Krafft des eigenen Glaubens und Wahrheit und die Furcht vor der leichten Verführbarkeit durch den Glanz des katholischen Gottesdienstes und den Eifer seiner Anhänger u.s.w. [seyn;] besonders war im vorigen Jahrhundert diese ewige Furcht daß der protestantische Glauben überlistet und überschlichen werden möchte, dieser zionswächterliche Glauben an seine Ohnmacht und Furcht vor der List des Feindes herrschend und die Veranlassung die Gnade bei Gott mit unsäglichen Sicherheitsmaasregeln und Bollwerken von Rechten zu verschanzen.

Dieses Rechtsverhältnis ist mit der grösten Erbitterung behauptet worden, wenn es von Einzelnen der gegenseitigen Parthey als eine Gnadensache vorgestellt wurde; und allerdings ist Gnade einerseits niedriger als Recht, denn das Recht ist bestimmt und das was rechtlich ist, für beyde Theile unwillkührlich gemacht worden, und Gnade ist für das Recht nur Willkühr. Durch diese Festhaltung am reinen blossen Recht ist aber auch der höhere Sinn der Gnade verdunkelt worden; so daß lange sich kein Theil über das Recht erhob, und Gnade vor Recht ergehen ließ. Was Friederich II und Joseph jener gegen die Katholiken, dieser gegen die Protestanten that, war Gnade zuwider den Rechten des Prager und westphälischen Friedens; sie | trifft zusammen mit höhern natürlichen Rechten der Gewissens=Freyheit und der Unabhängigkeit der bürgerlichen Rechte vom Glauben, aber diese höhern Rechte sind im Religions- und Westphälischen Frieden nicht nur nicht anerkannt, sondern ausgeschlossen und ihre Ausschliessung aufs feyerlichste von Protestanten sowohl als Katholiken garantirt, und von diesem Standpunkt ist auf diese garantirten Rechte sowenig zu pochen, daß die Gnade, die verschmäht wird, unendlich höher ist.

Die Religion ist ein noch wichtigerer Bestimmungsgrund des Verhältnisses der einzelnen Theile Deutschlands zum Ganzen; sie hat wohl am meisten beigetragen, die Staatsverbindung zu zerreissen, und diß Zerreissen gesetzlich zu machen. Die Zeiten worin die Religion sich spaltete waren zu ungeschikt, die Kirche vom Staat zu trennen, und der Glaubenstrennung ungeachtet diesen zu erhalten; und die Fürsten konnten keinen bessern Bundgenossen finden um sich der Oberherrschafft des Reichs zu entziehen, als das Gewissen ihrer Unterthanen.

Vermöge der dadurch nach und nach gebildeten Reichsgesetze ist die Religion eines jeden Landes, jeder Reichsstadt gesetzlich bestimmt, das Eine für ein pur katholisches, das andre für ein pur evangelisches, ein drittes für ein paritätisches erklärt; wie wenn nun ein Land den westphälischen Frieden so sehr verletzte aus einer Purität in eine andre Purität oder aus der Parität in die Purität überzugehen?

Ebenso fixirt ist die Religion der Stimmen des Reichstags, des Kammergerichts, des Reichshofraths, der einzelnen Ämter und Bedienungen u.s.w. Unter diesen nach der Religion bestimmten Staatsverhältnissen ist das wichtige die so berühmte itio in partes, das Recht des einen oder des andern Religionstheils sich der Mehrheit der Stimmen nicht zu unterwerfen. Wenn diß Recht auf ReligionsSachen eingeschränkt wäre so versteht sich die Gerechtigkeit und Nothwendigkeit dieses Rechts von selbst, die Trennung wäre unmittelbar für den Staat unschädlich, weil sie nur Gegenstände beträfe, die diesen im Grunde nichts angehen. Allein vermöge der itio in partes ist die Trennung der Minorität von der Majorität in jeder Staatsangelegenheit legitimirt, die mit der Religion gar nichts zu schaffen hat; | über Krieg und Frieden, Stellung einer ReichsArmee, Steuern kurz über alles das wenige, was ältere Zeiten noch als den Schatten eines Ganzen übrig gelassen hatten, ist die Mehrheit der Stimmen gesetzlich nicht entscheidend, sondern auch ohne Wirksamkeit der Politik, kan die Minorität, die eine Religionsparthei formirt, die Aktivität des

Staates hemmen. Es ist zu weit gegangen, wenn man wie einige thun, diß Recht mit dem in einigen der mancherlei französischen Konstitutionen, die seit einem Jahrzehend gemacht worden sind, geheiligten Insurrektionsrechte in Parallele stellt, denn man muß Deutschland als einen schon aufgelösten Staat, und seine Theile, die sich einer Majorität des Ganzen nicht unterwerfen, als unabhängige in sich bestehende Staaten betrachten, deren Trennung, wenn sie nicht zu einem gemeinschafftlichen Schluß gelangen kan, nicht die Auflösung aller gesellschafftlichen Bande, und nicht immer innerliche Kriege zur unausbleiblichen Folge hat.

Indem aber die Religion den Staat vollständig zerrissen hat, hat sie auf eine wunderbare Weise doch zugleich die Ahndung einiger Grundsätze gegeben, worauf ein Staat beruhen kan; indem ihre Spaltung die Menschen in dem innersten Wesen auseinanderriß, und doch noch eine Verbindung bleiben sollte, so muß sie sich über aüssere Dinge, Kriegführen u.s.w. aüsserlich verbinden; eine Verbindung, die das Princip der modernen Staaten ist. Ebendamit daß die wichtigsten Theile des Staatsrechts in die religiöse Spaltung verwebt wurden, sind doch zwey Religionen in den Staat verwebt worden, und damit [daß] alle politische Rechte von zwei oder eigentlich drey Religionen abhängig gemacht [wurden] ist dem Grundsatz der Unabhängigkeit des Staats von der Kirche und der Möglichkeit eines Staats, der Verschiedenheit der Religionen ungeachtet zuwidergehandelt worden, aber in der | That, daß verschiedene Religionen vorhanden sind, und Deutschland ein Staat seyn soll, ist er anerkannt worden.

Wichtiger ist eine andere Trennung, die gleichfalls durch die Religion hervorgebracht worden ist, und der Möglichkeit des Staats noch näher liegt. Ursprünglich beruhten nemlich die Stimmen bei den allgemeinen Berathschlagungen und Beschlüssen auf der vollen Persönlichkeit des Fürsten; sie hatten nur Stimmen, wenn sie in Person erschienen, und der Fürst verschiedener sonst getrennter Länder hatte nur Eine Stimme; ihre Person und ihr Land, die Persönlichkeit und die Eigenschafft der Representation eines Landes erschien nicht getrennt. Durch die religiöse Spaltung trat dieser Unterschied hervor. Auf welche Seite sollte sich eine Stimme halten, wenn der Fürst und sein Land verschiedener Religion waren, und wenn eine Stimme einmal reichsgrundgesetzmässig zu einer Religionsparthei gezählt wurde. Als Staatsmacht sollte er überhaupt auf keiner von beyden Seiten seyn, aber hiezu waren die Zeiten nicht gediehen. Auch hierauf wurde anfangs nicht so reflektirt. Der Fürst des evangelischen Pfalzneuburges der im 17ten Jahrhundert katholisch wurde[1], wurde auf dem Reichstag sowohl als in den Reichsgerichten zu den katholischen Stimmen gezählt, hingegen blieb die Stimme des Churfürsten von Sachsen, der zu Ausgang ebendesselben Jahrhunderts die Religion veränderte, evangelisch, wie es auch bei später erfolgenden Religionsveränderungen, des Fürsten von Hessen, von Wirtemberg der Fall war. Ob gleich schon vorher nur Fürsten, die Land und Leute zu regieren hatten, Sitz und Stimme auf dem Reichstag zukam, also ein Land von dem Begriff eines Stands auf dem Reichstag unzertrennlich schien, so wurde dieser Unterschied zwischen Persönlichkeit des Fürsten und seiner Representation eines Landes auch in Ruksicht auf den allgemeinen deutschen Staat sichtbarer, und umso leichter, wenn innerhalb des Landes sich diese Trennung der Person des Fürsten und seiner Unterthanen durch Landstände schon konstituirt hatte; die Pfalz, die keine Landstände hatte, ging ohne Widerstand zum katholischen Theil | über, und der Kampf der Pfälzer mit ihren katholischen Fürsten wegen ReligionsBeschwerden hat bis auf die neueste Zeit fortgedauert, da hingegen in Hessen und in Wirtemberg, die Trennung durch Landstände schon legal geworden war, auch die Religion des Landes in Ansehung des Verhältnisses zum deutschen Reiche geltend gemacht, und der Persönlichkeit des Fürsten

1 *Daneben am Rande:* der westphälische Frieden zwischen beyden

vorgesetzt [wurde], und dieser somit nicht als Individuum sondern als Representant auf dem Reichstage erscheint. Die Aufmerksamkeit auf diesen Unterschied, welche die Religion veranlaßt hat, hat sich nun auf andere Verschiedenheiten ausgedehnt; und Länder, die unter Einen Fürsten gekommen sind, haben dem Fürsten besondere Stimmen erhalten, und auch hierin ist nicht mehr, wie ehmals da auch der Regent verschiedener Fürstenthümer nur Eine Stimme, oder mehrere Fürsten, unter die ein Fürstenthum getheilt wurde, auch jeder für sich eine Stimme hatte, die Einheit des Individuums, also nicht die Persönlichkeit, sondern seine Eigenschafft, Representant zu seyn, zum Princip gemacht worden.

Aber wie die Nahrung eines gesunden Körpers, von einem kranken Körper gebraucht noch mehr verderben würde, so hat diß wahre und ächte Princip, daß das Land Krafft und Recht der Stimme gibt, in den Zustand des deutschen Reichs gebracht, zu seiner Auflösung um so mehr beigetragen. Als im Verlauf der Zeit die Veränderung der Sitten, der Religion, besonders des Verhältnisses der Stände nach dem Reichthum, eine Trennung in Ansehung des innern durch den Charakter und allgemeine Interesse bestehenden Zusammenhangs bewirkt hatte, waren, um Deutschland, dessen Bewohner aufhörten, ein Volk zu seyn und eine Menge wurden, zu einem Staate zu verbinden aüssere rechtliche Bande nothwendig. Eine Theorie solcher vereinigenden Verhältnisse ist diejenige, worin ein Theil des deutschen Staatsrechts besteht; und die alte Lehensverfassung konnte in eine solche moderne Art des Staates übergehen, nach welcher alle Staaten Europas die in neuern Zeiten | nicht einen Umsturz erfahren haben mehr oder weniger organisirt sind, wenn unter den Vasallen nicht einzelne so übermächtig waren oder werden konnten. Zwar kan auch die Menge schwächerer Vasallen dadurch eine Macht werden, daß sie sich in einen festen Körper gegen den Staat, wie diß in Polen der Fall war, organisirt, und der Glanz allein, der den Römischen Kaiser umgab, hätte ihn nicht mit der hinreichenden Macht dagegen ausgerüstet; allein wenn auch in Deutschland die Minorität den Beschlüssen der Majorität nicht unterworfen ist, so hat theils dieß in der itio in partes gegründete Recht doch immer eine gewisse Einschränkung, theils ist nicht eine einzelne Stimme, sondern nur eine ReligionsParthei fähig die Aktivität des Ganzen zu paralysiren, theils wenn [sich] überhaupt auch der einzelne Stand für sich nicht der Majorität unterworfen glaubt, wie Preussen bei der Verweigerung der erhöhten Kammerzieler den Grundsatz aufgestellt hat, daß es noch unausgemacht sey, ob die Beschlüsse der Majorität in Steuersachen überhaupt verbindlich seyen, – und jeder Stand für sich FriedensSchlüsse und NeutralitätsVerträge eingeht, so sind alle diese Rechte und Verhältnisse später, und es war denkbar, daß wenn der Kaiser, durch die Länder seines Hauses eine hinreichende Staatsmacht gehabt, und die einzelnen Vasallen nicht zu der übermächtigen Grösse anschwellen konnten, die Lehensverfassung Deutschlands den Staat erhalten konnte, und nicht das Princip der Lehens-Verfassung ist es, was die Möglichkeit daß Deutschland ein Staat sey, abgeschnitten hat, sondern die unverhältnißmässige Vergrösserung einzelner Stände hat das Princip der LehensVerfassung selbst, und den Bestand Deutschlands als eines Staats vernichtet. Die Macht dieser einzelnen Staaten hat in Deutschland keine Staatsmacht aufkommen lassen, und die Vergrösserung der|selben sie immer unmöglicher gemacht. Das hartnäkkige Wesen der deutschen Natur auf Selbstständigkeit hat alles dasjenige, was zur Errichtung einer Staatsmacht und zur Verbindung der Gesellschaft in einen Staat dienen möchte, zu einem durchgängig formellen Dinge gemacht, und eben so hartnäkkig an dieser Formalität festgehalten. Diese Hartnäkkigkeit an der Formalität ist nicht anders zu begreifen als daß sie der Widerstand gegen die Realität der Verbindung ist, die durch die Behauptung jenes formellen Wesens abgewendet wird, und diese Unveränderlichkeit der Form wird für Unveränderlichkeit der Sache ausgegeben. Wie die römischen Imperatoren, die der Anarchie der römischen Republik ein Ende machten und das Reich wieder in einen Staat zusammenfaßten, alle aüssern Formen der Republik unversehrt erhielten, so werden zum entgegengesetzten Zwekke in Deutschland alle Zeichen des deutschen Staats=Verbands seit Jahrhunderten gewissenhaft bewahrt, wenn schon die Sache selbst, der Staat verschwunden ist, und er sich zwar nicht in ofene Anarchie sondern in viele abgesonderte Staaten aufgelöst hat. Die Verfassung scheint gar seit den tausend Jahren die seit Karl dem Grossen verflossen sind keine Veränderung erlitten zu haben, wenn der neuerwählte Kaiser noch izt bei der Krönung, die Krone, den Skepter, Apfel sogar die Schuhe, den Rok Karls des Grossen trägt; ein Kaiser neuerer Zeiten ist ja hiemit so sehr als derselbe Kaiser, der Karl der Grosse war, dargestellt, daß er ja sogar noch dessen eigene Kleider trägt. Wenn schon der Markgraf von Brandenburg jezt 200 000 Soldaten hält, so scheint sich sein Verhältniß zum deutschen Reiche gegen damals, da | er nicht 2000 Mann stehender regelmässiger Soldaten hatte, nicht verändert zu haben, weil der Brandenburgische Gesandte jezt bei der Krönung wie sonst, dem Kaiser Haber präsentirt. Dieser deutsche, andern Nationen so lächerliche Aberglauben an die ganz aüssere Formen, an das Ceremoniell, ist sich seiner sehr wohl bewußt, er ist die Erscheinung der ursprünglichen deutschen Natur, mit ungebändigter Zähigkeit an der eigenwilligen Selbstständigkeit zu halten. In der Erhaltung dieser Formen zwingt sich der Deutsche Erhaltung seiner Verfassung zu erblikken; Manifeste, Staatsschrifften führen ebendieselbe Sprache.

Es ist oben von dem Verlust die Rede gewesen, den Deutschland gegen auswärtige Mächte erlitten hat; für Deutschland als Staat aber ist es als Verlust noch mehr in Rechnung zu bringen, wenn fremde Fürsten Besitzer deutscher Reichsländer und damit Mitglieder des deutschen Reichs geworden sind, jede Vergrösserung eines solchen Hauses ist ein grösserer Verlust für Deutschlands Staatsverfassung; sie hat sich nur dadurch erhalten, daß das österreichische Haus, das man das kaiserliche Haus nennen kan, nicht durch das deutsche Reich stark genug gemacht worden ist, jenem Princip der völligen Auflösung noch in etwas zu widerstehen, sondern durch die Macht seiner andern Länder hiezu in Stand gesetzt worden ist. Schon dagegen, daß mehrere deutsche Länder auf die rechtmässigste Art, durch Erbschafft nur Einem Haus sich vereinigen, hat Deutschlands Verfassung keine Garantie, im Gegentheil da die Staatsgewalt durchaus in Rechtsform von Privateigenthum behandelt wird, kan von einem Widersetzen gegen eine solche Vereinigung nicht die Rede seyn, welche sonst in der Politik wichtiger ist, als Familien- | und Privatrechte; Neapel und Sicilien ist von Spanien getrennt worden, das Recht dieser Familie daran anerkannt worden, ebenso ist Toscana getrennt vom kaiserlichen Hause erhalten worden.

So wie das alte römische Reich durch nordische Barbaren zerstört worden ist, so kam auch das Princip der Zerstörung des römischdeutschen Reichs von Norden her. Dänemark, Schweden, England, und vorzüglich Preussen sind die fremden Mächte, welchen ihre Reichsstandschafft zugleich ein getrenntes Interesse vom deutschen Reiche gibt, und zugleich einen konstitutionsmässigen Einfluß in desselben Angelegenheiten ertheilt.

Dänemark hat in dieser Rüksicht in den ersten Jahren des dreissigjahrigen Krieges eine nur vorübergehende und kurze Rolle gespielt.

Der westphälische Frieden hat überhaupt das Princip desjenigen, was man damals deutsche Freiheit hieß, nemlich der Auflösung des Reichs in unabhängige Staaten, konsolidirt, die Menge solcher unabhängiger Staaten, die einzige noch vorhandene Möglichkeit einer Übermacht des Ganzen über die Theile, vermindert, und durch ihre Verschmeltzung in grössere Staaten die Trennung verstärkt; und fremden Mächten eine rechtmässige Einmischung in die innern Angelegenheiten eingeraümt, theils eben dadurch, daß er ihnen theils Reichsländer einraümte, theils sie zu Garanten der Verfassung machte. Man hat zu allen Zeiten die Maasregel, daß eine Parthei in einem innerlich sich bekämpfenden Staate eine fremde Macht zu Hülfe ruft, für die größte Feindseligkeit, und wenn da wo der Staat sich auflöst von Bestrafung noch die Rede seyn könnte, für das gröste Verbrechen gehalten. Bei der tiefsten Zerfleischung eines Staats durch innerliche Kriege, in diesem schreklichsten aller Übel waltet im Haß solcher feindseeligen Elemente, der grösser ist, | als irgend ein Haß noch das Princip, daß sie zusammen doch einen Staat ausmachen sollen; und wenn diese Verbindung selbst durch Tirannei bewirkt werden sollte; so ist doch das heiligste der Menschen, die Foderung der Verbindung geblieben. Aber diejenige Parthei, welche fremde Mächte zu Hülfe ruft, gibt diesen Grundsatz auf, itzt hat sie durch die That die Staatsverbindung aufgehoben, wenn auch ihre wissentliche und wahre Absicht keine andere ist, als gegen Unterdrükkung, deren sie durch eigne Macht nicht fähig ist sich zu erwehren, durch diese fremde Hülfe Schutz zu finden.

Nachdem im dreissigjährigen Kriege der Versuch Dänemarks, der rettende Genius Deutschlands zu werden, mislungen war, und vor Ferdinands Heeren ohne Widerstand und Widerspruch nicht nur dasjenige, was deutsches Staatsrecht heißt, sondern überhaupt alle Gesetze schwiegen, trat der edle Gustav Adolph fast mit Widerwillen der deutschen Stände auf, sein Heldentod auf dem Schlachtfelde ließ ihn seine Rolle, der Retter deutscher Staats= und Gewissensfreyheit zu seyn, nicht vollenden. Gustav schikte eine Erklärung dieser seiner Absicht voraus, ging mit den deutschen Fürsten die bestimmtesten Verträge über die allgemeine Nationalangelegenheit, an deren Spitze er sich aus freyer edler Großmuth stellte ein, schlug die Heere der Unterdrükkung, befreyte die Länder von der Last derselben, und von der noch drükkendern Last der entrissenen religiösen Rechte, sein Lager war eine Kirche, er und sein Heer ging in Anstimmung der feurigsten ReligionsGesänge in die Schlacht, sein für Widerherstellung der Religion und der deutschen Fürsten entrissenen Rechte siegreicher Arm gab dem Pfalzgrafen seine wiedereroberten Erbstaaten nicht zurük, behielt andere Länder in seiner Gewalt, und andere Plane in seinem Kopfe, die sein Tod ihn nicht zur Ausführung bringen und der folgende | Lauf des Kriegs seinen Kanzler nur soweit erfüllen ließ, daß diese fremde Macht im Frieden Vorpommern, und einen Theil von Hinterpommern, das Erzbißthum Bremen, das Bisthum Verden, und die Stadt Wismar erhielt, die nach der Theorie vom deutschen Reiche abhängig blieben, der Praxis nach aber von ihm und seinem Interesse getrennt wurden, so daß Schweden ausser dem politischen Einfluß als Macht, und zwar auch diesen als Garant gesetzlich, auch einen beständigen rechtlichen, als Mitglied des Reichs selbst bekam. So thöricht sind die Menschen, über idealischen Gesichten der uneigennützigen Rettung von Gewissens- und politischer Freyheit, und in der innern Hitze der Begeisterung die Wahrheit, die in der Macht liegt, zu übersehen, und so ein Menschenwerk der Gerechtigkeit, und ersonnene Traüme gegen die höhere Gerechtigkeit der Natur und der Wahrheit sicher zu glauben, welche aber der Noth sich bedient, die Menschen unter ihre Gewalt, aller Überzeugung und Theorie und innern Hitze zum Trotz zu zwingen. Diese Gerechtigkeit, daß eine fremde Macht, die ein schwacher Staat an seinen innern Angelegenheiten Theil nehmen läßt, zu Besitz in demselben gelange, hat sich im westphälischen Frieden auch in Rüksicht auf das Herzogthum nachmahlige Königreich Preussen geaüssert; dieser Herzog hat das Erzbißthum Magdeburg, die Bißthümer Halber stadt, Kamin und Minden erhalten. Wäre das Haus Brandenburg, wie das Haus, das izt in die herzogliche Würde von Pommern u.s.w. trat, auch nicht zugleich eine auswärtige fremde Macht gewesen, so hätte die Verminderung der Anzahl deutscher Stände und ihre Verschmelzung in eine, wenn auch ganz einheimische Macht die Wirkung gehabt, die Macht des allgemeinen zu mindern, weil die vorhin kleinern Theile nunmehr eine Macht bilden, die der Macht des Ganzen sich zu widersetzen fähig ist. |

Schweden verlor durch die Friedensschlüsse, die es nach dem Tode Karls des XII mit Hannover, Preussen, Dänemark, und Rußland zu machen genöthigt war, den meteorischen von seinem tapfern König erzwungenen Platz unter den Mächten Europas und damit auch seine Macht in Deutschland; die deutsche Staatsmacht gewann aber nichts dadurch; denn schon bildete sich ein anderer Mittelpunkt der Widersetzung gegen dieselbe immer mehr und mehr, und in Besitz der Länder, die Schweden in Deutschland verlor, kam weder unmittelbar das deutsche Reich, umzu einem Fond für eine Reichskasse zu dienen, noch eigene Fürsten, sondern Fürsten, die schon Mitstände waren, und itzt in die Stelle der Furchtbarkeit für die Staatseinheit traten.

In dem tiefen Frieden, den das deutsche Reich während es mit allgemeinem Krieg erfüllt war, behauptete, spielte Hannover, das izt mit England einen Fürsten hatte, eine Rolle, die aber ohne weitern Erfolg blieb; es war kein Princip zu behaupten, an das sich Deutschlands Interesse unmittelbar anschloß; weder politische noch Gewissensfreiheit war zu vertheidigen, und überhaupt hat auch in der Folge Hannover sich nicht zu dem Range des Einflusses in Deutschland erhoben den Schweden und nachher Preussen behauptete; Englands Verfassung und zu entfernte Interesse erlaubten es nicht, Hannover und damit das Verhältniß zu Deutschland und Englands politisches Verhältniß so zu amalgamiren, als der erste braunschweigische Fürst, der Englands Thron bestieg, noch aus natürlicher Anhänglichkeit an seine deutschen Verhältnisse that; und die Trennung der Interesse von England und Churbraunschweig wurde im siebenjährigen Kriege am sichtbarsten, als Frankreich mit dem Projekt Amerika und Indien in Hannover zu erobern, sich soviel wußte, aber durch Erfolg erfuhr, wie wenig Hannovers Verwüstung der englischen Nation Schaden zufügte. In dieser Trennung und also in dem wenigern Einfluß auf Deutschland ist Englands Monarch, als deutscher Reichsstand geblieben.

In demselben Kriege hat nicht Deutschland Schlesien verlohren, aber diejenige Macht, deren Grösse der Einheit des deutschen Staats am meisten zuwider ist, hat | sich dadurch vergrössert, und in dem aus dieser Eroberung nachher entspringenden siebenjährigen Krieg sich darin behauptet. In diesem Kriege hat zwar das deutsche Reich einem seiner Mitstände den Krieg erklärt, aber dieser hat ihm nicht die Ehre angethan ihn anzuerkennen. Es geschieht zwar daß ein Staat, mit dem wirklich Krieg geführt wird, nicht anerkannt ist, schon der That nach, dadurch daß Krieg mit ihm geführt wird, ist er aber anerkannt, und er wird es vollends, wenn Frieden mit ihm geschlossen wird; allein dem deutschen Reiche ist kaum von seinem Feinde die Ehre angethan worden, daß Krieg mit ihm geführt wurde, und sein Krieg ist nicht durch einen Frieden anerkannt worden; denn es ist mit dem deutschen Reiche kein Frieden geschlossen worden.

Dieser Krieg hat mit ältern den Charakter gemeinschafftlich gehabt, daß er innerlicher Krieg der deutschen Stände miteinander war, ein Theil der Stände hat nach den Reichstagsbeschlüssen seine Truppen zu dem Reichsexekutionsheer stossen lassen; ein anderer Theil dagegen hat von diesem Verhältniß gegen das deutsche Reich gänzlich abstrahirt, und als souveräne Stände sich mit Preussen alliirt; es galt kein allgemeines Interesse mehr; eine alte Eifersucht der Protestanten gegen Oesterreich brachte zum theil die Religion mit ins Spiel, was in dem bekannten Eifer der Kaiserin für die katholische Religion, der zum theil ihr sonst mütterliches Herz den Intriguen blos gegeben hatte, wodurch Protestanten in ihren Staaten bedrükt wurden, und in einigen andern Umständen, daß der Pabst den Degen des österreichischen Oberfeldherrn geweiht hatte u.s.w. Nahrung fand; der Theil von Animosität, der von dieser Seite her kam, war aber bey beyden Seiten nur als öffentlicher Geist vorhanden; der Krieg selbst betraf kein solches allgemeineres Interesse, es galt nur das Privatinteresse der kriegführenden Mächte.

Seitdem hat sich die preussische Macht in Pohlen vergrössert. Die Zahl der Stände Deutschlands hat sich wieder um drey, Bayern, Anspach und Bayreuth, | vermindert. Die Resultate des Kriegs mit Frankreich in dieser Rüksicht sind noch nicht zu ihrer völligen Entwiklung gediehen. So hat einerseits die Religion, und der Fortgang der Bildung andererseits die nicht sowohl durch die Macht eines aüssern Staatsbandes, als des innern Charakters vereinigten Deutschen, theils die durch kein Staatsprincip gehinderte Übermacht einzelner Stände, den deutschen Staat dadurch aufgelöst, daß ihm keine Staatsmacht gelassen worden ist. Die alten Formen sind geblieben, aber die Zeiten haben sich verändert, und in ihnen Sitten, Religion, Reichthum, das Verhältniß aller politischen und bürgerlichen Stände, und der ganze Zustand der Welt, und Deutschlands, jene Formen sprechen diesen wirklichen Zustand nicht aus; beyde sind einander widersprechend, und haben keine gegenseitige Wahrheit.

Deutschland ist mit fast allen Staaten Europens gleichzeitig von einem Zustande ausgegangen; Frankreich, Spanien, England, Dänemark und Schweden, Holland, Ungarn sind zu einem Staate gediehen, und haben sich so erhalten, Polen aber ist untergegangen, Italien hat sich vertheilt, und Deutschland zerfällt in eine Menge unabhängiger Staaten. Die meisten jener Staaten sind durch germanische Völker gegründet, und aus dem Geiste dieser Völker hat sich ihre Verfassung entwikelt. In den germanischen Völkern hatte ursprünglich jeder freye Mann, so wie auf seinen Arm gezählt wurde, so auch mit seinem Willen Theil an den Thaten der Nation. Die Fürsten so wie Krieg und Frieden und alle Werke des Ganzen wurden vom Volke gewählt. Wer wollte, nahm an der Berathschlagung selbst Theil, wer nicht wollte, unterließ es aus freyem Willen und verließ sich auf das gleiche Interesse der übrigen. Als durch Veränderung der Sitten und der Lebensart jeder mehr mit seiner Noth und seinen Privatangelegenheiten beschäfftigt wurde, als der der Zahl nach ungleich gröste Theil der freyen Männer, der eigentliche Bürgerstand, ausschließlich auf seine Noth und den Erwerb hinsehen mußte, die Staaten grösser | die aüssern Verhältnisse verwikelter und diejenigen die sich ausschließlich damit beschäftigen mußten, zu einem eignen Stande wurden, und die Menge der Bedürfnisse des freyen Mannes, des Adels vermehrten, der durch Industrie und Arbeit für den Staat sich in seinem Stand erhalten mußte, also die Nationalangelegenheiten jedem Einzelnen fremder wurden, sammelte sich Besorgung der NationalAngelegenheiten immer enger und enger in Einen Mittelpunkt, der in dem Monarchen und Ständen [besteht], d.h. einem Theile der Nation, der theils als Adel und Geistlichkeit für sich selbst persönlich mitspricht, theils als dritter Stand ein Representant des übrigen Volks ist; der Monarch besorgt die NationalAngelegenheiten besonders insofern sie die aüssern Verhältnisse mit andern Staaten betreffen, er ist der Mittelpunkt der Staatsmacht, von dem alles ausgeht, was nach den Gesetzen Zwang erfodert, die gesetzliche Macht ist also in seinen Händen; die Stände haben Theil an der Gesetzgebung, und sie reichen die Mittel, welche die Macht erhält. Diß System der Representation ist das System aller neuern Europäischen Staaten; es ist nicht in Germaniens Wäldern gewesen, aber es ist aus ihnen hervorgegangen; es macht Epoche in der Weltgeschichte. Der Zusammenhang der Bildung der Welt hat das Menschengeschlecht nach dem orientalischen Despotismus und der Herrschaft einer Republik über die Welt, aus der Ausartung der letztern in diese Mitte zwischen beyde geführt, und die Deutschen sind das Volk, aus welchem diese dritte universale Gestalt des Weltgeistes gebohren worden ist. Diß System ist nicht in Germaniens Wäldern gewesen, denn jede Nation muß selbstständig ihre eignen Stufen der Kultur durchlauffen haben, ehe sie in den allgemeinen Zusammenhang der Welt eingreifft, und das Princip, das sie zur Universalität der Herrschafft erhebt, entsteht erst, indem ihr eigenthümliches Princip sich auf das übrige haltungslose Weltwesen anwendet. So ist die Freyheit der germanischen Völker, als sie erobernd die übrige Welt überschwemmten, nothwendig ein Lehenssystem; die Lehensträger | blieben unter sich im Verhältnis zu einander und zum Ganzen was sie waren, freye Leute; aber sie bekamen Unterthanen, und hiedurch traten sie zugleich in Pflichtverhältnisse zu demjenigen, den sie frey ohne Pflichten an ihre Spitze gestellt hatten, oder dem sie gefolgt waren. Diese sich widersprechenden Eigenschafften eines freyen Mannes und eines Vasallen vereinigen sich darin, daß die Lehen nicht Lehen der Person des Fürsten, sondern des Reichs sind; der Zusammenhang des Einzelnen mit dem ganzen Volke erhält izt die Form der Pflicht, und sein Besitz eines Lehens und einer Gewalt ist nicht von der Willkühr des Fürsten abhängig, sondern er ist rechtlich, und eigenthümlich und somit erblich; wenn in Despotieen eine Hospodarswürde eine Art von Erblichkeit haben kan, so ist selbst diese eine Willkühr, oder hängt eine solche erbliche Gewalt mit einem eignen unabhängigern Staat zusammen, wie Tunis u.s.w. so ist er zinsbar, und nicht wie die Lehensträger Theilhaber an den gemeinschafftlichen Berathschlagungen. In diesen vermischt sich der persönliche und der representative Charakter des Vasallen, in dem leztern stellt er sein Land vor, er ist der Mann desselben, an der Spitze seines Interesse's, er ist persönlich Eins mit demselben. Ausserdem sind die dem Vasallen angehörigen Leute in vielen Staaten ausserdem, daß sie Unterthanen sind, zugleich Bürger geworden, oder die vereinzelten freyen Leute die nicht Barone geworden sind, haben sich zu Bürgerschafften vereinigt, und dieser Bürgerstand hat noch eine eigene Representation erhalten. In Deutschland ist derjenige Theil des Bürgerstands, der für sich eine Representation im allgemeinen Staate hat, nicht zugleich Unterthan, und die Unterthanen haben nicht eine abgesonderte Representation im allgemeinen Staate, aber sie haben sie durch ihre Fürsten, und sie haben sie wieder innerhalb des Umfangs des besondern Staates den sie ausmachen, im Verhältniß zu ihrem Fürsten. In England hat der hohe und niedere Adel mit Landesherrschaft zugleich einen Grad seines Charakters, Representant von einem Theile des Volkes zu seyn nicht mehr, aber die Bedeutung im Staate ist darum nicht ganz persönlich geworden; der Lord, der | Sitz und Stimme im Rath des Volkes hat, ist vermöge der Primogenitur Representant seiner grossen Familie; sonst ist der jüngere Sohn des Herzogs von Chatam, der Canzler des Schatzes, Herr Pitt; persönlich tritt der Adelige, der nicht Erstgebohrner ist, an die allgemeine Schranken der Laufbahn, an welchen jeder bürgerliche steht, und von denen aus ihm sogut als dem Sohn des Herzogs durch Talente, Charakter und Bildung der Lauf nach den höchsten Ehren offen steht; wie in der österreichischen Monarchie für den aüssern gesellschafftlichen Ton jeder wohlgekleidete Mann Herr von, gegrüßt wird, und ihm der Weg zu den höchsten militärischen und politischen Ämtern offen steht, und derjenige, der sie erreicht in den Adelstand erhoben wird; also ausser Verhältnissen die eine Representation in sich schliessen, wie in England ihm gleich gesetzt ist. Frankreichs Unglük muß ganz allein in der völligen Ausartung der Lehensverfassung und dem Verlust ihres wahren Charakters gesucht werden; durch die eingegangnen Versammlungen der Generalstaaten erschien hoher und niederer Adel nicht mehr in dem Charakter, worin seine Hauptkraft in der politischen[1] Organisation besteht, Representant zu seyn; dagegen wurde seine Persönlichkeit auf den höchsten, empörenden Grad getrieben; wenn der Adel durch Wohlstand schon von Jugend auf dem Schmutz | des Gewerbs und der Bemühungen der Noth nicht eingetaucht, entnommen ist, und ihm hiedurch, so wie durch angeerbtes sorgeloses und um Sachen unbekümmertes [Leben] ein freyeres Gemüth bewahrt wird, und er also fähiger zu kriegerischer Tapferkeit [ist], die allen Besitz, alles liebge-

1 *Daneben am Rande:* so wie auch der dritte Stand seine eigne Representation nicht mehr in Ausführung hat, und bei den neuen Etats Generaux kein allmähliger Übergang von der harten alten Form zu einer passenden sich gemacht hatte.

wordne Eigenthum, und Angewohnheiten der Beschränkung [verschmäht], und angewohnt an die Gesammtheit von allem, besteht; so wie zu einer liberalern Behandlung der Geschäffte des Staats, und einer gewissen Freyheit hierin, die von den Regeln unabhängiger ist, und nach Umständen, Lagen und Bedürfniß sich selbst mehr vertrauen, und das Maschinenwesen der Verwaltung in etwas freyer beleben kan – wenn also der Adel persönlich in allen Staaten einen Vorzug findet, so muß [er] eben, weil er persönlich ist, freyer d.h. in einer möglichen Konkurrenz sich finden, da ohnediß die künstliche viel beschäfftigende und unsägliche Arbeit auflegende Organisation unsrer Staaten auch den harten Fleiß und die mühevoll zu erringenden Geschiklichkeiten und Kenntnisse der Bürgerlichen nothwendig macht, und bei der sonstigen Erhebung und in neuern Zeiten erzeugten Wichtigkeit dieses Standes und den über Charakter sich erhebenden Kenntnissen und Geschiklichkeiten der Weg offen stehen muß. Diese Seite, worin Natur und die meisten modernen Staaten, wie Preussen zum theil in bürgerlichen Geschäfften, England, Oesterreich und andre Staaten hingegen auch in militärischer Rüksicht, den Unterschied verringern, ist in Frankreich aufs höchste gestiegen; die gerichtlichen Stellen so wie die militärische Laufbahn ist ihnen verschlossen, und das reinpersönliche zum Princip gemacht worden. |

Die Representation ist so tief in das Wesen der sich fortbildenden Lehensverfassung, zusammen mit der Entstehung eines Bürgerstands verwebt, daß es die albernste Einbildung genannt werden kan, wenn sie für eine Erfindung der neuesten Zeiten gehalten worden ist. Alle moderne Staaten bestehen durch sie, und nur ihre Ausartung, d.h. der Verlust ihres wahren Wesens, hat Frankreichs Verfassung, aber [es] nicht als Staat zerstört. Sie[1] ist aus Deutschland ge-

1 *Daneben am Rande und unter dem Haupttext:* Durch die [Verwandlung der] Freyen [in] Herrscher, ist die Lehensverfassung [und], d.h. in den jetzigen Ländern ein Staat errichtet worden,

kommen, aber es ist ein höheres Gesetz, daß dasjenige Volk, von dem aus, der Welt ein neuer universeller Anstoß gegeben wird, selbst am Ende vor allen übrigen zu Grunde geht, und sein Grundsatz, aber es selbst nicht bestehe. Deutschland hat sein Princip, das es der Welt gab, für sich nicht ausgebildet und darin seine Erhaltung zu finden gewußt, es hat sich nicht nach demselben organisirt, sondern indem es die Lehensverfassung nicht zu einer Staatsmacht ausbildete, sondern seinem ursprünglichen Charakter der Unabhängigkeit der Einzelnen von einem allgemeinen, dem Staat, durchaus treu bleiben wollte, sich desorganisirt. Es ist in eine Menge von Staaten zerfallen, deren | Art zu bestehen bestimmt durch feyerliche Verträge unter sich ausgemacht, und von grossen Mächten garantirt ist. Diese Art zu bestehen beruht aber nicht auf eigener Macht und Kraft, sondern ist von der Politik der grossen Mächte abhängig.

Welche wahre Garantie bliebe dieser Existenz der einzelnen Staaten?

Da ihr die wahre Staatsmacht fehlt, so könnte diese Garantie nur auf der Ehrwürdigkeit der Rechte an und für sich selbst beruhen, die durch eine Dauer von Jahrhunderten, durch eine Menge feyerlicher Friedensschlüsse bis zur Unmöglichkeit angestastet zu werden erhoben worden wäre; und es ist überhaupt allgemeiner Ton, die Art des politischen Bestands der einzelnen Staaten zu einer moralischen Macht zu machen und ihre Heiligkeit in die Gemüther zu pflanzen, so daß sie etwas so festes und unantastbares würde, als die allgemeinen Sitten oder die Religion eines Volks; allein man hat offt durch Befehle und Gewalt, selbst Sitten und Religion selbst in den neuesten Zeiten in Frank-

worin die Einzelnen nicht mehr jeder einen unmittelbaren Willen für sich, in jeder Nationalangelegenheit [haben, sondern] einem durch sie selbst gegründeten Ganzen, und seinen Vereinzelungen und Zweigen d.h. einem Staat und Gesetzen einem bleibenden, festen Mittelpunkt, auf den jeder eine mittelbare durch Represen-tation entstehende Beziehung hat, gehorchen,

reich, aufs härteste angegriffen werden gesehen, und wenn solche höchstgefährliche Versuche gewöhnlich zum Verderben ihrer Urheber ausschlagen, oder wenigstens nur eine sehr zweydeutige Wirkung hervorbringen, so sind selbst Religion und Sitten den Einflüssen der fortgehenden Zeit und einer unbemerkbaren Veränderung ausgesetzt; überdem aber stehen Sitten und Religion, und Staatsrechte durchaus nicht in gleichem Rang; wenn man sagt, daß es nicht heiligeres geben könne, als Recht, so ist schon in Ansehung des Privatrechts die Gnade höher, die ihr Recht aufgeben kan, und das Recht des Staats, der nothwendig, um bestehen zu können, das Privatrecht in seiner ganzen Konsequenz nicht lassen kan; schon die Abgaben, die er fodern muß, sind ein Aufheben des Rechts des Eigenthums. Und politische Rechte insofern sie die Krafft von PrivatRechten haben sollen, führen eine Art von Widerspruch in sich, denn sie würden voraussetzen, daß diejenigen, die solche feste politische Rechte gegeneinander hätten, | in einem Rechtsverhältnisse unter einer gewalt- und machthabenden Obrigkeit stünden. Allein in diesem Fall wären die gegenseitige Rechte, keine politische Rechte mehr, sondern Privat-, Eigenthumsrechte; in der deutschen Reichsverfassung soll ein solches Verhältniß gegründet seyn, allein theils ist es schon ein Widerspruch an und für sich, daß nicht nur Eigenthum sondern Verhältnisse, die sich unmittelbar auf den Staat beziehen, die Form von Privatrecht haben sollen, sondern weil in Deutschland keine Staatsmacht mehr vorhanden ist, so fällt auch die Behandlung der politischen Rechte, als Privatrechte, und die mit diesen gleiche Sicherheit und Festigkeit jener hinweg, und [sie] treten in den allgemeinen Rang politischer Rechte. Man weiß welche Ehrwürdigkeit diese an und für sich haben. Jeder Friedensschluß, und Friedensschlüsse sind die eigentlichen Verträge, worauf sich die politischen Rechte der Mächte gegeneinander gründen, enthält den Hauptartikel, daß Freundschafft zwischen den kontrahirenden Mächten statt haben soll, ausser diesem Hauptartikel enthält er die Bestimmung der übrigen Verhältnisse, besonders derjenigen, worüber vorher Streit entstanden war. So allgemein der Hauptartikel Erhaltung des guten Einverständnisses ausdrükt, so ist für sich klar, daß diß nicht unbedingt zu verstehen ist; fast scheint das Türkische Reich seine Verhältnisse mit fremden Mächten in dem Sinn zu behaupten, mit denselben überhaupt, bis es selbst angegriffen wird, Frieden zu haben, und nur selten ist es der andern Europäischen Politik gelungen, es in einen politischen Krieg zu werfen. Sonst aber ist die Beziehung von Staaten so vielseitig, jedes einzelne in einem Frieden bestimmte Verhältniß hat wieder so viele Seiten, daß bei aller genauen Bestimmung derselben im Verhältniß, noch unendliche übrig bleiben worüber Zwist möglich ist; keine Macht greift unmittelbar und geradezu ein stipulirtes Recht an, sondern an irgend einer unbestimmten Seite entstehen Differenzen, welche alsdenn den Frieden überhaupt | umstossen, und durch den Zustand des Kriegs nunmehr auch die Festsetzung der übrigen bestimmten Rechte schwankend machen. Diese Aufhebung der gegenseitigen politischen Rechte ist erst eine Folge des Kriegszustand, die Verträge und die in ihnen bestimmten Verhältnisse würden wohl bestehen bleiben, sie werden nicht unmittelbar verletzt oder geradezu mit offener Gewalt angegriffen, es wird mit den Verträgen nicht gespielt; aber wenn sonst über nicht klar ausgemachte Punkte und Umstände Zwist entsteht, so fällt alles übrige, was Verträge vorhin festgesetzt hatten über den Hauffen; Kriege, man mag sie Angriffs- oder VertheidigungsKriege nennen, über welche Benennung die Partheien nie zu einem Einverständniß kommen, würden nur ungerecht genannt werden, wenn die Friedensschlüsse u n b e d i n g t e n gegenseitigen Frieden stipulirten, und wenn der Ausdruk eines ewigen Friedens und ewiger Freundschafft zwischen den Mächten, auch diesen Ausdruk hat, so ist er mit der in der Natur der Sache liegenden Einschränkung zu verstehen, wenn [nicht] von einem Theil angegriffen, oder feindseelig gehandelt wird; dazu kan sich kein Staat verbinden, sich feindselig behandeln, oder angreiffen zu lassen, und doch sich nicht zu wehren, doch Frieden zu halten. Die Arten der Feindseligkeiten haben aber eine so unendliche Möglichkeit, daß sie durch menschlichen Verstand völlig unbestimmbar sind; und jemehr der Bestimmungen, d.h. je mehr Rechte festgesetzt werden, desto leichter entsteht ein Widerspruch solcher Rechte; wenn ein Theil ein ihm zugestandenes Recht so weit verfolgt als es ihm zugestanden ist, so wird er gegen irgend ein anderes Recht, das dem andern Theil zukommt anstossen. Man sehe die gegenseitigen Manifeste und Staatsschrifften an, welche bei Gelegenheit eines Zwist zweyer Staaten, die Anklage des Betragens der andern Macht, und die Rechtfertigung des eignen enthalten. Jeder Theil gründet das seinige auf Rechte, und klagt den andern der Verletzung eines Rechts an; das Recht des einen Staates A ist in einem Recht a, das ihm zukommt vom Staat B | verletzt worden, aber der Staat B erhärtet, daß er sein Recht b behauptet habe, und daß diß für keine Verletzung des Rechts von A aufgenommen werden könne; das Publikum nimmt Parthey, jede Parthey behauptet das Recht auf ihrer Seite zu haben, und beyde Partheyen haben Recht, und gerade die Rechte selbst sind es, die in Widerspruch miteinander gerathen. Es sind die Menschenfreunde und Moralisten, welche die Politik als ein Bestreben und eine Kunst verschreyen, den eignen Nutzen auf Kosten des Rechts zu suchen, als ein System und Werk der Ungerechtigkeit, und das kannegiessernde unpartheyische Publikum d.h. eine interesse= und Vaterlands=lose Menge, deren Ideal von Tugend die Ruhe der Bierschenke ist, klagt die Politik einer Unsicherheit in Treue, und einer rechtlosen Unstätigkeit an, oder ist wenigstens antheilnehmend und deßwegen mistrauisch, gegen die Rechtsform in welcher die Interesse ihres Staats erscheinen; wenn diese Interesse ihre eigne sind, so wird sie auch die Rechtsform behaupten, aber jene sind die wahre innre treibende Krafft, nicht diese. Wenn die menschenliebende Rechts= und Moralitätsfreunde ein Interesse hätten, so könnten sie begreifen, daß Interesse und damit auch die

Rechte selbst in Kollision gerathen können, und daß es thöricht ist, das Interesse des Staats, oder wie es mit dem für die Moralität gehässigern Worte ausgedrükt wird, den Nutzen des Staats dem Rechte entgegenzusetzen; das Recht ist der durch Verträge festgesezte und zugestandene Nutzen des einen Staates, und weil in den Verträgen überhaupt die verschiedenen Interesse der Staaten festgesetzt sind, als Rechte aber diese Interesse so unendlich vielseitig sind, so müssen sie und damit auch die Rechte selbst in Widerspruch gerathen; und es hängt nur von den Umständen, von den Kombinationen der Macht das heißt dem Urtheil der Politik ab, ob das in Gefahr kommende Interesse und Recht mit der ganzen Gewalt der Macht vertheidigt werden soll, wogegen denn der andre Theil freilich auch ein Recht anführen kan, weil auch er gerade das entgegengesezte Interesse, das in Kollision kommt, und damit auch ein Recht hat, und der Krieg oder was es ist, hat nunmehr zu entscheiden, | nicht welches Recht der von beyden Theilen behaupteten das wahre Recht ist – denn beyde Theile haben ein wahres Recht – sondern welches Recht dem andern weichen soll; Krieg oder was es sonst ist hat diß gerade darum zu entscheiden, weil beyde sich widersprechende Rechte gleich wahr sind, also ein drittes und diß ist der Krieg, sie ungleich machen muß, damit sie vereinigt werden können, was dadurch geschieht, daß eins dem andern weicht. Die Ehrwürdigkeit und moralische Macht der Rechte kan feststehen und bleiben, aber wie sollte sie im Stande [seyn,] sie zu halten; theils wegen Unbestimmtheit der Rechte kan Streit, theils wegen ihrer Bestimmtheit muß Widerspruch derselben entstehen, und in diesem Zwist muß das Recht sich durch seine Macht behaupten.

Wenn es keinen Sinn hat, daß dasjenige, was die Rechte der deutschen Stände heißt durch ihre innere Ehrwürdigkeit und als eine moralische Macht bestehen soll, und weil jener Widerspruch statt findet keine Macht sie in der ganzen Ausdehnung ihrer Mannichfaltigkeit zu behaupten, vorhanden seyn kan, und auch nicht vorhanden ist, so müßte der Zustand eintreten, daß eine wahre, nicht blos passive, sondern aktive Anarchie vorhanden wäre, das ächte alte Faustrecht, das in dem ewigen Zwist über das so verworrene Eigenthum den stärkern Arm für den Augenblik in Besitz setzt und so lang drinn erhält, bis der Arm des Widersachers stärker geworden ist. Diesem Zustand hat aber unmittelbar der Landfrieden abgeholfen, und unter den kleinern einen Zustand der Ruhe herbeigebracht, der in ihrer Unmacht gegen die Grössern seine Stütze hat; was die Mächtigern betrift, so ist oben schon gesagt worden, daß der Besitz der Jülich=Klevischen Verlassenschafft den dreissigjährigen Krieg veranlaßt und hierin sowenig als in andern Fällen, in der | bayerischen Succession Gerichte entschieden haben. Sonst aber schiene die Anzahl der streitigen Fälle, die einen Krieg veranlaßt haben, sehr gering, gegen die Unendlichkeit der streitigen Fälle die in der unendlichen Verwiklung von Rechten sich hervorthun müßten, und die doch friedlich – beygelegt worden sind? Nein! sondern ruhen. Es ist bekannt in welche Endlosigkeit und Unendlichkeit von Processen der deutsche Adel verwikkelt ist; wie Processe vor hundert, und mehrern hundert Jahren eingeleitet worden sind, aber liegen geblieben sind. – Noch mehr welche unendliche Zahl von Ansprüchen in jedem fürstlichen, gräflichen, reichsstädtischen, adlichen Archive begraben ruhen, d.h. Rechte, die nicht in Erfüllung gegangen sind. Würden auf einmal alle diese Rechte eine Stimme bekommen, welch verworrenes=unendliches Getöse würde entstehen? Ansprüche sind unentschiedene Rechte; die Ruhe derselben ist ihnen auferlegt worden, nicht durch gerichtliche Entscheidung, denn sie sind nicht entschieden, sondern durch die Furcht des Rechts, denn ein Anspruch ist immer besser als ein abgesprochenes Recht, ein möglicher Proceß besser als ein verlohrener – und durch die Furcht vor den Gewaltigern, die natürlich in einer offenen Fehde, die in ihrer Nachbarschafft vorgeht, aus dem neuern allgemeinern Rechtsgrunde, zur Sicherheit ihrer Gränzen und ihres Landes Parthei ergreiffen müßten, wobei die nicht gewaltigen, sowohl gegen welche diese Theilnahme gerichtet wäre, als denen sie zum Besten kommen sollte, keinen Vortheil finden würden. Somit haben die Fehden aufgehört, der Landfrieden hat die Ruhe hergestellt, d.h. er hat den Widerspruch der Rechte zum Stillschweigen nicht zur Entscheidung gebracht, und im Genuß des Rechtsgegenstandes ist derjenige Theil, der gerade im Besitz sich befindet – Beati possidentes! und über den Besitz hat kein Recht entschieden. So ist es nicht ein Zustand, der denjenigen in Besitz setzt, der im Recht ist, was in Deutschland eine gewisse Ruhe erhält, wie der Zustand eines Staats, sondern bei dem erstaunlichen Unterschied der Macht der | Stände ist ihre Garantie die Furcht und die Politik, nicht die Ehrwürdigkeit der Rechte selbst, wovon sie abhängen nicht eine innre eigne Macht derselben.

Bei[1] diesem, wie gezeigt worden ist, nothwendigen Mangel einer Staatsmacht – er ist nothwendig, weil der Gegenstand dieser Macht, unveränderliche Erhaltung von Rechten, unmöglich seyn würde – ist es gedenkbar, daß die Menge der isolirten Stände, weil sie sich in dem alten Zustande befinden, nemlich zu einem Allgemeinen mitzuwirken, so weit und wann die Einzelnen wollen, zu dem alten Betragen zurükkehrte, wenn sie sonst in keinem bleibenden und stehenden Verbande sind, in der Zeit einer Noth oder Gefahr, frey zusammenzutreten, und hiemit aus ihren vereinzelten Mächten für das Bedürfniß, das vorliegt, einen Staat und eine Staatsmacht zu bilden, sowohl nach innen, wenn ihre Rechte angegriffen würden, als nach aussen, wenn sie überhaupt, oder in Einem bestimmten ihrer Mitglieder angegriffen würden.

Ein solcher bestimmter Fall waren ehmals Angriffe auf die protestantische Religion, ein Gegenstand der nicht aus dem ihren Unterthanen ganz gleichgültigen Ehrgeitz herkam, sondern aus dem populärsten innigsten Interesse. Es

1 *Daneben am Rande:* Wenn keine gesetzliche Übereinstimmung zu erwarten, doch eine freywillige

gibt keinen Gegenstand, der die Fürsten und ihre Völker so einmüthig, so mit Vergessenheit anderer Eifersucht, und so frey und eifrig hätte um sich sammeln können als dieser; jeder andere Gegenstand berührt die Völker selbst weniger, neben jedem andern dürfen sich andere Interesse, die im Streite liegen, in Erinnerung bringen, und sich behaupten. Man weiß aber welch ein schmähliches Ende der schmalkaldische Bund genommen hat; der ganze Bund war mit kleinlichen Bestrebungen der Eitelkeit | erfüllt, und so in den Genuß der Selbstgefälligkeit an sich und dem edlen Werk versunken, vor aller That schon so befriedigt, daß die ersten Stösse ihn zerstaübten. Doch hatten sich hier noch einige Bundesglieder tapfer gehalten, und es wirklich auf Schlachten ankommen lassen aber die protestantische Union des folgenden Jahrhunderts verkündigte schon durch die Nichtigkeiten, mit denen sie sich in ihrer Entstehung herumtrieb, die ganze Nichtigkeit ihres Wesens, die sich so wie an ein Werk zu schreiten war, vollkommen offenbahrte. Als eine innere Verbindung der Art kan nur noch der sogenannte Fürstenbund angesehen werden, der gegen das manchen Ständen gefährlichscheinende Betragen Joseph II gerichtet war. Die Idee dieses Fürstenbunds erschien glänzend sowohl durch denjenigen Fürsten der an seiner Spitze stand, als denjenigen, gegen den sie gerichtet war, auch dadurch, daß durch talentvolle und überhaupt eine Menge Schriftsteller beyder Theile, die Volksmeinung dabey sehr in Anspruch genommen wurde; die öffentliche Stimme schien eine Art von Bedeutung zu haben; wenn der Glanz seiner Thaten Friedrich den Zweiten umhüllte, so waren sie geschehen, und ihr Resultat, Schlesien in preussischen Händen, Staatsverwaltung, religiöse, bürgerliche Gesetze, in den preussischen Ländern war schon vorhanden, war von da für das übrige Deutschland nichts mehr zu antworten, so wie für dasselbe von daher nichts geschehen war, so interessirte noch mehr eine Hoffnung von Anbruch eines vielumfassenden neuen deutschen Jahrhunderts. Mehr als die Beschäfftigung der öffentlichen Meinung, und die Anregung vieler Hoffnungen oder Besorgnisse ist aber von dem deutschen Fürstenbund nicht anzumerken; da er nicht zur That und Aüsserung gekommen ist, so ist von seiner Wesenheit auch nicht zu sagen; die Unabhängigkeit Brandenburgs vom deutschen Reiche war längst vorher gegründet, und ob sie durch den in Wirksamkeit gesetzten Fürstenbund einen Zuwachs bekommen, oder eine Verminderung erfahren hätte, sind Möglichkeiten über die nichts zu sagen ist. Was freye Verbindungen gegen auswärtige Mächte betrift, so waren solche wenn | Deutschland sich nicht innerlich zerfleischte, sondern gegen einen auswärtigen Feind sich schützte, an die Stelle der eigentlichen Reichskriege getreten, Müller S. 70.

Bund mit Wilhelm von Oranien gegen Ludwig XIV.

Augspurgischer Bund 1688.

Was Fürsten und Stände thaten war vielmehr der freye Willen einzelner, Kraisassociationen, als gesetzmässiger und allgemein verbindlicher Beschluß eines Staatskörpers. Brandenburg erscheint noch in Verbindung mit dem Reiche aber nicht um der Obliegenheiten willen gegen dasselbe doch unabhängig wirkend, ein Hauptzwek die preussische Königskrone.

Die Kriege dieses Jahrhunderts waren innerliche Kriege. Im Laufe des letzten Kriegs gegen Frankreich im Zeitpunkte, als Deutschland in Gefahr zu gerathen drohte schien mehr ein gemeinsamer Willen [für] die[1] Vertheidigung Deutschlands sich zu bilden; fast alle deutsche Staaten haben Theil daran genommen, man kan aber keinen Zeitpunkt angeben in welchem alle zugleich mitgewirkt hätten, in dem grössern Theile desselben trennten sich im Gegentheil die mächtigsten davon.

Die Erfahrung seit dem westphälischen Frieden worinn die alte Unabhängigkeit der Theile Deutschlands – aber unter ganz veränderten Umständen – festgesetzt, und damit

1 *Daneben am Rande:* selbst bei wirklicher Theilnahme war keine rechte Einigkeit.

Deutschland verhindert worden ist zu einem modernen Staate zu werden, und seine Staatsmacht zu haben, – hat gelehrt, daß der Geist der Zeit seit jener Zeit, da auch jeder einzelne nur [aus] eignem freyen Willen und Einstimmung für das Ganze handelte, sich völlig verändert hat, und selbst in den dringendsten Nöthen, bei dem alle Theile aufs angelegentlichste betreffenden Interesse keine gemeinschafftliche und einige Mitwirkung zu erwarten ist. Im westphälischen Frieden hat sich diese Staatslosigkeit Deutschlands organisirt, Schriftsteller, wie Hippolythus a | Lapide haben den innern Charakter und Tendenz der Nation, bestimmt ausgesprochen, im westphälischen Frieden hat Deutschland es aufgegeben, sich als eine sichere Staatsmacht zu befestigen, und hat sich dem guten Willen seiner Mitglieder überlassen. Man kan dieses Vertrauen, das das allgemeine Wohl Deutschlands in den freyen Willen der Theile legte, wenn man will, als die Wirkung eines Geistes von Redlichkeit, deren die deutsche Nation sich so sehr rühmt, ansehen. Es klingt schön, wenn auf einer Seite die Staatsmacht sich auflößt, und [in] die Hände der einzelnen sich übergibt, und auf der andern Seite gefodert, und in der Foderung auch erwartet wird, daß diese Einzelnen frey zusammenwirken. Die deutschen Stände, die den westphälischen Frieden schlossen, würden sich durch das Mistrauen beleidigt geglaubt haben wenn man ihnen von der Möglichkeit gesprochen hätte, daß sie bei einer solchen Trennung das Beste des Ganzen ausser Augen setzen, und jeder für sein eigenes Interesse, wenn es auch nicht mit dem allgemeinen Interesse übereinstimmte, sondern ihm widerspräche, handeln würden und könnten; der allgemeine Zusammenhang, die Obliegenheiten der einzelnen gegen das Ganze, das Beste des Ganzen ist aufs feyerlichste anerkannt und verwahrt; und bey jeder Differenz hierüber, wenn sie auch in die fürchterlichsten Kriege ausgebrochen ist, hat jede der beyden Partheyen sich von der Rechtsseite durch gründliche Manifeste und Deduktionen gerechtfertigt. Hiemit ist die Sache aus der Sphäre des Willens und der eignen

Interesse, in die Sphäre der Einsicht gespielt; und bei dem allgemeinen Willen für das Beste des Ganzen zu handeln, wäre es der Verstand der die Handelsweise auszumitteln hätte, die dem allgemeinen Besten am zuträglichsten wäre; und wenn diese von der Majorität bestimmt ist, so müßte die Minorität sich ihr nothwendig fügen, was aber, weil nicht nur keine Staatsmacht vorhanden ist, sondern der Einzelne das Recht hat, nach seiner eignen Einsicht des allgemeinen Besten, Bündnisse, Frieden zu machen u.s.w. nicht der Fall ist noch seyn kan. Wenn bei vorfallender Uneinigkeit und Krieg, wirklich jemand – nothwendig ein Privatmann, denn ein Minister kan nicht dahin gerathen – so ehrlich wäre, zu glauben, der Krieg | habe seinen Grund nur in dem Mangel der allgemeinen Einsicht, ob etwas dem Besten Deutschlands gemäß wäre, und sich die Hoffnung machte, durch Wirkung auf diese Überzeugung eine Einstimmigkeit hervorzubringen, so würde er weiter nichts bewirken, als sich durch seine Gutmüthigkeit lächerlich zu machen; er müßte vielmehr die Einsicht hervorzubringen suchen, daß eine Handlungsweise, die allgemein seyn sollte, dem besondern Interesse jedes Einzelnen gemäß wäre; es ist durchaus anerkannter und bekannter Grundsatz, daß dieses besondere Interesse die wichtigste Rüksicht ist, sie kan nicht als mit den Rechten und Pflichten oder gar Moralität in Widerspruch stehend betrachtet werden, sondern im Gegentheil, jeder einzelne Stand muß als besonderer Staat, sich nicht einem Allgemeinen aufopfern, von dem er keine Hülfe zu erwarten hat, sondern der Landesfürst, Magistrat einer Reichsstadt hat die heilige Pflicht auf sich, für sein Land und Unterthanen zu sorgen.

Der westphälische Frieden ist es, der diß Verhältniß der Unabhängigkeit der Theile fixirt hat; für sich wären sie es nicht fähig gewesen, vielmehr war ihr Bund zerstaübt, und sie selbst und ihre Länder ohne Möglichkeit eines eignen Widerstands in der politischen und religiösen Despotenhand Ferdinands. Gustav Adolphs Zug selbst würde nicht in Rüksicht auf seine Person – denn er starb in der Höhe des Glüks – aber in Rüksicht auf seine Nation in völlig gleiche Klasse mit seines Nachkommen Karls XII Zügen gesetzt worden seyn, die Schwedische Macht unterlag gleichfalls in Deutschland, wenn nicht Richelieus Politik, die Mazarin in gleichem Sinne vollführte, ihre Sache aufgenommen und erhalten hätte. Richelieu ist das seltene Glük zu Theil geworden, von demjenigen Staat sowohl, zu dessen Grösse er den wahren Grund legte, und von demjenigen auf dessen Kosten es geschah, für ihren grösten Wohltäter gehalten worden zu seyn. Frankreich als Staat, und Deutschland als Staat hatten beyde dieselben zwey Principien der Auflösung in sich; in | dem einen zerstörte er sie vollends und erhob es dadurch zu einem der mächtigsten Staaten, in dem andern gab er ihnen alle Gewalt, und hob dadurch seinen Bestand als Staat auf; in beyden Ländern brachte er das Princip, darauf sie innerlich gegründet waren, vollends zur Reife; das Princip Frankreichs Monarchie, das Princip Deutschlands, Bildung einer Menge eigener Staaten beyde hatten noch mit ihrem entgegengesetzten zu kämpfen, es gelang Richelieu beyde Länder zu ihrem festen einander entgegengesetzten System zu bringen.

Die zwei Principien, welche Frankreich, Ein Staat, in der Form einer Monarchie zu werden, hinderten, waren die Grossen und die Hugenotten; beyde führten mit den Königen Kriege. Die Grossen wozu auch die Glieder der königlichen Familien [zählten], intriguirten mit Armeen gegen den Minister; zwar war die Souveränetät längst dem Monarchen geheiligt und über alle Ansprüche erhaben, und die Grossen führten nicht Armeen ins Feld um eine Souveränetät für sich zu behaupten, sondern um als Minister, Gouverneurs von Provinzen u.s.w. die ersten Unterthanen der Monarchen zu seyn. Richelieus Verdienst, der Staatsgewalt in ihren ersten Ausflüssen, dem Ministerium die Grossen unterworfen zu haben, hat obenhin betrachtet, den Schein des Ehrgeitzes was seine Feinde waren, scheinen als Opfer seines Ehrgeitzes gefallen zu seyn, sie betheuerten und wohl mit der grösten Wahrheit, in ihren Empörungen und Verschwörungen ihre Unschuld und Pflichtergebenheit gegen ihren Souverain, und betrachteten die Widersetzlichkeit durch Waffen gegen die Person des Ministers weder als ein bürgerliches noch Staatsverbrechen. Sie unterlagen aber nicht der Person Richelieus sondern seinem Genie, das seine Person an das nothwendige Princip der Einheit des Staats band, und Staatsämter vom Staat abhängig machte. Und hierin besteht das politische Genie, wenn das Individuum sich mit einem Princip identificirt, in dieser Verbindung muß es nothwendig den Sieg davon tragen. Als Verdienst eines Ministers, ist das was Richelieu | gethan hat, nemlich der ausübenden Staatsmacht Einheit gegeben zu haben, unendlich erhaben über das Verdienst, ein Land um eine Provinz vergrössert, oder es sonst aus Noth gerissen zu haben.

Das andere, eine Auflösung des Staats drohende Princip, waren Huguenotten, die Richelieu als eine politische Parthei unterdrükte, sein Verfahren gegen sie fällt gar nicht unter den Gesichtspunkt einer Unterdrükkung der Gewissensfreyheit; sie hatten eigene Heere, feste Städte, Bündnisse mit fremden Mächten u.s.w. und bildeten demnach eine Art von souveränem Staat; im Gegensatz gegen sie hatten die Grossen hiedurch die Ligue gebildet, die den französischen Staat an den Rand des Abgrundes gebracht hatte, beyde Gegenpartheyen waren ein bewafneter Fanatismus, und über die Staatsgewalt erhaben, indem Richelieu den Staat der Huguenotten zerstörte, zerstörte er zugleich das Recht einer Ligue, und mit dem recht- und principlosen Überbleibsel davon, der Unbottmässigkeit der Grossen wurde er fertig. Bei Vertilgung des Staats der Huguenotten ließ er ihnen Gewissensfreyheit, Kirchen, Gottesdienst, bürgerliche und politische Rechte, gleich mit den Katholiken. Durch seine Konsequenz als Staatsmann, fand und übte er die Toleranz aus, was mehr als [ein] Jahrhundert später als das Produkt der gebildetern Menschheit und als das glänzendste Verdienst der Philosophie und der Milderung der Sitten geltend gemacht wurde; und es war nicht Unwissenheit und

Fanatismus der Franzosen, wenn sie im Krieg und im westphälischen Frieden, nicht an die Trennung des Staats und der Kirche in Deutschland gedachten, und die Religion zur Grundlage eines Unterschieds von politischen und bürgerlichen Rechten machten und in Deutschland ein Princip geltend machten, das sie in ihrem Lande aufhoben.

So ist es Frankreich, auch England, Spanien und den andern Europäischen Ländern gelungen, die in ihren Innern gährenden und den Staat zu zertrümmern dro|henden Elemente zur Ruhe und zur Verbindung zu bringen, und durch die Freyheit der Lehensverfassung, welche ihnen Germanien [gab], zu einem nach Gesetzen durch Freyheit bestimmten alle Kräfte sammelnden Mittelpunkt – die eigentlich monarchische oder moderne republikanische Form, – die aber auch unter das Princip der beschränkten d.h. auf Gesetzen beruhenden Monarchie gehört, – ist hier gleichgültig – zu gelangen, und von dieser Epoche der Ausbildung der Länder zu einem Staate, datirt sich die Periode der Macht, des Reichthums des Staates und des freyen, gesetzlichen Wohlstandes der Einzelnen.

Mit Deutschland hat hingegen Italien denselben Gang des Schiksals gemeinschafftlich gehabt; nur daß Italien, weil in ihm schon vorher grössere Bildung lag, sein Schiksal früher der völligen Entwiklung zuführte, der Deutschland vollends entgegengeht. Über Italien behaupteten die römisch deutschen Kaiser lange eine Hoheit, welche wie in Deutschland gewöhnlich nur so viele und nur dann Krafft hatte, wenn sie durch eigne Macht des Kaisers behauptet wurde. Die Sucht der Kaiser beyde Länder unter ihrer Herrschafft zu behalten, hat ihre Macht in beyden vernichtet.

In Italien erwarb sich jeder Punkt desselben Souveränetät; es hörte auf Ein Staat zu seyn, und wurde ein Gewühl unabhängiger Staaten, Monarchieen, Aristokratieen Demokratieen, wie es der Zufall wollte; auch die Ausartung dieser Verfassungen in Tiranney, Oligarchie, und Ochlokratie kam auf kurze Zeit zum Vorschein. Der Zustand Italiens kan nicht Anarchie genannt werden, denn die Menge der entgegengesetzten Partheien waren organisirte Staaten. Ungeachtet des Mangels eines eigentlichen Staatsverbands vereinigte sich doch immer ein grosser Theil zum gemeinschafftlichen Widerstand gegen das Reichsoberhaupt so wie der andere Theil um gemeinschafftliche Sache mit ihm zu machen; die gibellinische und welfische Partheyen die ehmals Deutschland wie Italien umfaßten, stellten – mit | Modifikationen, welche aus veränderten Zeitumständen herrühren – sich in Deutschland im 18ten Jahrhundert – als österreichische und preussische Parthey vor. Nicht lange hatten die einzelnen Theile Italiens den vorherigen Staat aufgelößt und sich zur Unabhängigkeit emporgeschwungen, als sie die Eroberungssucht grösserer Mächte reitzten, und das Theater der Kriege fremder Mächte wurden. Die kleinen Staaten die als Macht einer tausend und mehrmal grössern Macht sich gegenüberstellten, erfuhren das nothwendige Schiksal ihres Falls und neben einem Bedauren mit demselben steht das Gefühl der Nothwendigkeit, und der Schuld, welche Pygmeen auf sich selbst haben, wenn sie neben Kolossen sich stellend zertreten werden. Auch die Existenz der grössern italienischen Staaten, die sich durch die Verschlingung einer Menge kleinerer gebildet hatten, vegetirte so fort ohne Krafft, und wahre Unabhängigkeit, ein Ball in den Planen fremder Mächte, sie erhielten sich etwas länger durch die Klugheit, sich geschikt und zur rechten Zeit zu demüthigen und durch beständige halbe Unterwerfungen die volle abzuhalten, die aber am Ende nicht ausblieb. Was ist [aus] der Menge der unabhängigen Staaten, Pisa, Siena, Arezzo, Ferrara, Mayland – aus diesen hunderten von Staaten, wie jede Stadt einer war, was aus den Familien der vielen souverainen Herzoge Markgrafen u.s.w. aus den Fürstenhaüsern, Bentivoglio, Sforza, Gonzaga, Pico Urbino u.s.w. und dem zahllosen Ritteradel [geworden]? Die unabhängigen Staaten wurden von grössern, und diese wieder von grössern u.s.f. verschlungen; einem der grösten Venedig, hat in unsern Tagen ein Schreiben eines französischen Generals, von einem Adjutanten überbracht, sein Ende gegeben. Die glänzendsten Fürstenhaüser haben weder Souveränetät noch auch politische, representative Bedeutung mehr, die edelsten Geschlechter sind Hofadel geworden. |

In dem Zeitraum des Unglüks, als Italien seinem Elende zueilte, und das Schlachtfeld der Kriege war, die fremde Fürsten um seine Länder führten, zugleich die Mittel zu den Kriegen darreichte und der Preiß derselben war, als es seine eigene Vertheidigung dem Meuchelmorde, Gifft und Verrath, oder Schwärmen fremden Gesindels anvertraute, die für ihre Soldherrn immer kostspielig, und verwüstend, noch öfters furchtbar und gefährlich waren, von deren Anführern einige sich zu Fürsten emporschwangen, als Deutsche, Spanier, Franzosen und Schweitzer es ausplünderten, und fremde Kabinette über das Schiksal dieser Nation beschloßen, – in dem tiefen Gefühle dieses Zustands allgemeines Elendes, des Hasses, der Zerrüttung, der Blindheit, faßte ein italienischer Staatsmann mit kalter Besonnenheit die nothwendige Idee der Rettung Italiens, durch Verbindung desselben in einen Staat, er zeichnete mit strenger Konsequenz den Weg vor, den sowohl diese Rettung, als die Verdorbenheit und blinde Raserei der Zeit nothwendig machte, und rief seinen Fürsten, die erhabene Rolle, eines Retters von Italien und den Ruhm seinem Unglük ein Ende zu machen, zu übernehmen, mit folgenden Worten auf:

| [205] So mußte das Volk Israel in Ägypten versklavt werden, damit die Kraft des Moses sichtbar wurde, und die Perser mußten unterdrückt werden durch die Meder, daß der großherzige Geist des Kyros erscheine; und ebenso mußten die Athener vertrieben und in alle Winde zerstreut werden, damit die Rechtlichkeit des Theseus ans Licht trete. So auch das heutige Italien: es mußte in das augenblickliche Elend fallen, damit seine Kraft zum Gemeinsinn sich bewähre, es mußte geknechteter als die Juden, versklavter als die Perser, zerstreuter als die Athener werden, ohne Oberhaupt, ohne Ordnung, geschla-

gen, geplündert, ausgeraubt, zersplittert, mit Verheerung und Zerstörung überzogen. Und obwohl sich manches Hoffnungszeichen zeigte, manch einer, der von Gott bestimmt schien, diese arme versklavte Provinz zu befreien, so hat man doch sehen müssen, wie er auf der Höhe seiner Taten zurückgeworfen und vom Glück verlassen wurde. So erwartet dieses erbarmungswürdige, von aller Lebenskraft verlassene Land von Tag zu Tag den Retter, der seine Wunden heilen, der den Plünderungen und Brandschatzungen in der Lombardei, den Schlägen und Erpressungen gegen das Königreich Neapel und die Toskana ein Ende machen und Italien von den alten, seit langem eingewurzelten Übeln befreien kann. [...] Dieses Vorhaben ist gerecht über die Maßen, und auch der daraus entspringende Krieg muß als gerechter Krieg gelten, weil er notwendig ist; Waffengebrauch ist gut und vernünftig, da anders als durch Waffen keine Rettung zu erwarten ist. [...] | Alle diese Zeichen (das Meer hat sich aufgetan, eine Wolke zeigte den Israeliten den Weg, auf Moses' Bitte sprang Wasser aus dem Felsen, und Manna regnete vom Himmel) haben sich vereinigt zu eurer Größe. Den Rest müßt ihr selbst bewirken. Gott will nicht alles tun, um uns nicht den freien Willen zu nehmen und jenen Teil des Ruhms, der vom eigenen Handeln abhängt. [...] Ich kann gar nicht beschreiben, mit welch begeisterter Zustimmung er empfangen würde (jener, der Italien von seiner Knechtschaft befreien wird) in allen Provinzen, welche die Invasionen fremder Mächte erlitten haben, welcher Rachedurst, welch unerschütterliche Treue, wieviel Hingabe, wieviel Tränen ihm entgegenschlugen! Welche Tür bliebe ihm verschlossen? Wer würde ihm den Gehorsam verweigern? Wer wagte es ... [1]

1 Der französische Text bringt Auszüge aus dem Kapitel 26 des *Principe* von Machiavelli. Die Auslassungen sind gekennzeichnet. Übersetzung: Hans Maier.

Man kan wahrnehmen, daß ein Mann, der mit dieser Wahrheit des Ernstes spricht, weder Niederträchtigkeit im Herzen, noch Spaß im Kopfe hatte. Was jene betrifft, so führt in der allgemeinen Meinung, schon der Nahmen Macchiavell das Siegel der Verwerfung mit sich, und sie hat macchiavellistische und abscheuliche Grundsätze gleichbedeutend gemacht. Die Idee eines Staats, den ein Volk ausmachen soll, ist durch ein blindes Geschrey einer sogenannten Freyheit solange übertaübt | worden, daß vielleicht das ganze Elend, das Deutschland im siebenjährigen und in diesem letzten französischen Kriege [erduldete], und alle Fortbildung der Vernunft, und die Erfahrung an der französischen Freyheitsraserey nicht hinreichend sind, die Wahrheit, daß Freyheit nur in der gesetzlichen Verbindung eines Volkes zu einem Staate möglich sey, zum Glauben der Völker oder zu einem Grundsatz einer Staatswissenschafft zu erheben. Schon der Zwek den Macchiavel voransetzt, Italien zu einem Staat zu erheben, wird von der Blindheit verkannt die nichts als eine Gründung von Tirannei, einen Goldnen Spiegel für einen ehrgeitzigen Unterdrükker in Machiavels Werke erkannt; wenn er aber auch zugestanden wird, so heißt [es,] sind die Mittel abscheulich, und da hat die Moral weiten Spielraum, ihre Trivialitäten, daß der Zwek die Mittel nicht heilige, u.s.w. auszukramen. Hier kan aber von keiner Wahl der Mittel die Rede [seyn], brandige Glieder können nicht mit Lavendelwasser geheilt werden, ein Zustand, worin Gifft, Meuchelmord gewöhnliche Waffen geworden sind, verträgt keine sanfte Gegen=Versuche; der Verwesung nahes Leben kan nur durch das gewaltsamste Verfahren reorganisirt werden. Es ist höchst unvernünftig, die Ausführung einer Idee, die unmittelbar aus der Anschauung des Zustandes Italiens geschöpft ist, als ein gleichgiltiges für alle Zustände d.h. also für keinen Zustand passendes Kompendium von moralischpolitischen Grundsätzen zu behandeln. Unmittelbar von der Geschichte der vor Machiavell verflossenen Jahrhunderte und der gleichzeitigen Geschichte Italiens, mit dem Eindrukke, den diese gegeben hat, muß man an die Lesung des Fürsten gehen, und er wird nicht nur gerechtfertigt, sondern als eine höchst grosse und wahre Konception, eines ächten politischen Kopfs vom grösten und edelsten Sinne erscheinen. Es wäre nicht überflüssig, von demjenigen etwas zu sagen, was man | gewöhnlich übersieht, nemlich von den übrigen wahrhafft idealischen Forderungen, welche Macchiavell an einen vortrefflichen Fürsten macht, und welche wohl von keinem Fürsten, und [auch] demjenigen nicht, der ihn widerlegt hat, seit jener Zeit erfüllt worden sind. Aber dasjenige was man die abscheulichen Mittel nennt, welche Macchiavel gerathen habe, müssen noch aus einem andern Gesichtspunkt angesehen werden. Italien sollte – ein Staat seyn; diß galt als Grundsatz noch damals, wo der Kaiser immer noch als oberster Lehensherr galt, – und diß allgemeine setzt Macchiavell voraus, diß fodert er, diß ist sein Princip gegen das Elend seines Landes. Von hier erscheint das Verfahren des Fürsten, von einer ganz andern Seite. Was vom Privatmann gegen den Privatmann, oder von einem Staate gegen den andern oder gegen einen Privatmann gethan abscheulich wäre – ist nunmehr gerechte Strafe. Gegen einen Staat ist Bewirkung von Anarchie das höchste oder vielmehr das einzige Verbrechen, denn alle Verbrechen, deren der Staat sich anzunehmen hat, gehen dahin, und diejenigen, welche nicht mittelbar, wie andre Verbrecher, sondern unmittelbar den Staat selbst angreiffen, sind die grösten Verbrecher, und der Staat hat keine höhere Pflicht, als sich selbst zu erhalten, und die Macht dieser Verbrecher auf die sicherste Art zu vernichten. Die Ausübung dieser höchsten Pflicht durch den Staat ist kein Mittel mehr, es ist Strafe, oder wenn die Strafe selbst ein Mittel wäre, so würde jede Bestrafung irgend eines Verbrechers eine Abscheulichkeit heissen müssen, und jeder Staat in dem Fall seyn, um seiner Erhaltung wegen, abscheuliche Mittel, Tod, lange Gefangenschafft zu gebrauchen.

Der römische Kato der jüngere hat das Privilegium von jedem Freyheitsschreyer aufgeführt zu werden, und Er war der gröste Beförderer daß dem Pompejus die Alleinherrschafft übertragen wurde, nicht aus Freundschafft für den Pompejus, sondern weil Anarchie das grössere Übel sey; und er tödtete sich selbst, nicht weil das was die Römer damals noch Freyheit nannten, die Anarchie, untergegangen | war, denn die Parthey des Pompejus, mit dem er war, war nur eine andere Parthey, als die Cäsars, – sondern aus Hartnäkkigkeit des Charakters, der sich seinem geschmähten und gehaßten Feinde nicht unterwerfen wollte – sein Tod war eine PartheiSache.

Derjenige von welchem Macchiavel die Errettung Italiens gehofft hatte, war nach allem der Herzog von Valentinois, ein Fürst, der mit Hülfe seines Onkels und durch Tapferkeit sowie Betrug aller Art aus den Fürstenthümern der Herzoge Ursini, Kolonne, von Urbino u.s.w. und den Herrschafften der Römischen Barone einen Staat zusammengeklebt hatte; sein und das Andenken seines Onkels – wenn man auch alle nur durch blosse Gerüchte und den Haß ihrer Feinde aufgebürdete Thaten abziehen will, ist ihr Andenken als Menschen vor der Nachwelt wenn sie sich heraus nehmen mag, Menschen moralisch zu richten, gebrandmarkt – und der Herzog und sein Onkel, aber nicht ihr Werk ist zu Grunde gegangen, sie sind es, die dem römischen Stuhl einen Staat erworben haben, dessen Bestand Julius II wohl zu benutzen und furchtbar zu machen wußte, und der bis auf den Tag besteht. Wenn Macchiavel den Fall Cäsar Borgia's ausser politischen Fehlern auch dem Zufall zuschreibt, der ihn gerade in dem entscheidendsten Augenblik des Todes Alexanders aufs Krankenlager warf, so müssen wir dagegen in seinem Fall mehr eine höhere Nothwendigkeit erblikken, die ihn die Früchte seiner Thaten nicht geniessen, noch sie zu grösserer Macht ausbilden ließ, weil die Natur, wie sich an seinen Lastern zeigt, [ihn] mehr zu einem ephemeren Glanz, und zu einem blossen | Instrumente der Gründung eines Staates bestimmt zu haben scheint, und weil also von der Macht, zu der er sich emporschwang ein grosser Theil nicht auf einem innern und auch nicht aüssern natürlichen

Rechte beruhte, sondern auf den fremden Zweig der geistlichen Würde seines Oheims gepropft war.

Macchiavels Werk bleibt ein grosses Zeugniß, das er seiner Zeit, und seinem eignen Glauben, daß das Schiksal eines Volks das seinem politischen Untergange zueilt, durch Genie gerettet werden könne, ablegte. Merkwürdig ist noch bei dem Misverstand und Haß gegen Macchiavels Fürsten an dem besondern Schiksal dieses Werkes, daß aus einer Art von Instinkt ein künftiger Monarch dessen ganzes Leben und Thaten die Auflösung des deutschen Staates in unabhängige Staaten am klarsten ausgesprochen hat, sein Schulexercitium an diesem Macchiavel gemacht, und ihm moralische Chrieen entgegengestellt hat, deren Leerheit er selbst, durch seine Handlungsweise sowohl als ausdrüklich in seinen schriftstellerischen Werken gezeigt hat, indem er z.B. in der Vorrede zur Geschichte des ersten schlesischen Krieges den Verträgen der Staaten ihre Verbindlichkeit abspricht, wenn sie dem Besten eines Staats nicht mehr gemäß seyen.

Sonst aber hat das listigere Publikum, welches das Genie an Macchiavels Werken nicht unbemerkt lassen konnte, und zugleich zu moralisch dachte, um seine Grundsätze [zu billigen,] aber gutmeynend ihn selbst doch retten wollte diesen Widerspruch ehrlich und fein genug dahin vereinigt, daß es dem Macchiavell nicht Ernst | damit gewesen, sondern daß das Ganze eine feine Persiflage, eine Ironie [sey], und man kan nicht umhin, diesem Ironiewitternden Publikum über seine Feinheit Komplimente zu machen.

Macchiavells Stimme ist ohne Wirkung verhallt.

Deutschland theilt mit dem ehmaligen Italien das Schiksal seit vielen Jahrhunderten der Schauplatz innerlicher Kriege gewesen[1], aber auch der Schauplatz der Kriege fremder Mächte zu seyn, von Fremden geplündert, beraubt, beschimpft verachtet und gewöhnlich im Frieden vermindert zu werden; in diesem Schiksal ist es viel später als Ita-

1 *Daneben am Rande:* Wie lang ist kein Reichskrieg mit allgemeiner Beiwirkung geführt worden

lien; Schweden ist die eigentliche erste fremde Macht, die bedeutend in seinen Eingeweiden gewühlt hat, und das vorhergehende wankende System von Verbindung zertrümmern half; von da an entschieden fremde Mächte über Deutschlands Loos es hatte schon früher aufgehört dem Ausland furchtbar zu seyn, von da an hörte es auf, selbstständig seine innern Angelegenheiten für sich auszumachen, über sich zu beschliessen; es hat sein Geschik aus der Hand gegeben.

Deutschlands Schiksal unterscheidet sich aber wesentlich von dem Schiksal Italiens dadurch, daß die Staaten in welche Italien zerfallen war, durch den Zustand der Welt überhaupt noch lange fähig waren, sich auch gegen viele grössere Mächte zu behaupten, oder daß der unverhältnißmässige Umfang die Macht nicht gleicherweise unverhältnißmässig gemacht hatte, sondern wie Griechenland fähig war den Persern nicht nur zu widerstehen sondern sie zu besiegen, so vermochte in ältern Zeiten eine Stadt wie Mayland der Macht Friederichs zu trotzen und sich gegen sie zu erhalten, und noch später hielt sich Venedig gegen die Ligue von Kambray. | Eine Möglichkeit daß kleine Staaten grossen widerstreben, ist aber nunmehr völlig verschwunden, und die Souveränetät der Staaten Deutschlands hat sich mehr zu einer Zeit gebildet, als diese Möglichkeit nicht mehr vorhanden war. Die Staaten Deutschlands sind daher nicht von der Verbindung in eine völlige Trennung, sondern sogleich wieder in Verbindungen anderer Art übergegangen; die Masse ist nicht in viele Stükke zerfallen, und so eine Zeitlang zerstükkelt geblieben, sondern es haben sich in der Masse neue Kerne gebildet, um die sich die Theile die sich vom Ganzen losrissen in neue Massen sammelten.

Die Religion und die Selbstständigkeit als Staaten waren sonst die Interessen, um die sich als um Mittelpunkte die deutschen Stände sammelten, beyde Mittelpunkte formirten ihr politisches System; diese Mittelpunkte aber sind verschwunden, die Religion ist nicht nur erhalten worden, sondern der Geist der Zeiten hat sie über alle Gefahr gesetzt; eben so haben sich die Stände in den Besitz der Selbstständigkeit gesetzt, aber neben der österreichischen Macht, gegen welche die Besorgnisse unter dem Nahmen einer Universalmonarchie ehmals gerichtet waren, hat sich die Preussische Monarchie gebildet, die für sich stark genug im siebenjährigen Krieg nicht nur gegen die Macht der österreichischen sondern mehrerer Monarchieen [sich] erhalten und seitdem in Pohlen und in Franken sich noch mehr vergrössert hat. Preussen ist durch diese seine Macht ausser der Sphäre des gemeinschafftlichen Interesses der Erhaltung seiner Selbstständigkeit getreten, und ist deswegen nicht mehr der natürliche Mittelpunkt für die Stände für Erhaltung der Selbstständigkeit anzusehen, es kan die Allianz anderer Stände wünschen, es ist hierinn unabhängig von dem Beystand der deutschen Fürsten, es kan sich für sich schützen; der Bund der deutschen Stände mit ihm ist demnach ungleich, denn es bedarf derselben weniger, als sie desselben bedürfen, und der Vortheil muß also auch ungleich seyn; Preussen kan selbst Besorgnisse erwekken. |

Es haben sich im letzten Kriege vier politische Systeme in Deutschland gezeigt, das eine das österreichische, das andere das kaiserliche, [das dritte] das neutrale, das vierte das preussische. Oesterreich hat keinen unmittelbaren Beistand [ausser] etwa von dem Bischoff von Brixen, der in der Mitte seiner Staaten liegt, gehabt; es fodert an die deutschen Stände Beystand und gemeinschafftliche Mitwirkung als Kaiserhaus, und zum kaiserlichen System gehörig haben sich alle die mindermächtigen Stände besonders des südlichen Deutschlands gehalten, welche irgend eine Selbstständigkeit nur durch ein Bestehen eines deutschen Reichs erhalten können, vorzüglich geistliche Stände und Reichsstädte. Das dritte System ist hauptsächlich das System, Bayerns, Badens und Sachsens, die weder in politischer Verbindung mit Oesterreich noch Preussen noch dem Reich, nach ihrem besondern Interesse in Rüksicht auf Krieg oder Frieden, oder Neutralität gehandelt haben. Das vierte System begreifft die Stände des nördlichen Deutschlands, die unter der Vermittlung Preussens einen NeutralitätsTraktat mit Frankreich schlossen, und sich unter den Schutz Preussens begaben, welches die Garantie der Ruhe des nördlichen Deutschland übernommen.

Nachdem Preussen mit Frankreich Frieden geschlossen hatte, schlossen sich mehrere nördliche Staaten an diesen Friedensvertrag an, und im Schrekken über das französische Waffenglük des 94er Feldzugs verband sich mehr als die Hälffte von Deutschland zu dieser Neutralität. Als im Jahr 96 die Franzosen bis in Bayern eindrangen, wollte die Stadt Nürnberg sich nicht bloß dieser Neutralität beyge|sellen, sondern sich völlig zu einer preussischen Landstadt machen, und es wurde von preussischen Truppen besetzt, nachdem ein paar Jahre vorher Preussen einen Theil seines Gebiets, wegen alter Ansprüche für ihm zugehörig erklärt, und denselben in seine Gewalt nahm, so wie es auch die Unmittelbarkeit vieler Reichsritter in Franken aufhob, und vom deutschen Reiche hat Nürnberg deswegen so wie die Ritterschafft keine Hülfe erhalten können.

Die Stände des nördlichen Deutschlands haben die Garantie ihrer Neutralität nicht selbst, in der Form der sonst gewöhnlichen Kraisassociationen übernommen, und Preussen ist nicht Eins der Mitglieder dieser Verbindung, sondern das Haupt, und der Garant, und die Stände tragen zu den Kosten des DemarkationsKorps bey; es ist aber kein bleibender Bundesrath versammelt, sondern er versammelte sich nur zu gewissen Zeiten, um über die Regulirung und Fortsetzung dieser Maasregel und der Kostenbeyträge zu berathschlagen und beschliessen. Das wahre politische Verhältniß der Stände kam aber genau ans Licht, als zu Ausgang des Jahrs 1800 die Stände, die nicht versammelt waren, eine neue Versammlung zu halten gesonnen waren, so wurde ihnen von Preussen diese Zusammenkunft und Berathschlagung abgeschlagen, weil Preussen, als Garant der Ruhe des Nordens zu beurtheilen habe, welche Maasregeln hiezu zu nehmen seyen. Als die Nordische Koalition gegen Englands Prätensionen über die neutralen Schiffe in

Krieg mit England zu gerathen schien, wurde Hannover eines der Hauptbundesglieder, dem seine Neutralität garantirt war (nebst andern Reichsstädten) von Preussen besetzt, wobei Hannover keine Unterstützung von Deutschland zu erwarten hatte, es mußte seine Truppen verabschieden, und die Verpflegung des preussischen Korps übernehmen; der Frieden ist von den Ständen des deutschen Reichs ratificirt worden, doch hat Preussen seine Ratifikation für sich unmittelbar in Paris officiell anzeigen lassen. |

Die ganze Geschichte des Kriegs, die Trennung des nördlichen Deutschlands vom südlichen die besondere Neutralitäts= und Friedens=Akte des erstern, während das letztere unter dem grausamsten Elend schmachtete, und sich also ganz von jenem verlassen sah, machen es klar, nicht nur daß Deutschland in unabhängige Staaten zertheilt ist, sondern auch ihr Interesse völlig getrennt ist, und wenn das Staatsband so loose ist, wie im MittelAlter so ist doch keine freye Vereinigung zu erwarten. Bei dem mächtigsten aller Interesse, als Deutschland um die Länder des linken Rheinufers verringert wurde, als die eine Hälfte von den Feinden überschwemmt und ausgeplündert wurde war nicht nur keine reichsverbandsmässige, sondern auch keine freywillige Hülfe geleistet. Die andern Stände hatten sich von aller Mitwirkung getrennt, und ein Theil sogar dadurch, daß er seine Neutralität in die Garantie eines zugleich fremden Fürsten legte, zugleich auch das Recht der Mitwirkung aus den Händen gegeben, zur allgemeinen Mitwirkung wieder beyzutreten, sogar das Vermögen sich mit den Mitständen darüber zu berathschlagen.

Schweden hat beim Wiederanfang des Kriegs zwar sich öffentlich erboten, sein Kontingent zu stellen, es hat aber verlautet, daß Preussen den Durchzug durch die Neutralitätslinie nicht hat gestatten wollen.

Dadurch daß Brandenburg nicht nur in diesem Kriege sein Interesse völlig vom Interesse des deutschen Reichs absonderte, und andere Stände veranlaßte, das ihrige gleichfalls abzusondern, und sie alsdenn in den Fall setzte, sie als

Garant, rechtlich, und durch seine Macht nöthigen zu können, sich abgesondert zu halten, daß es der fränkischen Ritterschaft ihre Unmittelbarkeit und der Reichsstadt Nürnberg einen Theil ihres Gebiets, nahm, und im Augenblik der Noth die völlige Übergabe des | Magistrats zur Besetzung annahm, nachher Hannover, das in Allianz wegen der Ruhe und Sicherheit des nördlichen Deutschlands mit ihm war, besetzte entwafnete, und mit Requisition der Verpflegung belegte, – durch alle diese Umstände ist es klar geworden, was schon längst vorhanden war, daß Preussen nicht als ein deutscher Reichsfürst auf gleichem Fusse mit den übrigen Ständen, sondern als ein eigner souveräner mächtiger Staat zu betrachten ist, nicht als ein Stand, der fähig wäre gleiche Bedingungen mit andern Ständen in einer Association anzunehmen. – Überhaupt ist durch den letzten [Krieg] mehr Wahrheit in Verhältnisse der Staaten gekommen; insofern als die Staaten im Verhältniß der Macht zueinander stehen, so sind die Taüschungen hierüber verschwunden und diß Verhältniß hat sich überall geoffenbahrt, ist geltend gemacht und die schwächern Staaten sind zur Erkenntniß gebracht worden, daß sie sich den grössern nicht gleichstellen können. Wenn eine Republik Genf sich als ein souveräner Staat betrug, und als der erste sich zu seyn, euceto rühmte der an die französische Republik einen Gesandten abschikte, und sie förmlich anerkannte, so ist das Verhältniß von Genf zu Frankreich, als es ernstlich genommen wurde, bald anders bestimmt worden; hingegen der Republik San Marino hat Bunoparte ein paar Kanonen zum Geschenk gemacht, weil es da keine Beziehung gab, aus der Ernst zu machen war, als die einer Veranlassung den Mund mit den Nahmen einer Achtung für Republiken vollzunehmen. Die Republik Genf ist verschwunden, hingegen den batavischen, helvetischen, cisalpinischen, ligurischen Republiken wird ihre Unabhängigkeit, und Ruhe und wenn man will Neutralität, mit einer starken Garnison garantirt.

So sind die Verhältnisse beschaffen, die mächtigere Staaten, mit schwächern Staaten, nach dem wahren Unterschied ihrer Stärke knüpfen; die Verhältnisse Österreichs mit Deutschland schreiben sich aus alten Zeiten her, und sie müßten ganz anders ausfallen, wenn Oesterreich die Kaiserkrone weglegte, und dann izt ganz als grosse souveräne Macht mit seinen Nachbarn sich in Schutz Ruh= und GarantieVerträge einliesse besonders wenn es [es] damit auf Zeiten der Noth an|kommen liesse; in diesem Vortheil steht Österreich weit nach, daß Österreichs Verhältnisse alt sind, Brandenburg hingegen im Frieden keine bestimmte Verhältnisse einzugehen braucht, zur Kriegszeit hingegen, denen die in Noth, und schwach sind und sich an es wenden, Bedingungen machen kan; da heutzutag alles zu berechnen ist, so können die Bedingungen um 10 PC. geringer gemacht werden, als die man vom Feinde fürchtet, oder weil der Feind überhaupt so was Unbestimmtes ist, und man alles von ihm fürchtet, so scheint jede bestimmte Bedingung geringer, als die unbestimmte zu fürchtende, man weiß dort doch den Umfang seines Verlusts, und diß ist schon eine grosse Beruhigung – sonst war es in den Rheingegenden Volksmeinung, daß da von einem Staat ein Theil innerhalb der DemarkationsLinie, der andere ausser derselben unter öffentlichen und PrivatKontributionen der Franzosen stand, [wenn] nunmehr die Landstände beyder Theile zu gemeinschaftlicher Berichtigung der Schulden zusammentreten sollten, der Theil, der unter französischer Herrschaft stand Parität und gleichmässige Theilnahme weigerte, weil er zu verlieren glaubte; diese Volksmeinung mag ungegründet seyn, so sieht man immer im allgemeinen das Urtheil des Volks daraus.

[Brandenburg hat also den Vortheil, daß es] die Mächtigern entweder zu Freunden hat, oder, weil es sonst in keinen Allianz und SchutzVerhältnissen steht, sie als Feinde behandelt, auch im Fall eines GarantieVertrags ihn sogleich aufheben kan, weil er nur etwas bestimmtes und einzelnes ist, wie jeder politische Vertrag, und nach dem Wesen der politischen Verträge seine Aufhebung nicht Treulosigkeit, was dieser Krieg am meisten gelehrt hat, wo soviele Verträge aufgehoben wieder geknüpft, und wieder aufgehoben worden sind. Die Verbindungen Östreichs mit den Ständen scheinen dagegen [nicht] im Rang gewöhnlicher politischer Verträge, sondern wenn es sich ins gewöhnliche Verhältniß, gegen einen ReichsStand, setzte, wie | Preussen es kan, so fühlen alle Stände [sich] darin angegriffen, bey Preussen scheint es natürlich, so gut als bey Frankreich u.s.w.

Durch seine Macht und durch die Erscheinung derselben in den oben angeführten Fällen ist Preussen aus dem gleichen Range mit den übrigen Ständen getreten, das reine Interesse ihrer politischen Selbstständigkeit können sie nur bey sich selbst finden, und es wäre eine Association derselben, ein wahrer Ständebund in dieser Rüksicht denkbar; allein auch nur denkbar, denn theils sind die Stände untereinander selbst wieder so ungleich an Macht, daß sie keiner wahren gleichen Verbindung fähig sind; eine Abtey, Reichsstadt, unmittelbarer Adel kan vielweniger fürchten, Gegenstand der Vergrösserungssucht der österreichischen Monarchie zu werden, als einer minder grossen Macht; die preussische Macht steht, ungeachtet sie eine grosse Monarchie ist, in Rüksicht auf diese Fähigkeit, Besorgnisse kleinen Ständen zu machen, und der Benutzung kleiner Vortheile mehr auf der Linie mit mindergrossen Ständen, weil, so wie Frankreichs, seine Staatskunst ganz berechnend ist, seine militärische Macht unverhältnißmässig gegen seinen Umfang war, und daher die Summe kleiner Vortheile suchen mußte, so wie die französische Republik durchaus nach allgemeinen Grundsätzen handelte, sie mit seiner Macht in die kleinsten Details verfolgte, und alle besondern Rechte und Verhältnisse unter diese Grundsätze unterdrükte, und man könnte sagen, weil seine neue Politik nicht aus königlichem, majestätischem Princip, sondern aus der Bürgerlichkeit hervorgegangen ist, und sich z.B. gegen die österreichische Macht in dem Verhältniß eines Bürgers, der sich durch seine Arbeit mühsam vom Pfennig an seine Schätze erworben hat, gegen den von Voreltern reichen freyen Edelmann [befindet], dessen Besitz auf seinem Boden ruht, und derselbe bleibt, wenn er auch in Kleinigkeiten sein

Hausgesinde oder Nachbarn gewähren läßt, sein Reichthum ist nicht eine Summe, die Summe aber wird vermindert, durch Wegnahme von Einzelnem, sondern ein bleibendes unveränderliches. Die kleinen Stände die die grösten Besorgnisse wegen ihrer Selbstständigkeit haben müssen können nur sich mit Ver | trauen an eine Macht anschliessen, deren Politik und Großmuth zugleich ihr Bestehen zu schützen fähig und geneigt ist, und man hat die geistlichen Fürsten, Äbte, Reichsstädte, auch immer dem Kaiser sich anschliessen, und gegen denselben und das deutsche Reich ihre Obliegenheiten am getreusten beobachten gesehen.

Wenn auch die mächtigern Reichsstände unter sich sich verbinden wollten, und eine Art erfänden, daß eine solche Koalition nicht das Schiksal aller Koalitionen hätte, wenn auch die Vereinigung ihrer Truppen eine Macht bildete, die Einer grossen Macht widerstehen könnte, so würden sie doch nie in den Fall kommen nur vor Einer Macht Besorgnisse zu haben, denn diese Eine Macht müßte nothwendig die Theilnahme anderer Mächte gegen sie befürchten; aber gegen die Übereinstimmung mehrerer Mächte würde eine Verbindung sowohl wegen ihrer geringern Kriegsmacht, und ihrer zerstreuten geographischen Lage nichts vermögen; diese Lage hat sich [nicht] nach Einem Plan gebildet, wie der Umfang grosser Reiche, sie ist in militärischer Rüksicht an sich durchaus schwach, und weil die Verbindung erst etwas Neues wäre, würden diese Staaten auch nicht reich genug seyn, um sich mit Reihen von Festungen zu umgürten.

Ihre Politik muß sie nach den Umständen bald dieser bald jener grössern Macht anschliessen, und ihr Schiksal das gemeine Schiksal eines schwächern Aliirten, oder eines schwachen Feindes seyn.

Das Schiksal der deutschen Stände steht unmittelbar zwischen der Politik zweier grossen Mächte; beyde sind sich nunmehr darin gleich, daß das Verhältniß zu Deutschland hauptsächlich ein politisches ist, und das Verhältniß Preussens noch mehr, als das Verhältniß Östreichs, weil diese Macht zugleich die Kaiserkrone trägt, und hiedurch von alten Zeiten her durch das Gewicht unendlicher vieler Rechte eingeschränkt ist.

Die übrigen Interessen, in welchen Mächte verschieden waren, haben sich ausgeglichen, durch die Verschiedenheit dieser Interesse ist Preussen groß geworden, indem es sich an die dem Hause Oesterreich entgegengesetzte anschloß, oder an ihre Spitze stellte, aber die Zeit für sich hat theils die Getrenntheit des Interesses | von einem grossen Theil Deutschlands – vom österreichischen Interesse aufgehoben, theils Preussens Interesse vom Interesse der deutschen Stände getrennt.

Ein Hauptinteresse, an der Spitze von dessen Vertheidigung [Preussen] erschien, war die Religion. Die deutschen Stände selbst, in ältern Zeiten vorzüglich Sachsen und Hessen, und fremde Mächte, Schweden und Frankreich hatten diß Interesse gegen den Kaiser ehmals verfochten, und Preussen damals keine, oder als Brandenburg nur eine untergeordnete Rolle gespielt, im siebenjährigen Krieg kam diß Interesse nicht sowohl von Seiten der Mächte gegen einander als in der Volksmeinung noch zum Vorschein, und hat seine Wirkung nicht verfehlt; immer blieb eine Art von Mistrauen, und wenn sich die Protestanten als solche nicht angegriffen sahen, so fürchteten sie noch immer die Möglichkeit, sie trauten den Willen, die Höhe der Bigotterie und einen Einfluß des unnachgebenden Pabstes, der Jesuiten, Pfaffen überhaupt immer dem österreichischen Hause sowie es im Stande dazu wäre zu, und erblikten in Preussen den Garanten, und wenn der Nothfall wirklich einträte den Retter ihrer Glaubens und Gewissensfreiheit.

Die kleinliche und nach ihrem Zwek fanatische Politik der Jesuiten ist schon längst nicht mehr Politik der Höfe gewesen, besonders seit Joseph II Zeiten ist den Protestanten diese Besorgniß verschwunden; das Verfahren Joseph II war nicht bloß der Einfall eines einzelnen Monarchen[1], der mit

1 *Daneben am Rande:* wie Edikt von Nantes, Richelieus Verhältniß, was Matthias für die Protestanten seines Landes that,

seinem Tode wieder aussterben kan, sondern seine Nachfolger haben sowohl eben diese Grundsätze erhalten, als auch sind sie überhaupt in die feste, allgemeine Masse der Bildung und Staatsgrundsätze übergegangen. Auch was noch späterhin besonders ein Gegenstand des Inter | esse des protestantischen Theils der Reichsfürsten war, die Verhältnisse der Protestanten in der Pfalz, das einzige den Grundsätzen unserer Zeit widersprechende Überbleibsel, ist nunmehr gehoben, der Geist der Zeiten, die fest und zu Grundsätzen gewordene Verfahrungsart der Regirungen hat die Wichtigkeit des corporis evangelicorum, und damit auch des HauptChefs erstaunlich vermindert.

Die Sucht der katholischen Stände, der katholischen Religion die Obermacht zu verschaffen, ist weggefallen, und damit auch die schiefen Mittel, welche man ehmals gebraucht hat, deutsche Reichsfürsten zum Übertritt zur katholischen Religion zu bewegen, welche den Protestanten so erstaunlich viel Furcht und Besorgnisse erwekten. Die katholische Seite legt keinen Werth mehr darauf; weil schon an sich der Staat sich von der Kirche zu trennen gewußt, und auch die Erfahrung gezeigt hat, daß solche Mittel mehr schlimme Wirkung des Mistrauens, und der Vergrösserung der Hartnäkkigkeit hervorbrachten, als wirklichen Nutzen. Bald ist in Rüksicht auf die Religion die Person des Fürsten von dem Lande getrennt worden; wenn auch der Fürst katholisch wurde, blieb das Verhältniß des Landes zum Reichstag protestantisch, sogar verlor der Fürst bei seinem Übertritt zur katholischen Religion an Macht in seinem protestantischen Lande, nicht nur wegen des Mistrauens überhaupt, das dadurch entstand, sondern der Einfluß, den ein protestantischer Fürst über das Kirchenwesen seines Landes hat, wurde ihm durch Reversalien und dergleichen genommen, und er ist in das Verhältniß des katholischen Fürsten eines katholischen Landes gesetzt, in welchem die Kirche über ihre Güter, Besetzung der Ämter, und andere Anordnungen ganz von der weltlichen Macht unabhängig ist, da hingegen der protestantische Fürst eines protestantischen Landes, Vorsteher und Bischof zugleich ist. Auch sind katholische Fürstenhaüser in neuern Zeiten wieder [evangelisch geworden]. |

Weil solche Mittel von katholischer Seite wegfallen, der Jesuitenorden aufgehoben worden, in den katholischen Ländern selbst Toleranz eingeführt, und den Protestanten, den engherzigen Anordnungen des westphälischen Friedens zuwider, Bürgerrechte eingeraümt worden sind, so sind die langen Listen, welche Staatsrechtslehrer von dem Übertritt protestantischer Fürsten zur katholischen Religion [geben], die Auseinandersetzung der Tüke der Jesuiten, die Darstellung der Unterdrükkung und Drangsale der Protestanten in katholischen [Ländern], geschichtliche Gegenstände vergangener Dinge geworden, und nicht mehr Schrekbilder für die Gegenwart. Durch die Macht des fremden Beistandes sind die Protestanten länger von der Furcht, mit Gewalt ihren Glauben unterdrükt zu sehen, befreyt worden, wie sie dann nie sehr nach der Märtyrerkrone gedürstet haben. Und daß das Proselytenmachen kein System eines Hofes mehr ist, hat sie zum Theil auch von der ehmaligen Höllenangst befreyt, dieser ihr Glauben möchte ihnen durch List weggenommen, und das Gewissen heimlich aus der Tasche gespielt werden. Schon die Länge der Zeit hat ihnen mehr Zuversicht und Sicherheit auf den Besitz der Wahrheit gegeben. Schon längst ist es nicht mehr erhört worden, daß der katholische Beichtvater vom Reichstag als eine puissance angesehen wurde, und daß [man] von Reichstags wegen, an den Kaiser hierüber Ansinnen hätte ergehen lassen. Wenn Berliner Privatschriftsteller diese Höllenangst unter den Protestanten durch den entsetzlichen Lerm der Jesuitenriecherey wieder haben erwekken wollen, so ist so etwas nicht nur keine Kabinets-Sache mehr, kein Gegenstand von Reichstagsberathschlagungen, sondern erscheint bloß als eine Albernheit, oder sonst ein Ausbrauch eines höchst eingeschränkten Interesse von Mishelligkeit der Zweige des FreymaurerOrdens.

Ein anderes Interesse war die Rettung desjenigen, was man sonst deutsche Freyheit nannte, gegen das was man

Universalmonarchie oder nachher auch orien|talisches System nannte. Da seit zehen Jahren ganz Europa seine Aufmerksamkeit auf das fürchterliche Ringen eines Volks nach Freyheit, hefftete, und ganz Europa in allgemeiner Bewegung deßwegen war, so kan es nicht anders seyn, [als] daß die Begriffe über Freyheit eine Veränderung erlitten, und [sich] aus ihrer vorherigen Leerheit und Unbestimmtheit gelaütert haben. Deutsche Freyheit hieß sonst nichts anders als die Unabhängigkeit der Stände vom Kaiser, entweder Sklaverei und Despotismus – oder Aufhebung des Staatsverbands, die ältern Zeiten kannten nichts drittes. Seit Karl dem V ist die Spanische und österreichische Monarchie nicht mehr vereinigt, und seit einem Jahrhundert werden beyde von ganz verschiedenen Familien besessen, Österreich hat grosse Provinzen verlohren, Frankreich, England haben sich zu gleicher Grösse der Macht erhoben, Preussen und Rußland haben sich gebildet; Österreich ist längst nicht mehr die Monarchie, die ihres gleichen in Europa nicht hätte; es hat sich ein System des europäischen Gleichgewichts gebildet, d.h. ein System, vermöge dessen gewöhnlich alle Mächte Europens an einem Krieg ein Interesse nehmen, und jede Macht die Früchte auch des glüklichsten Kriegs entweder allein oder auch [nur im] Verhältniß mit ihren errungenen Vortheilen zu erndten gehindert wird; die Kriege haben schon an sich ihre Natur so sehr verändert, daß die Eroberung von ein paar Inseln, oder einer Provinz vieljährige Anstrengungen, ungeheure Summen u.s.w. kostet. Die Idee einer Universalmonarchie ist immer ein leeres Wort gewesen, daß sie nicht ausgeführt worden ist, zeigt wenn der Plan gefaßt war, die Unmöglichkeit ihrer Ausführung, und also die Leerheit dieses Gedankens, aber in neuern Zeiten kan auch die Rede nicht mehr davon seyn.

Dessenungeachtet bleibt Österreich übermächtig in Deutschland, d.h. mächtiger als irgend ein deutscher Stand ist, mächtiger als ihrer viele zusammen. Zugleich aber ist Preussen in eben diß Verhältniß gekommen. Österreich und

Preussen, stehen in Rüksicht auf eine Gefahr für die deutschen Stände auf gleichem Range, das was man sonst deutsche Freyheit nannte hätte sich gegen beyde vorzusehen. |

Von zwei Principien, die Gefahr der protestantischen Religion und die Furcht der Universalmonarchie durch deren Ergreiffung einem Staate möglich geworden ist, in Deutschland grossen Einfluß zu erhalten, ist jenes nicht mehr, in Rüksicht auf dieses die Begierde sich auf Kosten deutscher Stände zu vergrössern, steht Österreich und Preussen wenigstens gleich, wenn jenes nicht noch Vorzüge hat.

Es ist aber sichtbar, daß durch den zehenjährigen Kampf, und das Elend eines grossen Theils von Europa, soviel wenigstens an Begriffen gelernt worden ist, um gegen ein blindes Geschrey der Freyheit unzugänglicher zu werden. In diesem blutigen Spiel ist die Wolke der Freyheit zerflossen, in deren versuchten Umarmung sich die Völker in den Abgrund des Elends gestürtzt haben, und es sind bestimmte Gestalten und Begriffe in die Volksmeinung getreten; das Freyheitsgeschrey wird keine Wirkung thun; die Anarchie hat sich von der Freyheit geschieden, und daß eine feste Regierung nothwendig zur Freyheit hat sich tief eingegraben; ebenso tief aber, daß zu Gesetzen, und zu den wichtigsten Angelegenheiten eines Staats das Volk mitwirken muß, die Garantie daß die Regierung nach den Gesetzen verfährt, und die Mitwirkung des allgemeinen Willens zu den wichtigsten das Allgemeine betreffenden Angelegenheiten hat das Volk in der Organisation von einem es representirenden Körper, der einen Theil der StaatsAbgaben besonders aber die ausserordentlichen dem Monarchen zu verwilligen hat, und wie ehmals das Wesentlichste, die persönliche Dienstleistung von der freyen Übereinstimmung abhing, so izt das Geld, welches allen andern Einfluß in sich begreifft. Ohne einen solchen representirenden Körper ist keine Freyheit mehr denkbar, alle andern Unbestimmtheiten, alle Leerheit des FreiheitsGeschreys ist durch diese Bestimmung | verschwunden; nicht einzelne, wissen es durch Erlernung, als einen wissenschaftlichen Begriff, als ein Resultat eines willkührlichen Studirens, sondern diese Bestimmung ist Grundsatz der öffentlichen Meinung, er ist ein Theil des gesunden Menschenverstandes geworden. Die meisten deutschen Staaten haben eine solche Representation, die Landstände Östreichs, Böhmens, Ungarns haben ihrem Monarchen freye ausserordentliche Beiträge zu dem Kriege mit Frankreich gegeben.

Das Interesse dieser deutschen Freyheit sucht natürlicher bei einem Staate Schutz, der selbst auf diesem System der Freyheit beruht. Die Interessen, die sonst herrschend in Deutschland waren, sind theils vergangen, Preussen kan sich also nicht mehr daran anschliessen; kein Krieg Preussens kan mehr der öffentlichen Meinung für einen deutschen Freyheitskrieg gelten; das wahre Bleibende, in dieser Zeit aufs höchste geschärffte Interesse kan keinen Schutz bei ihm finden. Die Landstände der preussischen Provinzen haben ihre Bedeutung unter der Gewalt der königlichen Macht verlohren. Es ist ein neues und künstliches AbgabenSystem in den preussischen Ländern eingeführt worden, das auch in den neu ererbten Ländern, die Privilegien und Abgaben, nach alten Rechten und Herkommen hatten, geltend gemacht worden ist.

Gegen diese Last der Abgaben in den preussischen Staaten, gegen die Unterdrükkung der Privilegien können die deutschen Unterthanen Preussens weder beim Kaÿser noch bei den Reichsgerichten Hülfe erwarten.

Ausser den mindermächtigen Ständen, wie die Reichsstädte, und s.w. haben die Landstände der deutschen Länder, schon weil die kaiserlichen Erblande selbst ein Staat sind, der auf Representation sich gründet, und worin das Volk Rechte hat, und besonders wegen der gerichtlichen Hülfe beim Reichshofrath, ein natürliches | Interesse auf den kaiserlichen Hof zu sehen, und die Unterstützung desjenigen, was die Welt jetzt unter deutscher Freyheit versteht, zu erwarten. Diese Art der Freyheit hat natürlich immer mehr leiden müssen, je mehr die andere Art deutscher Freyheit zugenommen hat, und je mehr sich die Macht des

Staats über die einzelnen Glieder verminderte. Im westphälischen Frieden, ist die Souveränetät, oder wenigstens die Oberherrlichkeit des Kaisers über Reichsstädte, welche den Kaysern zukam, und welche an die Reichsstädte, d.h. ihre Magistrate im Lauf der Zeit verpfändet worden ist, für uneinlößlich erklärt worden; der vom Kaiser gesetzte Schultheiß oder welchen Titel er in andern Städten hatte mußte immer die Magistrate in einer gewissen Achtung erhalten, sie befanden sich [in] einer Art von Aufsicht oder unter den Augen einer von ihnen unabhängigen Person die durch ihren Zusammenhang mit dem Reichsoberhaupt Gewicht haben mußte. Seit dem den Reichsstädten im westphälischen Frieden, dadurch, daß die an sie verpfändete Staatsmacht uneinlösbar wurde ihre Freyheit einer Art völlig gesichert worden ist, hat die andere Art der Freyheit destomehr gelitten; es ist bekannt, in welchen Druk der Abgaben, Vernachlässigung der Rechtspflege, Schuldenlast, überhaupt in welche innere Verdorbenheit soviele Reichsstädte versunken sind, in welchen die Bürgerschafften keine Aufsicht auf die Verwaltung, und Verwendung der öffentlichen Ämter, keine Stimme auf Ausschreibung der Abgaben hatten, in welchen die Auflagen, und ihre Verwendung, die Besetzung der Ämter völlig in die Gewalt und Willkühr der Magistrate gekommen sind. Einigen hat es geglükt, sich von jener deutschen Freyheit der Magistrate durch Hülfe des Kaysers zu befreyen, andere waren durch die Folgen jenes Systems schon vor dem letzten Kriege in grosse Verlegenheit der | Finanzen dadurch gestürtzt worden, die durch diesen nicht wenig vermehrt worden ist.

Was die fürstlichen Staaten betrifft, so sind seit dem westphälischen Frieden, Kammerzieler, Kosten der Kontingenter, der Reichstagsgesandtschafften u.s.w. auf die Landstände gewältzt worden. Der Fürstenrath machte im Jahre 1670 (Pütter 2 S. 271–273ff.) – Jahre nach der Erringung der deutschen Freyheit durch den westphälischen Frieden ein ReichstagsGutachten an den Kaiser, worin die bisherige Art nach Verträgen den Beytrag zu den Staatskosten abzuliefern aufgehoben und dem Ermessen der Fürsten es anheimgestellt werden sollte, was sie für die Bedürfnisse des Landes für nöthig erachten würden. Diese Ausdehnung der Fürstenmacht, wodurch die damaligen Fürsten, das ganze Princip worauf die neuern Staaten beruhen, aufgehoben, und welche Folgen? für ihre Nachkommen zubereitet hätten, – diese Ausdehnung der – wenn man will – deutschen Freyheit wurde von Kaiser Leopold gehindert, und das Reichsgutachten von ihm nicht ratificirt, der in seinen deutschen Ländern, Böhmen, Österreich ebenso berechtigt worden wäre, die Rechte seiner Länder aufzuheben; er wäre durch den Reichstag berechtigt worden, wenn anders der immer gewissermassen bestehende Reichsnexus des Burgundischen Kreises geltend gemacht worden wäre[1], die Rechte der dortigen Stände, die in einen despotischen Aristokratismus ausgeartet waren, aufzuheben und das auszuführen, woran mehr als ein Jahrhundert später Joseph II gescheitert ist.

Von der Seite des Interesses dieser deutschen Freyheit erscheint das Verhältniß des Kaisers zu Deutschland in einem andern Lichte; und sein Verhältniß sehr verschieden von dem Verhältnisse Preussens. Durch die Macht der Zeit ist das grosse | VolksInteresse zu seiner Quelle zurükgekehrt; als Bedürfniß, das aber seine Befriedigung durch eine ihm gemässe Staatsorganisation noch nicht gefunden hat. Das Princip des ursprünglichen deutschen Staats, welches von Deutschland aus auf ganz Europa verbreitet worden ist, war das Princip der Monarchie, eine Staatsmacht unter einem Oberhaupt zur Führung der allgemeinen Angelegenheiten und mit Mitwirkung des Volks, durch seine Abgeordnete, die Form hievon ist selbst an dem was Reichstag heißt, übrig geblieben, aber die Sache ist verschwunden; in dem langen Schwanken Europas zwischen Barbarey und

1 Daneben am Rande: [als] was sind die österreichischen Niederlande an Österreich gekommen?
Reichsnexus derselben?

Kultur, in diesem Übergang hat der deutsche Staat diesen Übergang nicht vollbracht, sondern ist den Konvulsionen dieses Übergangs unterlegen, die Glieder haben sich zur völligen Selbstständigkeit losgerissen, der Staat hat sich aufgelöst, die Deutschen haben das Mittel zwischen Unterdrükkung und Despotismus – dem, was [sie] Universalmonarchie hiessen, und der völligen Auflösung nicht zu finden gewußt. Kampf für deutsche Freyheit hieß negativ das Bestreben gegen die Universalmonarchie, positiv wurde er zu einem Erringen der völligen Selbstständigkeit der Glieder. Die Länder standen darin ihren Fürsten bey, waren Eins mit ihnen, aber sie mußten finden, daß in der Souveränetät ihrer Fürsten die deutsche Freyheit nicht errungen war; im Gegentheil. Zugleich aber ist die Tendenz der Landstände zunächst für ihr Land, sie haben alle Beziehung aufs Ganze verlohren, ehmals hielten Fürsten oft Landtage ehe sie auf den Reichstag gingen, und berathschlagten gemeinschafftlich mit dem Land. Der Widerspruch, daß die Landstände am meisten gegen Reichskriege und Kostenbeyträge sind, und zugleich ihren Bestand dem Reiche danken – die Trennung Deutschlands hat sich allgemein im Volksgeist, eingenistet, Bayern Hessen, u.s.w. betrachten sich als Fremde, die Landstände, die in unmittelbarem Zusammenhange mit dem Volke stehen, sprechen diese Trennung am meisten aus, und sehen alles als fremd, sie nicht angehend an, was der Fürst in seinen Verbindungen thut, sie wollen eben für sich bleiben wie die Schweitzer bei ihrer Neutralität, aber die ganze Konstellation der Umstände ist nicht fürs für sich bleiben; es giebt keine Neutralität | mehr für einen schwachen Staat, in der Nähe, oder gar zwischen Mächtigen, wenn diese Krieg führen, oder der neutrale kan es bleiben, d.h. von beyden sich plündern und mishandeln lassen.

So sehr für die Einsicht das Interesse der Länder und der Landstände daran gebunden ist, daß in Deutschland eine Staatsmacht bestehe, so sehr ist den Ländern selbst fürs Handeln diß Interesse für Deutschland fremdgeworden –

für Deutschland, wen geht diß Land noch was [an], wo her sollte ein Patriotismus für diß Land kommen. Was die einzelnen Länder auch Landstände passiven Vortheil von Deutschland haben, geniessen sie, erkennen es, thun aber nichts dafür; denn es liegt tief in der menschlichen Natur, sich nur für das zu interessiren, wofür man handeln, wofür man mitbeschliessen und mitwirken kan, wobei der Willen seyn kan. Es müßte den Ländern eine Art der Mitwirkung fürs Allgemeine verschafft werden.

Wenn Deutschland nicht nach einigen Kriegen das Schiksal Italiens haben soll seinem grösten Theil nach in die Gewalt fremder Mächte zu kommen, und seine allermeisten Stände das, von diesen grossen Mächten nach und nach politisch ganz abhängig zu werden, nach und nach und die kleinern und geistlichen am bäldesten ganz verschlungen zu werden – daß einige zwey oder drey oder dergleichen sich noch länger als Staaten von der Grösse eines Kraises, oder von ein paar erhalten – wenn es nicht diß Schiksal haben sollte, so müßte es sich von neuem zu einem Staat organisiren; das wesentliche, was einen Staat ausmacht, nemlich eine Staatsmacht, geleitet vom Oberhaupt, mit Mitwirkung der Theile errichten. Alles ausserwesentliche, Abhängigkeit der Gerechtigkeitspflege, Verwaltung der Einkünfte, Religion, alles muß von dem Nothwendigen ausgeschlossen werden, was zu einem Staate gehört.

Ein Bestehen des deutschen Reichs wäre nur auf die Art möglich, daß eine Staatsmacht organisirt [würde], und das deutsche Volk wieder in Beziehung mit Kayser und Reich käme. Jenes würde dadurch bewirkt, daß alles Militär Deutschlands in Eine Armee zusammengeschmolzen würde, jeder grössere Fürst wäre bey derselben | gebohrner General, jeder wäre Innhaber eines eignen Regiments derselben und vergäbe die Chargen desselben, oder hätte seine davon abgesonderte Leibgarde und Garnison für seine Hauptstadt; in kleinere Stände würden Kompagnieen verlegt, oder kleinere Theile. Der Kaiser hätte natürlich die oberste Direktion dieser Armee. Die Kosten dieser Armee, die itzt gröstentheils die Ländstände bezahlen, nicht wie ehmals der Fürst aus seinen Domänen, würden ebenso von den Ländern getragen; diese Kosten hätten die Landstände jährlich zu bewilligen, und zwar vereinigten sie sich hiezu aus allen Ländern insgesammt was wohl nicht so geschehen könnte, daß von den bestehenden Landständen einige Glieder dazu deputirt würden; weil theils manche Länder keine Landstände haben, theils für ganz kleine Stände die Kosten zu groß wären, sondern wenn zum Behuf der Aushebung des Militärs es schon nothwendig wäre, daß Deutschland eine militärische Eintheilung, jeder Kreis in kleinere Kreise gegeben werden müßte, ganz unabhängig von den übrigen Gerichtsbarkeiten und Hoheiten, – die mit der militärischen Eintheilung garnichts zu thun hätten, – so könnten aus den Unterabtheilungen nach der Anzahl ihrer Bewohner Abgeordnete erwählt werden, die die Auflagen zur Unterhaltung der Staatsmacht zu bewilligen hätten.

Diese Abgeordneten bildeten für diesen Zwek ein Korps mit der Städtebank des Reichstags, – diese Städtebank hat ohnediß durch den Verlust von mehrern Städten wieder eine Verminderung erlitten, und es ist die Frage ob [sie] nicht noch andere Verminderungen zum eigenen Besten mancher kleinern derselben erleiden – in dem Entschädigungsgeschäfft erleiden wird – Hamburg müßte auch angehalten werden seinen Deputirten zu schikken – die kleinsten Reichsstädte von einem oder ein paar tausend Bürger haben Stimmen in dem Reichstag, und ein ganzes Land wie Böhmen, Sachsen, hat gar keine Stimme – solche kleine Reichsstädte, die noch bleiben müßten an der Eigenschafft, einen Deputirten zu schikken, die um sie her | liegenden Landschafften Theil nehmen lassen. Ohnehin weiß man nicht was die Städtebank zu bedeuten hat, es sind drey Kollegien auf dem Reichstag, aber die Mehrheit der Stimmen entscheidet nicht, stimmt das Churfürsten- und das FürstenKollegium nicht überein, so bleibt die Sache liegen, und das StädteKollegium gibt keinen Ausschlag.

Die ganze Veränderung wäre, daß die Länder das Geld, das sie unmittelbar den Fürsten bewilligen, und nur mittelbar dem Kaiser und Reich beytragen, itzt unmittelbar an Kaiser und Reich abgeben.

Der Kaiser wäre wieder an die Spitze des deutschen Reichs gestellt.

Es wäre die Frage, ob die Ritterkantone, Deputirte in den Fürstenrath, oder ins Städtekollegium schikken würden – sie würden ihre CharitativSubsidien gemeinschafftlich mit den andern bewilligen, und als Herrschafftsherrn müssten sie nothwendig dem Fürstenkollegium zugesellt werden. – Es wäre die Frage, ob die Fürsten aus ihren Domänen und sonstigen TerritorialEinkünften gemeinschafftlich einen Beytrag zu liefern beschliessen würden, oder ob jeder sein Regiment, oder seine Garde zum Theil davon bestreiten würde, überhaupt stünde es jedem frey, an dieses Regiment, noch ausser dem allgemeinen, was dazu vom Ganzen gegeben würde, von seinem Eignen zur Schönheit desselben soviel beyzuthun als ihm beliebte – in jenem wenn die Fürsten Beyträge aus den Domänen in einem gemeinschafftlichen Punkt bewilligten, und abgäben, würden die Ritter ihnen beygesellt werden müssen; wie denn ohnediß ursprünglich, wahrer Adel, d.h. Herrschafftsherrn von unmittelbaren Rittergütern ganz in die Kategorie der Fürsten gehören, und in ihrem Ursprung nicht davon verschieden waren.

Auch würde die Frage eintreten, ob nicht in dem Churfürsten- und FürstenKollegium die Fürsten, wenn sie nicht selbst erscheinen wollen, sich durch Prinzen ihres Hauses, oder wenigstens durch ihre vornehmsten Vasallen sollten representiren lassen. In einer solchen Versammlung würde auch die Art der Verhandlungen, | das Protokolldiktiren nicht anwendbar, sondern mündlich berathschlagt und gestimmt werden, und die Talente und der Glanz der Representanten, wenn sie nur aus fürstlichen und den edelsten Geschlechtern sind, würden einer solchen fürstlichen Versammlung einen erhabenen Anblik gewähren.

Wenn alle Theile dadurch gewinnen würden, daß Deutschland zu einem Staat würde, so ist eine solche Begebenheit und wenn sie auch der allgemeinen Bildung gemäß und das Bedürfniß derselben tief und bestimmt gefühlt würde, nie die Frucht der Überlegung gewesen, sondern der Gewalt. Der gemeine Hauffen des deutschen Volks, nebst ihren Landständen, die von gar nicht anderm als von Trennung der deutschen Völkerschafften wissen, und denen die Vereinigung derselben etwas ganz fremdes ist, müßte durch die Gewalt eines Eroberers in Eine Masse versammelt sie müßten gezwungen werden, sich zu Deutschland gehörig zu betrachten.

Dieser Theseus müßte Großmuth haben, dem Volke, das er aus zerstreuten Völkchen geschaffen hätte, einen Antheil an dem was alle betrifft einraümen, weil eine demokratische Verfassung als Theseus seinem Volke gab, in unsern Zeiten und grossen Staaten, ein Widerspruch an sich selbst ist, so würde der Antheil eine Organisation seyn Charakter genug, um wenn er auch nicht mit dem Undank wie Theseus belohnt zu werden sich durch die Direktion der Staatsmacht, die er in Händen hätte, versichert seyn könnte, den Haß tragen zu wollen, den Richelieu und andere grosse Menschen auf sich luden, welche die Besonderheiten und Eigenthümlichkeiten der Menschen zertrümmerten. Wenn die gesellige Natur des Menschen einmal ist gestört und gezwungen worden, sich in Eigenthümlichkeiten zu werfen, so kommt eine so tiefe Verkehrtheit in sie, daß sie ihre Krafft jezt auf diese | Entzweiung von andern verwendet, und in der Behauptung ihrer Absonderung bis zum Wahnsinn fortgeht, denn der Wahnsinn ist nichts anders, als die vollendete Absonderung des Einzelnen von seinem Geschlecht, und wenn die deutsche Nation nicht fähig ist, ihre Hartnäkkigkeit an dem Besondern bis zum Wahnsinn der jüdischen Nation zu steigern, dieser mit andern zu Geselligkeit und Gemeinschafftlichkeit unvereinbaren Nation, wenn sie nicht zu dieser Verruchtheit der Absonderung zu morden und sich [morden] zu lassen bis der Staat zertrümmert ist, kommen kan, so ist das Besondere und Vorrecht, und Vorzug, so was innig persönliches, daß der Begriff und die Einsicht der Nothwendigkeit viel zu schwach ist, um aufs Handeln selbst zu wirken; der Begriff und Einsicht führt etwas so mistrauisches gegen sich, mit, daß er durch die Gewalt gerechtfertigt werden muß, dann unterwirft sich ihm der Mensch.

Vorarbeiten zur Vorlage

(Februar–April 1801)

| *II. Ein Staat, dem die Krafft genommen ist ...*

II.

Ein Staat, dem die Krafft genommen ist, sich gegen auswärtige Staaten zu vertheidigen, der keine Macht hat, im innern weder die oberste Gerechtigkeitspflege zu handhaben, noch seine Gerechtsame über das Ganze gegen die Einzelne, die dieselben an sich reissen, zu erhalten, muß nothwendig im Kriege allen Plünderungen und Verwüstungen ausgesezt, die Hauptkosten desselben, die Freund und Feind hat, tragen, Provinzen an auswärtige Mächte verlieren, er muß die Gerechtigkeit der Politik und dem Schiksal überlassen; und bei vernichteter Staatsmacht über die einzelnen Glieder, und verlorner Oberherrlichkeit über die Vasallen, nichts als souveräne Staaten in sich schliessen, von denen nach dem blossen Geseze der Macht und Klugheit die stärkern sich ausbreiten, und die schwächern verschlungen werden; ein solcher Staat muß in den Zustand vor dem Landfrieden gerathen, nur daß dieser Zustand durch den veränderten Charakter der Menschen, und Instrumente der Gewalt friedlicher aussieht. |

A. Schiksal Deutschlands gegen auswärtige Mächte.

Die Länder, die das deutsche Reich in dem Fortgang mehrerer Jahrhunderte verloren hat, machen eine lange traurige Liste aus, und die Staatsrechtslehrer thun sich noch viel auf die grossen Ansprüche zu gut, die Deutschland hat, und führen dieselbe mit eben der tröstenden Rührung auf, mit welcher ein verarmter Edelmann den lezten Überrest seiner verschwundnen Grösse die Gemählde seiner Ahnen, bewahrt; beyde werden gleich wenig in ihrem Troste gestört; die Ansprüche der Staatsrechtsgelehrten haben noch keinem Minister Besorgnisse erwekt und nach den Gemählden der adeligen Ahnen sind weder die Glaübiger lüstern, noch kommt der Besizer selbst in Versuchung, sie zu verkauffen, weil der Preis viel zu tief unter dem Werthe stünde; und jene Ansprüche wie diese Bilder modern ruhig zusammen; zuweilen machen die Eigenthümer sich das Vergnügen, sie abzustaüben, und unschuldige Ergözlichkeit in ihrer Betrachtung sich zu verschaffen.

Wenn noch von Ansprüchen des Deutschen Reichs auf Ungarn Pohlen, Preussen Neapel u.s.w. bei den Staatsrechtslehrern die Rede seyn sollte, so [ist] über die politische Unwichtigkeit kein Wort zu verlieren. Aber auch in Rüksicht auf ehmalige Staatsverbindung dieser Länder ist zu bemerken, daß sie nicht mit dem deutschen Staat in Verbindung waren, sondern mit dem römischen Kaiser, in seiner ehmaligen Eigenschafft als Haupt der Christenheit, Herr der Welt, u.s.w. und daß | die Verbindung den deutschen Staat nichts anging; daß der Römische Kaiser, und in Germanien König, wie es noch im Titel getrennt ist, dem Wesen nach getrennt war; und das deutsche Reich hatte weder das Interesse und den Willen noch Krafft, dasjenige was zur Herrschafft des römischen Kaisers gerechnet werden konnte, und eine solche unnatürliche Vereinigung von Ländern zu behaupten, konnte und wollte es doch diejenigen Staaten die in eigentlicher Staatsverbindung mit ihm standen, integrirende Theile von ihm nicht erhalten.

Das longobardische Königreich stand in engerer Beziehung auf Deutschland und bis auf die neusten Zeiten haben sich von ihr Spuren erhalten; aber diese Spuren sind noch schwächer [als die Beziehungen], in denen die deutschen Stände mit dem Reiche stehen, und können daher in Rüksicht auf den Staat nicht in Betracht kommen.

Was die zum deutschen Reich wesentlich gehörige, völlige Reichsstandschafft besizzende Länder betrifft, so hat sich fast jeder Krieg des Reichs, mit Verlust solcher Stände für dasselbe geendigt. Dieser Verlust begreifft zweierlei Arten in sich; nemlich ausser der Unterwerfung deutscher Länder unter fremde Oberherrschafft, und völliger Losreissung derselben von allen Rechten und Pflichten gegen das Reich, ausser diesem Verlust Deutschlands, muß als Verlust für den Staat angesehen werden, daß so viele Länder zwar in aller ihrer bisherigen rechtlichen Beziehung gegen Kaiser und Reich geblieben sind, aber Fürsten erhielten, welche zugleich Monarchen unabhängiger Reiche sind. Dieser Umstand ist es, der scheinbar kein Verlust ist, der scheinbar alles beim Alten ließ, [aber] den Zusammenhang des Staats in seinen Grundpfeilern untergraben hat, weil diese Länder damit von der ausübenden Gewalt des deutschen Staats, von der StaatsMacht unabhängig geworden sind.

Ohne in ältere Zeiten zurükzugehen, wollen wir eine Übersicht davon geben, wie vom westphälischen Frieden an die Ohnmacht Deuschlands, das Schiksal des|selben im Verhältniß zu auswärtigen Mächten, und den Umfang seines Gebiet sich geaüssert hat; was Deutschlands Verlust durch den Frieden gewesen ist; denn der Schaden durch den Krieg selbst ist für alle Angabe zu unermeßlich.

Im westphälischen Frieden verlor sich nicht nur alle Verbindung der Vereinigten Niederlande mit dem deutschen Reich, sondern die Schweiz, welche in der Praxis freilich schon längst vom deutschen Reich ganz unabhängig war, wurde nun dafür von demselben förmlich anerkannt. Dieser Verlust nicht eines Besizes sondern blosser Ansprüche Deutschlands an die Schweiz war denn freilich nicht [von] Bedeutung, da das deutsche Reich nicht einmal das, was mit ihm verbunden ist, erhalten, viel weniger abgefallne Provinzen wieder an sich bringen konnte; aber die deutschen Staatsrechtsgelehrte halten freilich solche Ansprüche sehr hoch und vom Besiz einer Provinz sprechen sie gleichgültiger als von leeren Ansprüchen auf ein Reich.

Ebenso trat Deutschland izt an Frankreich die Bißthümer und Städte Mez Toul und Verdun, förmlich ab, die es schon ein Jahrhundert lang verlohren hatte; ein wirklicher Verlust fürs Reich war die Abtretung der Landgrafschafft Elsaß, nemlich was Österreich davon besessen hatte, und der bisherigen Reichsstadt Bisanz an Spanien.

Diese Länder traten aus aller Verbindung mit dem deutschen Reich; aber mehrere als diese blieben zwar rechtlich in ihrer Abhängigkeit von Deutschland aber, daß zugleich fremde Monarchen, ihre Fürsten wurden, legte den Grund zu ihrer Trennung in der Praxis. Nemlich an Schweden kam Vorpommern, und ein Theil von Hinterpommern, das Erzbisthum Bremen und Bisthum Verden, und die Stadt | Wismar. An Brandenburg, den Herzog und nachmals König von Preussen, kamen das Erzbisthum Magdeburg, das Bisthum Halberstadt, Kamin, und Minden. Wäre der Fürst von Brandenburg auch nicht zugleich ein Souverän gewesen, so würde diese Verminderung der Zahl deutscher Stände und ihre Verschmelzung in Eine Masse die nämliche Wirkung hervorgebracht haben, nemlich durch die Veränderung so vieler Stände in Einen eine Staatsmacht zu bilden, die nunmehr der deutschen Staatsmacht widerstehen konnte, was sie unter mehrere Stände vertheilt nicht konnte. Aus dieser angeführten Verminderung gingen noch mehrere besondre Stände ein, Schwerin, Razeburg u.s.w. Ebenso zerstörend für die deutsche Staatsmacht war die Garantie, welche das deutsche Reich fremden Mächten über seine Verfassung und innern Verhältnisse übergab, damit seine Unfähigkeit, sich als Staat und seine Verfassung zu erhalten, selbst anerkannte, und ihnen das Recht, sich in die innern Angelegenheiten Deutschlands zu mischen übertrug.

Von andern innern Schwächungen der deutschen Staatsmacht, durch AppellationsPrivilegien, die an mehrere Länder ertheilt wurden, durch Verstattung der Wahl für den Beklagten vor welchem Reichsgericht er belangt seyn wollte noch mehr von der Festsezung des Rechts, daß nicht nur in Religions- sondern auch andern, das ganze Reich betreffenden Gegenständen die Mehrheit der Stimmen auf dem Reichstag nicht gelte, daß das deutsche Reich seine an Reichsstädte verpfändete SouveränitätsRechte nicht einlösen dürfe, u.s.w. davon ist anderwerts die Rede.

Im nächsten, nemlich im Nimweger Friedensschluß, der ohne Reichsdeputation zu Stande kam, aber vom Reiche ratificirt wurde, und damit auch die Klausel | desselben, daß von Reichswegen kein Widerspruch gegen denselben sollte angenommen werden. Die Hoheit des Reichs über die Grafschafft Burgund wurde aufgegeben, und einige Striche Lands im nördlichen Deutschland änderten ihre Herrn, und im südlichen die Besazungsrechte Frankreichs in deutschen Festungen.

Das deutsche Reich bietet ihm ganz eigne Erscheinungen dar, die bei andern Staaten nicht leicht vorkamen. Während der Friedenszeit nemlich nach dem Nimweger Friedensschluß gingen zehen Reichsstädte des Elsasses, und andere Länder an Frankreich verloren.

Der Ryßwicker Frieden wurde im Beyseyn einer Reichsdeputation, die aber zu den Konferenzen mit den auswärtigen Gesandten nicht zugelassen wurde, sondern nur nach dem Gutbefinden der kaiserlichen Gesandten Nachrichten erhielt, und um Beistimmung angesprochen wurde, [geschlossen], bestätigte die französische Besiznahme dieser Länder, erwarb dagegen dem Reich eine Reichsfestung, Kehl, enthielt aber die berühmte Klausel, wegen der ReligionsZustände in den eroberten Ländern die Frankreich zurükgab, die den Protestantischen Ständen überhaupt so viel zu thun gegeben hat, und über die Pfalz so grosses Unheil bringen half.

An den Badischen FriedensUnterhandlungen nahm keine Reichsdeputation Theil, und er brachte auch keine unmittelbare Veränderung für das Deutsche Reich hervor, Oesterreich bekam Breisach und Freiburg zurük; und diß ist eigentlich der lezte Frieden, den das deutsche Reich geschlossen hat. |

Die Friedensschlüsse, die Schweden nach dem Tode Karls XII mit Hannover, Preussen, Dänemark und Rußland machte, benahmen ihm nicht nur seinen durch ihren tapfern König erzwungenen Plaz unter den Mächten Europas

| *d. politischer Grundsaz ...*

d. politischer Grundsaz, um die Grossen ihre Abhängigkeit fühlen zu lassen.

II. ist dann auch ein DefinitivUrtheil erfolgt fehlts an der Exekution, von dieser Seite die Anarchie sichtbar, keine Staatsgewalt.

III. die souveränen Rechte der Fürsten dehnen sich zwar nicht auf Krieg und Frieden aus, in neuern Zeiten auch; nach der Praxis, sondern auf Bündnisse mit fremden Mächten; dadurch die Rechte der Stände Gegenstände der Politik, ohnehin und rechtlich. Ebendiese Tendenz zur Unabhängigkeit macht alle Verbesserung unmöglich; gegründeter Vorwand schlechte Justiz, um sich ihr zu entziehen; jene Tendenz mag den Vorwand nicht wegnehmen; die Visitationen unter Joseph II. Die Stände angegriffen, griffen den Kaiser und Mainz an, beyde liessen es also gehen; beiden entleidet, weil ihre unbestimmten Rechte durch Bestimmung verlieren konnten. Den Reichsständen wäre eine bessere Justiz furchtbar, macht ihre Politik, Beschikung fremder Mächte durch Gesandte, Erwerb durch politische Verhandlungen zu nichte, beydes steht in völligem Widerspruch; was Sache des Rechts ist, kan nicht Sache der Macht, des Einflusses u.s.w. seyn. Die Stände haben zwar nicht das Recht des Kriegs miteinander, aber mittelbar durch Bündnisse, Stadt Münster so unter das Bisthum gebracht.

IV. ein sehr wichtiger Umstand aber ist der Unterschied, der zwischen Staatsgewalt und Rechtsgegenstand stattfindet; Rechtsgegenstand ist ein PrivatEigenthum; Staatsgewalt kan nicht PrivatEigenthum seyn; sie fließt vom Staat aus; es | gibt kein Recht auf sie, als des Staats; ihr Umfang, der Besiz derselben hängt vom Staat ab, nur geltend in Bezug auf ihn; kein Gegenstand einer gerichtlichen Behandlung Erwerb des PrivatEigenthums ist Sache des Zufalls, der Willkühr. Staatsgewalt muß in engstem Zusammenhang mit dem Ganzen stehen; der Staat ist der höchste Gebieter – wenn auch nur in Einer Rüksicht – der Vertheidigung der Geseze, und gegen Auswärtige aber – so doch hierin, alles Recht geht von ihm [aus], er hat zu entscheiden, nicht Zufall, nicht Urkunden, und andre Rechtstitel.

Conring und Hippolithus à Lapide machten diesen Unterschied zwischen römischem Recht und Staatsrecht aber wie es scheint mehr zur Auflösung des Staats als Verbindung desselben; sie konstituirten die Stände als Staaten, dann ist PrivatRecht freilich nicht anwendbar auf sie; aber dann ist Deutschland kein Staat.

Das Reichsverband durch die Reichsgerichte ist kein Verband, Erzherzog Karl sprach davon in Aufrufungen zur Vertheidigung aber Reichsgerichte a) unmächtig, haben keine Gewalt. b) ist das Staatsgewaltliche nicht Gegenstand eines Gerichts, nemlich in Rüksicht auf Vertheilung der Staatsgewalt. Unterschied auffallend, wenn ein mächtiger Reichsfürst, oder fremder Monarch ein Recht und Pflichten erbt, in Verhältniß gegen Reich; rechtlich muß es ihm zugesprochen werden, aber in StaatsRüksicht gerade das Gegentheil, denn dadurch kommt eine grosse untergeordnete Staatsmacht in Eine Hand[1], die der obersten Staatsmacht sich entziehen kan. Ehmalige Theilungen, wenn die Stände unabhängige Staaten aus|machen, in staatsrechtlicher Rüksicht auf diese, nicht zuzugeben, denn sie lösen den Staat auf; sie theilen die Staatsgewalt; wenn Deutschland Ein Staat bleiben sollte, muß sie seyn, nach dem Privatrecht; jezt die Vasallen zu groß, die einzelnen Länder nur möglich vereinigt zu werden; also dem Staat gefährlich.

Diß Reichsverband unmächtig und unzwekmässig, beruht auf einem falschen Princip, Verwechslung von Staatsrechten, mit Privatrechten.

1 *Daneben am Rande:* Der Kaiser muß sosehr auf den Reichshofrath halten, v. v. Trautmannsdorf bei den Westphälischen FriedensUnterhandlungen weil [es] sonst nichts mehr gibt, was das Reich zusammenhält.

| *Reichsfeind, der dritte …*

Reichsfeind, der dritte einen Neutralitätsvertrag u.s.w. und überläßt ohne Hülfe den angegriffenen Mitstand der verheerenden Übermacht des Feindes und seiner eigenen Schwäche; ein Stand votirt auf dem Reichstage, daß seine Verbindungen ihm nicht erlauben, an der Aufstellung einer Reichsarmee, und Bezahlung der Römermonate für den Krieg theil zu nehmen; gibt es für einen Reichstand heiligere Verbindungen, als seine Lehenspflichten gegen das Reich? Doch nein! die Reichsgeseze geben dem Reichs-Stande das Recht, mit fremden Mächten Bündnisse zu schliessen, er hat also gesezlich die Wahl zwischen Verbindung mit dem Reich, und auswärtigen Mächten. Das Reich will sich keine Verfassung geben, wodurch es stark genug wäre, seine Glieder gegen auswärtige Feinde zu schüzen; der Stand, der in Gefahr ist, wird dadurch in den Naturzustand versezt, und berechtigt und verpflichtet, für sich selbst, so gut er kan, zu sorgen; es würde höchst unnatürlich zu fodern seyn, sich auf einen Schuz zu verlassen, der weltkündig nicht zu schüzzen vermag, und gesezlich und rechtlich durch das Recht Bündnisse zu schliessen, also die schüzzende Kontingente nicht zu stellen, verweigert wird; es wird den schwächern nothwendig sich unter den Schuz auswärtiger Mächte zu begeben, was umso eher angeht, weil diese auswärtigen Mächte zugleich Mitstände des Reichs sind, aber ihrem Interesse und Unabhängigkeit [nach] nur Mitstände heissen. Dieser gewährte Schuz, ist, weil er nur temporär gesucht wird, keine Schuzherrlichkeit; auch deswegen nicht, weil in neuern Zeiten solche Nahmen vermieden und gern jedem der Titel eines unabhängigen Staates gelassen wird, wie sich auch Frankreich | in Verträgen mit der cisalpinischen und Batavischen Republik nicht Schuzherrn genannt hat, ohngeachtet es in diese Staaten Heere als Garnisonen legt, und dafür jährliche Summen bezieht, die auch nicht Schuzgelder heissen, und der erste §.

einer solchen Übereinkunft, immer die Anerkennung der Unabhängigkeit des andern Staats enthält.

Diese kriegerische Schwäche des deutschen Reichs ist wie aus dem gesagten erhellt, nicht eine Folge von Feigheit seiner Bewohner, die Deutschen sind nicht eine unkriegerische Nation, noch unbekannt mit den Geschiklichkeiten, die in neuern Zeiten ebensosehr zum Siege beitragen als Tapferkeit; sondern auch in diesem unseeligen Kriege haben sich die Reichskontingente bei verschiednen Gelegenheiten [durch] die größten Beweise von Muth, würdig ihrer Ahnherrn bewiesen. Aber es ist kein Seegen dabei. Durch die Unmacht und Schwäche des Ganzen weil nicht alle Stände zum Ganzen zusammenwirken so gehen alle Anstrengungen und Aufopferungen der einzelnen Menschen und Korps verloren. (Ehrenbreitstein) Man könnte unter diesen Gesichtspunkt alles, was in diesem ganzen Kriege geschehen ist, bringen, wie immer die Folgen einzelner Operationen, die für sich zwekmässig waren [dadurch] wieder vernichtet wurden, daß das Reich jene Folgen nicht unterstüzte.

| *B. Finanzen.*

B. Finanzen.
Da die deutsche Verfassung ein altes Erbstük ist, so hat der deutsche Staat keine Finanzen zu erben gehabt, und in neuern Zeiten ließ man ihn nicht dazu kommen, Einrichtungen darüber zu treffen.

In der reinen Lehensverfassung hat der oberste Lehensherr Domainen zu Bestreitung derjenigen Kosten, die ihm die Führung [und] Oberherrlichkeit verursacht; Aufwand für Krieg hat jeder Vasall selbst zu bestreiten; Staatseinkünfte sind ganz überflüssig. Man hat in den neusten Zeiten das andre Extrem von dieser Finanzlosigkeit gesehen, nemlich daß jede Ausgabe, die ein Staatsamt, bis aufs Dorfrichteramt (juge de paix) und noch weiter herab, [erfodert] als Abgabe zuerst, an die oberste Staatsgewalt, und als Ausgabe von dieser zurük in die kleinsten Zweige des öffentlichen Dienstes fließt. Die oberste Direktion des Staats über die Finanzen ist zur Manie geworden, alles, was zum Dienste einer noch [so] unbedeutenden Staatsgewalt, in einem noch so kleinen Umfang erfodert wird, an die oberste Gewalt anzuknüpfen, kein Dorf für die Besoldung seines Büttels sorgen zu lassen. Diese Sorge des Staats ist überflüssig, und wird darum schädlich; wenn eine Macht eine Gemeine etwas nicht thun läßt, was sie selbst verrichten kan und will, was in keinem Bezug aufs Ganze steht, so erscheint diese überflüssige Einmischung als eine Tirannei.

Im deutschen Reich sorgen nicht nur die unmittelbaren Stände, sondern auch die Landstädte in Fürstenthümern sogar Dörfer meist selbst [für] die Finanzen, die sie selbst betreffen, sorgen für die Besoldung ihrer Magistrate, Gerichte u.s.w. | alles unter oberster Aufsicht, und weil [der] Zwek jener Ausgaben so eingeschränkt ist, und [sie] ohne diß auf altem Herkommen beruhen und gering sind, so braucht sich der Staat gar nicht anders darein zu mischen, welchen nur das Allgemeine angeht; würden sie diß Allgemeine hindern, zu groß seyn, und den Beitrag für den Staat erschweren, dann hätte der Staat ein Einsehen zu thun.

Den Staat interessiren nur die Ausgaben, und Einnahmen, die seine Macht in Ansehung der Aufrechthaltung dessen, was die Geseze sprechen, und der Sicherheit von auswärtigen Feinden betreffen.

Was nun jene Macht zur Aufrechthaltung der Geseze betrift, so ist dafür in den einzelnen Ständen, durch die Macht derselben gesorgt; der allgemeine Staat hat damit gewöhnlich nichts zu thun, jeder Stand wird über seine Verbrecher Meister; nicht immer über Empörung, und dann ist man genöthigt, die benachbarten Stände anzusprechen, und diese (wie in der Lütticher Sache) leisten dann gern hülfreiche Hand; mächtigere Stände (damals Preussen) mögen sich freilich nicht begnügen wollen, blosse Exekutoren von gerichtlichen Sprüchen zu seyn, sondern glauben sich wichtig und verständig genug, nach ihrem Verstand und guter Absicht dabei zu Werke zu gehen, das heißt die Sache aus der gerichtlichen in die politische Sphäre zu spielen; in der leztern möchte oft die Sache besser bestellt seyn wenn die Macht verständig und billig ist, besonders im Streit zwischen Unterthanen und Fürsten, wo gewöhnlich iliacos intra, und der Richter nur nach dem kalten Recht zu sprechen hat; allein damit wird der ganze Standpunkt eines Exekutor, das ganze Princip der Verfassung verrukt; die Grundsaüle des Staatsverband zertrümmert, oder vielmehr es offenbahrt sich bei solchen Gelegenheiten nur daß sie schon vorher zertrümmert ist. In solchen Fällen also, wo die Geseze nur gegen PrivatPersonen ausgeübt werden sollen, können sie – nicht durch den Staat sondern durch den Stand – ausgeübt werden; zur Noth wohl auch bei Empörungen, weil das Interesse der Fürsten dabei gemeinschafftlich ist.

Ganz anders verhält es sich, wenn die Aussprüche der Geseze gegen Stände | gehandhabt werden sollen; in dieser Rüksicht ist keine hinreichende Staatsmacht organisirt; im Gegentheil sind die Geseze so beschaffen, daß die Geseze nicht gehandhabt werden können; ein unbedeutender Stand muß gegen einen bedeutenden freilich zum Kreuz kriechen; und das wohl auch im Fall, wenn nicht die Geseze, sondern nur die Ansprüche des Mächtigen gesprochen haben; aber wo wäre die Staatsmacht die gegen den Mächtigen Stand die Geseze handhaben, die exekutive Gewalt, welche gegen einen Mächtigen die von dem Richter erkannten Rechte des Schwächern in Wirklichkeit sezte, Exekutionsordnung.

Wie lauten die Vorschläge, diesen Übeln abzuhelfen; um einen Fürsten der über 200 000 Mann unter seinen Befehlen stehen hat, zu exequiren.

Haas 806.

Dadurch daß die Kontingente von den Ständen selbst bezahlt und ernährt werden, wird vollends das Kriegswesen von einer obersten Macht durchaus unabhängig; wenn sie nur die Menschen zu liefern hätten, so wäre der Staat von ihrer Nachlässigkeit unabhängig denn er könnte sich schon mit Menschen versorgen.

Aber so ist in Rüksicht auf aüssere Vertheidigung eine höchste Macht in Deutschland a) weder dem Rechte b) noch der Praxis nach. Was das ausdrükliche Recht | dem Staat noch übrig ließ, hat das berühmte, allgewaltige Princip der Praxis aufgehoben.

C) Man hätte denken sollen, der eigne Vortheil der Stände hätte sie vermocht, Deutschland als Staat zusammen zu halten, indem der Bestand eines jeden einzelnen durchaus auf der Erhaltung des Ganzen, als eines vereinigten beruht. Aber gegen den Staat tritt die natürliche Rükwirkung sich abzusondern ein. Wie bei Abgaben überhaupt; alle wünschen und verlangen, Rechtspflege, eine Regierung, alle finden Abgaben nothwendig, alle verlangen, alle machen sich dazu anheischig, aber jeder einzelne sucht sich davon so viel möglich zu befreien, er sezt seinen Beitrag ausser Bezug mit dem Ganzen, betrachtet seinen Vortheil getrennt von dem Allgemeinen und so findet sich immer bei indirekten Auflagen ein ungeheurer Abfall gegen das, was sie ertragen sollten. Ebenso ist [es] in Deutschland mit der Staatsgewalt gegangen; alle Stände verlangen Schuz vom deutschen

Reich, fodern seine Hülfe auf, fodern, daß das deutsche Reich sie beschüzze, anerkennen besonders die kleinern, daß sie ohne das Ganze sich nicht halten können; aber zugleich sucht jeder von der Staatsgewalt so viel als möglich; der eigne Vortheil des Standes ist allgemeine Maxime, und a) an die Stelle einer Verfassung Politik getreten. Statt des Reichszusammenhangs, ihn als das Höchste zu erhalten, der eigne Vortheil. Zuerst mußte die Macht dazu angeschafft werden diß geschah durch Bündnisse mit fremden Mächten, diese Bündnisse sind rechtlich geworden. Vergrösserung der eignen Macht, Truppen an sich unbedeutend, ausser bei Brandenburg – Bündnisse unter sich, scheint noch das beste. Es schien nur möglich die Rohheit kannte nur, nach Aufhebung des Zusammenlebens und gemeinschafftlichen Thuns, das Verhältniß gesezloser Herr|schafft der Staatsgewalt, blinder Macht, und knechtischer Unterwerfung; der Ausweg unter gemeinschafftlichen festen Gesezen unbekannt[1], sondern die Praxis hat über die gesezlose Herrschafft triumphirt, aber zugleich alle Gesell-

1 *Daneben am Rande:* Vergrösserung der Staaten durch Erbschafften, besonders Verbindung derselben mit Auswärtigen. Dieser Umstand ist der tiefste Streich für den Staat; es ist dadurch an der Verfassung am Recht nichts verlezt; kein auswärtiger Fürst derer die noch Deutschland ausmachen (mit den italienischen Lehen ists ein anderes) hat das Reichsverband aufgehoben. Das deutsche Reich hat sich alle seine Rechte reservirt. Aber die Veränderung ist erstaunlich das Verhältniß der Macht der Stände zum Staatswesen ist durchaus verändert, und sowas heißt eine Revolution, die ohne daß ein jota im deutschen Staatsrecht geändert zu werden brauchte, dasselbe überschlichen und ganz umgestürzt hat. Mit England ein anderes, denn die oberste Macht Englands und Hannovers sind nicht vereint, durch Trennung der Ministerien. Der König könnte sie wohl vereinigen; er hat die höchste Staatsmacht, Krieg und Frieden zu schliessen und Bündnisse zu machen, Verwaltung des Schazzes, Befehl über die Armeen in beyden. Aber nur die Verwaltung des Schazzes; nicht die Bewilligung. Übrigens unter Georg I war beider Interesse vereint. Wäre er glüklicher gewesen, so hätte er die Rolle Preussens an sich gerissen. Aber Englands

schafftliche Verbindung aufgehoben, die Tyrannei durch Anarchie aufgehoben, und leztre gesezlich gemacht. Tirannei steht über Anarchie, denn in ihr bleibt doch die Verbindung zu Einem Staat.

Diese Lostrennung von der höchsten Staatsgewalt ist mit Absicht geschehen; aber die Konsequenz Anarchie und Beraubung der Sicherheit nicht gesehen worden ungeschikt. |

b) eine absichtlose Auflösung des Staats scheint von Seiten der Völker die Religion gewesen zu seyn; die Fürsten wußten was sie thaten, wie überall durchblikt, die Völker ehrlich und redlich für Religion und ehrlich und redlicherweise dachten sie an andre nicht; NationenFeindschafft durch Krieg und Plünderungen und gegenseitige Feindseeligkeit zugleich erzeugt.

Diese ReligionsTrennung erstaunlich wichtig geworden, in andern Ländern hat über die ungeheuern Zerrüttungen doch die Nationalität der Staat gesiegt, in Deutschland zu ungeschikt diß zu erhalten dem Kaiser kein andres Mittel als Reichsfürsten zu machen; weil er nicht mehr Stimmen gewann; blind oder absichtlich hat man den Staat zu Grund gehen gemacht. Der Kaiser war nur katholisch selbst Eine Parthei, nicht Staat, wie in Frankreich, der österreichischen Monarchie; und so dann auch die Protestanten nur Parthei. Man spreche nicht von fremdem Einfluß, wenn sie wollten konnten sie.

Anarchie gesezlich gemacht durch Corpus Evangelicorum nicht etwa nur ReligionsSachen auch Steuer und andere Sachen, so auch im Reichskammergericht und Reichshofrath itio in partes. Offenbahre Benuzzung der Religion. Weil politische Rechte an die Religion gebunden wurden, so haben sich beyde Theile durch sie der Staatsmacht entrissen; denn die Trennung beyder Theile hat das Band zerrissen.

Interesse ist gegen Frankreich also mit Oestreich dann wäre es gegen beyde gewesen und hätte sich nicht erhalten. Gegenmacht gegen den Kaiser, und Schuz für geringere; die Rolle dadurch sich an die Stelle der kaiserlichen Macht in einem Theil von Deutschland

Daß nur ein Staat möglich ist, ist die Trennung der Religion und Politik nothwendig; es ist für die höchste Gewalt nicht eine Macht über Religion zu fodern, Gott behüte sondern gerade keine Macht über dieselbe, keine Rechte in Ansehung derselben; dann ist erst die höchste Gewalt zur Vertheidigung des innern und aüssern möglich. |

D. Zutrauen und Gehorsam gegen die höchste Gewalt nothwendig unmöglich bei der StaatenTrennung in Deutschland. Dasjenige Volk zu dem der Kaiser gehört er sei nun Oesterreicher oder Bayer oder Brandenburger so wird seine und der ihn umgebenden Sprache von andern gar nicht einmal verstanden. In dieser Rüksicht des Zutrauens ist die Verschiedenheit der Rechte eine erstaunliche Quelle von Entfernung, [wenn sich] der weniger mit Abgaben gedrükt ist, der freyere gegen den Leibeignen überhebt, [empfindet] der andre Eifersucht und bald Haß. Durch die gegenseitige Kriege vermehrt; noch mehr durch diesen Krieg; der südteutsche, geplünderte kan nicht ohne Neid auf die Ruhe des Norden sehen, nicht ohne Zorn von seinen Mitdeutschen verlassen zu seyn in solcher Noth und Elend. Der Norde sieht daß er so gescheut, pfiffig und so glüklich ist, auf den süddeutschen herab.

E Fortgang seit dem westphälischen Frieden.

bürgerliche Kriege in England für 2 königliche Familien.

Landstände, Sinken ihrer Macht –

| *C) Die Lehensverfassung ...*

C) Die Lehensverfassung ist durch die Unabhängigkeit der Vasallen von dem Lehensherrn in Deutschland zerstört das Princip der LehensVerfassung, daß Abstammung von einem Fürstlichen Gräflichen Adeligen Stamm, Recht an Herrschafft über Land und Leute [gibt], ist durch Einführung des ErstgeburtsRecht in den fürstlichen Haüsern, grossentheils aufgehoben, und eine seiner wichtigsten Folgen, Gefahrlosigkeit der Vasallen für das Ganze verloren gegangen; an die Stelle ist Grösse und Macht der Länder insofern getreten, daß sie mit der Person des Fürsten zusammenhängt, aber zugleich die Wichtigkeit desselben nicht sowohl seinem Charakter und seiner Individualität überläßt, sondern über die allgemeine Staatsmacht erhebt.

Durch die Unabhängigkeit der Macht eines Standes vom StaatsGanzen, und dem Verhältniß der Stände zu einander als Staaten, ist der Zustand Deutschlands im Verhältniß der Stände gegeneinander dem Princip nach in den Zustand vor dem Landfrieden zurükgegangen; in jenem Zustand konnten die Stände als Souveräne gegeneinander handeln, sich bekriegen, Bündnisse miteinander machen, doch waltete über allen noch eine Übermacht, die izt nicht einmal mehr stattfindet. Dagegen ist ein anderer Unterschied, der sich nicht sowohl auf Grundsäze und Recht bezieht als auf die Klugheit, eingetreten.

Im Lauf der Zeiten hat sich nemlich die Macht, der Staaten, von denen die kleinern umgeben sind, völlig verändert, die grossen Länder sind zu innerem Bestand gekommen, und zu Staaten geworden; unter allen europäischen Staaten ist damit ein solcher Zusammenhang entstanden, daß sie, innerlich beruhigt, Musse haben, | ihre Aufmerksamkeit auf aussen zu wenden, und ihr Gewicht bei andern geltend zu machen.

Eine Verbindung von Reichsstädten im südlichen Deutschland führte glükliche Kriege gegen die verbundenen Fürsten und Baronen desselben; die Flotten der Hanse waren den nördlichen Reichen furchtbar, sie beherrschte die nördlichen Meere. Eine Verbindung von Adel mit Sikkingen, eroberte Churfürstenthümer; Moriz von Sachsen machte den mächtigen Karl, Kaiser Deutschlands Herrn Italiens, Spaniens, Ungarns, der Niederlande Mexiko's und Perus zittern, und zwang ihn zu Frieden, und das ohne Hülfe einer fremden Macht, zu einer Zeit in welcher Karl nicht sonst beschäftigt oder in Noth war. Diese Zeiten sind vorbei, auf das Beispiel Venedigs, das sich später gegen die Ligue von Kambrai hielt, oder gar des Markis de Brandebour, und seines Widerstands gegen die Vereinigung der grösten Mächte Europas wird sich kein deutscher Reichsstand berufen noch verlassen wollen. Das Verhältnis der Macht, wenn die deutschen Stände auch mächtiger geworden sind, hat sich völlig verändert; sie sind gegen die Staatskolossen Pigmäen geworden; von ihrer Macht als Einzelne können sie ihre Erhaltung nicht hoffen; ebensowenig von ihrer Vereinigung, die Politik ist für sich zu berechnend geworden, als daß nicht jeder Einzelne in einer Verbindung entweder Verlust, oder wenigstens geringern Vortheil als ein anderer hat, sollte erblikken können, und die Eifersucht, dieses Nachstehens muß sie trennen. Ausserdem aber müßten die deutschen Stände gerade in einer Vereinigung dasjenige aufgeben, was sie bezwekken, oder wofür sie kämpften; nemlich sie müssten einem Allgemeinen, Gesezen der Vereinigung sich unterwerfen, eine Macht des Ganzen über sich sezzen, und gerade diß ist es, wogegen sie sich bemühen. |

Schon die Natur der Sache hebt Landesherrschafft, Souveränetät über den Krais der Gerichte. Der westphälische Frieden hat ausdrüklich fremde Mächte zu Garanten angenommen; die Praxis hat alle wichtige Fälle durch Unterhandlungen, oder Krieg entschieden; Reichsgeseze haben ausgemacht[1], daß solche Fälle vor Kaiser [und] Reich ge-

1 *Daneben am Rande:* der Kaiser sich selbst, seiner obristrichterlichen Gewalt vorbehalten, d.h. vielmehr sich als oberstem Glied der Staatsmacht, als Representanten des Staats.

zogen werden sollen, als durch die gesezgebende, nicht durch die richterliche Gewalt entschieden werden sollen; die Entscheidung muß mit Einwilligung des mächtigen Standes genommen werden, sonst widersezt er sich durch die Waffen, oder hat so wie der schwache das Recht, fremde Mächte, als Garanten zur Unterstüzzung dessen, was er sein Recht nennt zum Beistand anzurufen, und [nach] dem Gewicht oder Waffenglük, und Interesse, das sie für sich dabei haben, entscheidet sich der Streit; ohne Spur von gerichtlichet Verhandlung.[1] Was vor dem Landfrieden, die Faust, tolle Kühnheit, persönliche Kraft, entschied, wird nunmehr durch Politik, d.h. durch Unterstüzzung von mächtigern und die Macht derer, die für den Augenblik gleiches Interesse haben, und die günstigen Umstände d.h. das augenblikliche Unvermögen derer, die ein entgegengeseztes Interesse [haben] entschieden. An die Stelle des plözlichen Losschlagens ist Berechnung | der Folgen, des persönlichen Muths Berechnung der Kräffte des Gegners, an die Stelle der Faust Berechnung der Mächte überhaupt, die [einer] für oder gegen sein Interesse hätte, getreten. Der Unterschied ist, wie wenn Jungen, oder Greise Schach spielen oder wie zwischen einem Tournierkampf, und den Feldzügen eines Fabius; dort mit einem ebenbürtigen Stoß auf Stoß, selbst mit Lebensgefahr, alles um den Dank der Dame, und um Ehre; hier bedächtige und künstliche jahrelange Beobachtung und Umgehung des Gegners, alles um den Besiz. Weder über die Fehden noch über das izzige politische Ringen sizzen Richter zu Gerichte.

1 *Daneben, über dem Haupttext, durch einen Strich eingerahmt:* Diese Eifersucht grösserer Mächte, ihre Fähigkeit sich um auswärtige Angelegenheiten zu bekümmern, eine Fähigkeit die das deutsche Reich nicht hat, wo hat das deutsche Reich eine Vermittlung übernommen, oder durch sein Gewicht einen Krieg verhindert auf den Frieden Einfluß gehabt?

diese Eifersucht hat Parma, Modena, Genua, Lucca, sogar San Marino erhalten; aber ein Sturm kan sie brechen, und diese Staaten haben kein Reichsverband, kein Kammergericht u.s.w.

Der westphälische Frieden ist eines der wichtigsten Grundgeseze über den Besiz jedes Standes; welche Macht ist es, die ihn, und die übrigen Reichsgeseze und Friedensschlüsse erhielte?

seine Ehrwürdigkeit sie verlassen sich u.s.w.

Im westphälischen Frieden selbst ist allen, die in den von ihm festgesezten Rechten gekränkt würden zugestanden, sich durch Selbsthülfe in den Besiz zu sezen; um diß zu vermögen, muß man Macht genug dazu haben, – der Angriff oder die Selbsthülfe wird eine Sache der Berechnung und der Politik[1].

1 *Am linken oberen Rande der folgenden Seite:* Hessenkassel gegen Lippe Vergütungsrecht Verlorne Unmittelbarkeit, im westphälischen Frieden, und seitdem.

| *Der immer sich vergrössernde Widerspruch …*

Der immer sich vergrössernde Widerspruch zwischen dem unbekannten, das die Menschen bewußtlos suchen, und dem Leben, das ihnen angeboten, und erlaubt wird, und das sie zu dem ihrigen machten, die Sehnsucht derer nach Leben, welche die Natur zur Idee in sich hervorgearbeitet haben, enthalten das Streben gegenseitiger Annäherung. Das Bedürfnis jener, ein Bewußtseyn über das, was sie gefangen hält, und das unbekannte, das sie verlangen, zu bekommen, trift mit dem Bedürfnis dieser, ins Leben aus ihrer Idee überzugehen, zusammen. Diese können nicht allein leben, und allein ist der Mensch immer, wenn er auch seine Natur vor sich selbst dargestellt, diese Darstellung zu seinem Gesellschafter gemacht hat, und in ihr sich selbst geniest; er muß auch das dargestellte als ein lebendiges finden. Der Stand des Menschen, den die Zeit in eine innere Welt vertrieben hat, kan, entweder wenn er sich in dieser erhalten will, nur ein immerwährender Tod, oder wenn die Natur ihn zum Leben treibt, nur ein Bestreben seyn, das negative der bestehenden Welt aufzuheben, um sich in ihr finden und geniessen, um leben zu können. Sein Leiden ist mit Bewußtseyn der Schranken verbunden, wegen deren er das Leben, so wie es ihm erlaubt wäre, verschmäht, er will sein Leiden; da hingegen das Leiden des Menschen ohne Reflexion auf sein Schiksal, ohne Willen ist, weil er das negative ehrt, die Schranken nur in der Form ihres rechtlichen und Machthabenden Daseyns als unbezwinglich, und seine Bestimmtheiten und ihre Widersprüche als absolut nimmt, und ihnen, auch sogar, wenn sie seine Triebe verlezzen, sich und andere aufopfert.

Die Aufhebung dessen, was in Ansehung der Natur negativ, in Ansehung des Willens positiv ist, wird nicht durch Gewalt, weder die man selbst seinem Schiksal anthut, noch die es von aussenher erfährt, bewirkt; in beiden Fällen bleibt das Schiksal, was es ist, die Bestimmtheit, die Schranke wird durch Gewalt nicht vom | Leben getrennt; fremde Gewalt ist besondres gegen besondres, der Raub eines Eigenthums, ein neues Leiden; die Begeisterung eines gebundenen ist ein ihm selbst furchtbarer Moment, in welchem er sich verliert, sein Bewußtseyn nur in den vergessenen, nicht todtgewordenen Bestimmtheiten wieder findet.

Das Gefühl des Widerspruchs der Natur mit dem bestehenden Leben ist das Bedürfnis, daß er gehoben werde; und diß wird er, wenn das bestehende Leben seine Macht und alle seine Würde verlohren hat, wenn es reines negatives geworden ist.

Alle Erscheinungen dieser Zeit zeigen, daß die Befriedigung im alten Leben sich nicht mehr findet, es war eine Beschränkung auf eine ordnungsvolle Herrschaft über sein Eigenthum, ein Beschauen und Genuß seiner völlig unterthänigen kleinen Welt, und dann auch, eine diese Beschränkung versöhnende Selbstvernichtung und Erhebung im Gedanken an den Himmel. Einestheils hat die Noth der Zeit jenes Eigenthum angegriffen, anderntheils ihre Geschenke in Luxus die Beschränkung aufgehoben, und in beiden Fällen den Menschen zum Herrn gemacht, und seine Macht über die Wirklichkeit zur höchsten. Unter diesem dürren Verstandesleben ist auf einer Seite das böse Gewissen, sein Eigenthum, Sachen zum absoluten zu machen, grösser geworden, und damit auf der andern das Leiden der Menschen; und ein besseres Leben hat diese Zeit angehaucht, sein Drang nährt sich an dem Thun grosser Charaktere einzelner Menschen, an den Bewegungen ganzer Völker, an der Darstellung der Natur und des Schiksals durch Dichter; durch Metaphysik erhalten die Beschränkungen ihre Gränzen, und ihre Nothwendigkeit im Zusammenhang des Ganzen. Das beschränkte Leben als Macht kan nur dann von besserem feindlich mit Macht angegriffen werden, wenn dieses auch zur Macht | geworden ist, und Gewalt zu fürchten hat. Als besonderes gegen besonderes ist die Natur in ihrer wirklichem Leben, der einzige Angriff oder Widerlegung des schlechtern Lebens, und eine solche kan nicht Ge genstand einer absichtlichen Thätigkeit seyn. Aber das beschränkte kan durch seine eigne Wahrheit, die in ihm liegt, angegriffen und mit dieser in Widerspruch gebracht werden; es gründet seine Herrschaft nicht auf Gewalt besonderer gegen besondere, sondern auf Allgemeinheit; diese Wahrheit, das Recht die es sich vindicirt, muß ihm genommen, und demjenigen Theile des Lebens, das gefodert wird, gegeben werden. Diese Würde einer Allgemeinheit, eines Rechts ist, was die Foderung des Leidens, der, mit dem bestehenden, mit jener Ehre bekleideten Leben, in Widerspruch kommenden Triebe so schüchtern, als gegen Gewissen gehend, macht. Dem positiven des Bestehenden, das eine Negation der Natur ist, wird seine Wahrheit, daß Recht seyn soll, gelassen. Im deutschen Reiche ist die Machthabende Allgemeinheit, als die Quelle alles Rechts, verschwunden, weil sie sich isolirt, zum besondern gemacht hat. Die Allgemeinheit ist deswegen nur noch als Gedanke, nicht als Wirklichkeit mehr vorhanden. Worüber die öffentliche Meinung heller oder dunkler durch Verlust des Zutrauens entschieden hat, darüber braucht es wenig, ein klareres Bewußtseyn allgemeiner zu machen. Und alle bestehenden Rechte haben doch allein in diesem Zusammenhang mit dem Ganzen ihren Grund, der, weil er schon längst nicht mehr ist, sie alle zu besondern hat werden lassen.

Entweder kan nun von der Wahrheit, die auch das Bestehende zugibt, ausgegangen werden; alsdenn werden die Theilbegriffe, die in dem des ganzen Staates enthalten sind, aufgefaßt als allgemeine im Gedanken, und ihre Allgemeinheit oder Besonderheit in der Wirklichkeit neben sie gestellt; zeigt [sich] eine solche TheilEinheit als eine besonderes dere, so fällt der Widerspruch zwischen dem, was sie seyn will, und allein für sie gefodert wird, und dem, was sie ist in die Augen.

Oder

| *Im Deutschen Reich ...*

Im Deutschen Reich gibts keine Staatsbeamte – Erbtruchses u.s.w. Bürger verlangt Sicherheit des Eigenthums, Gerechtigkeitspflege so wenig Abgaben als möglich – er läßt für alles den Staat sorgen; auch der Beamte seinen Zusammenhang, sein Verhältnis aufs Ganze nichts; er sucht sein Brod. Ehmals wollte jeder freye Mann daran Theil haben. Nur Eine Klasse, in der die Staatspflichten PrivatRechte geworden sind. In dieser Sonderung vom Staate liegt die Möglichkeit einen Staat zu formen

| *Religion*

Religion
2. in Rüksicht auf das allgemeine Staatsverband, ist die Religion ein wichtiger Bestimmungsgrund des Verhältnisses der einzelnen Provinzen Deutschlands zum Ganzen; die Trennung der Religion hat wohl am meisten beigetragen, diß Staatsverband zu zerreissen, und diß Zerreissen gesezlich zu machen; weil die Fürsten keine bessere Hülfe dazu als im Gewissen ihrer Unterthanen finden konnten, oder auch weil die Zeiten worein diese ReligionsTrennungen fielen, zu ungeschikt waren, die Kirche vom Staat zu trennen, und der Trennungen des Glaubens ungeachtet, den Staat ganz zu erhalten.

Daß die Religion jedes Landes, jeder Reichsstadt gesezlich bestimmt, das eine pur evangelisch das andre pur catholisch ein drittes paritätisch, wie wenn ein Land den westphälischen Frieden so sehr verlezte, und aus pur katholisch pur Protestantisch oder aus pur protestantisch pur katholisch oder aus einem paritätischen ein pures würde? daß die Stimmen auf dem Reichstag, im Kammergericht Reichshofrath bestimmt sind, die Bedienungen, Gesandten-Posten, davon abhängen, daß ein grosser Theil der katholischen Stimmen, die erz- und bischöfflichen, aufs innigste mit dem kirchlichen System verwebt sind; diß sind gesezliche, durch die feierlich|sten Verträge und Grundgeseze des Reichs geheiligte Bestimmungen von Staatsverhältnissen nach der Religion; aber es sind geringe Übelstände gegen die gesezliche so berühmte itio in partes; das Recht des einen oder des andern ReligionsTheils sich der Mehrheit der Stimmen nicht zu unterwerfen; wenn diß Recht auf ReligionsSachen eingeschränkt wäre, so versteht es sich von selbst, daß diese Trennung rechtlich seyn müßte, und sie wäre auch für den Staat ganz unschädlich, weil sie nur Gegenstände betreffen würde, die diesen nichts angehen. So aber hat sie manche Seiten, welche die Vereinigung in einen

Staat gänzlich zernichten; vors erste hängen mit der Religion eine Menge Dinge zusammen, Eigenthum, Gerechtsame aller Art, die durch ihren Zusammenhang mit der Religion Kirchensachen, Sache eines eignen Staats werden. Ganze Staaten Deutschlands, eine ungeheure Gütermasse in katholischen und protestantischen Staaten, Ehesachen, die nach dem Eingeständnis der Protestanten was die ihrigen betrifft, lauter Dinge, die eines Vertrags fähig, deren Verhältnisse nothwendig Gegenstand von Verträgen sind, und eine Regierung erfodern, sind dem allgemeinen Staat entzogen. Noch mehr aber, und diß ist stark, kan die Aktivität des Staats völlig gehemmt werden in jeder allgemeinen Staatsangelegenheit, die ganz und gar keinen Bezug auf Religion hat; über Krieg, und Frieden Steuern und das wenige, was dem Staat übrig ist, können die von einer Religion zusammentreten, und alles was durch die Mehrheit beschlossen werden sollte, hindern. Brandenburg zahlt die erhöhten Kammerzieler nicht aus diesem Grund. Es ist zu weit gegangen, wenn man, wie einige thun, diß Recht in völlige Parallele stellt, mit dem InsurrectionsRecht das in der Robespierreschen Konstitution sanktionirt ist. Der Unterschied ist, daß das Deutsche Reich in seinen | verschiedenen Theilen unabhängig vom Ganzen Regierungen hat; wenn der Staat aber und die Regierung und Geseze auf den Beschlüssen von Kaiser und Reich beruhten, dann wäre beydes gleich zu sezzen.

c) indem die Religion den Staat zerrissen hat, hat sie aber eine andere Trennung befödern helffen, wenigstens einige Theile derselben, und damit einigen Grundsäzen Krafft gegeben, die nothwendige Bedingungen des Bestehens eines Staates sind. Indem die Protestanten ihre ReligionsRechte in den Staat einwebten, indem sie [die] wichtigsten Theile des Staatsrechts von der Religion abhängig machten, sind dadurch 2 Religionen doch in den Staat verwebt worden, und dadurch eine Unabhängigkeit des Staats von der Kirche zum theil gar nicht festgesezt, aber doch vorbereitet worden, es liegt immer der Grundsaz dem zwar in der That selbst ganz zuwider gehandelt worden ist, darin, daß verschiedener Religionen ungeachtet, ein Staat möglich ist.

Viel wichtiger aber für den Staat ist eine andre Trennung, durch welche der Begriff des Staats, als einer Allgemeinheit erhoben worden ist. Die Reichstags Berathschlagungen und Beschlüsse beruhten besonders als die Fürsten noch persönlich erschienen, auf der Person des Fürsten, sie stimmten und beschlossen als Fürsten; Fürsten verschiedener Länder hatten doch nur Eine Stimme; ihre Person und ihr Land erschien dabei nicht getrennt; oder der Begriff; sie als fürstliche Personen, und als Representanten ihres Landes zu unterscheiden, wurde nicht sichtbar. In der so wichtigen Angelegenheit der Religion that sich aber bald dieser Unterschied hervor; wie nemlich wenn der Fürst und sein Land verschiedner Religion waren? Für seine Person war der katholische Fürst eines protestantischen Landes auf der | Seite der Katholischen; sein Land aber das protestantisch war? hie erwachte das Gefühl des Unterschieds auch in Rüksicht auf das allgemeine Staatsverband. Freilich hätte er als Staatsmacht, auf keiner oder auf beyden Seiten seyn sollen. Diß war aber jenen Zeiten nicht möglich. Der Fürst von Pfalzneuburg, dessen Land evangelisch war und der im 17ten Jahrhundert katholisch wurde, wurde auf dem Reichstag sowohl als in Rüksicht aufs Reichskammergericht zu den katholischen Stimmen gezählt hingegen zu Ausgang eben desselben Jahrhunderts bei der ReligionsVeränderung des Churfürsten von Sachsen blieb seine Stimme evangelisch so wie in dem folgenden bei andern Religions-Veränderungen ebenfalls geschah, bei Wirtemberg und Hessen. Ob nun gleich schon vorher nur Fürsten, die Land und Leute zu regieren hatten, Siz und Stimme auf dem Reichstag hatten, also das Land von dem Begriff eines Standes auf dem Reichstag unzertrennlich schien, so wurde dieser Unterschied izt erst legal auch in Rüksicht auf den allgemeinen deutschen Staat; und die Trennung in dieser Rüksicht, fand sich da leichter und ungesuchter, wo die Trennung des Interesses des Fürsten und seiner Unterthanen innerhalb eines Landes selbst vorgegangen und vorher konstitutionsmässig durch Landstände festgesezt war; Pfalz das keine Landstände hatte, ging ohne Widerstand zum katholischen Theil über, und der Kampf der Pfälzer mit ihren katholischen Fürsten über ReligionsBeschwerden hat bis auf die heutigen Zeiten fortgedauert | die Unterthanen haben Trennung, der Fürst ReligionsEinheit mit sich verlangt; in Wirtemberg und Hessen, Länder, worin die Trennung durch Landstände schon geschehen war wurde die Religion des Landes in Ansehung seines Verhältnisses zum deutschen Reich geltend gemacht; diß Verhältnis blieb also nicht mehr persönlich, die Person des Fürsten, und zwar das persönlichste die Religion ist gleichgültig geworden, und er erscheint reiner als Representant. – Diese Veranlassung aufmerksam auf diesen Unterschied zu werden, ist von der Religion alsdenn auf andre Verschiedenheiten ausgedehnt worden; nemlich die verschiedenen Länder, die unter Einen Fürsten kamen, haben verschiedene Stimmen, also die Einheit der Person der Regenten kommt nicht in Betracht, sondern nur seine Eigenschafft als Representant. Von einer Rüksicht, welche diese Representation durch ihre Art hat, nemlich eine Macht in sich zu vereinigen die fähig ist, dem Staat zu widerstehen wird sonst gesprochen.

| *I Deutschland kein Staat mehr*

I

Deutschland kein Staat mehr;
a) ist keine Verbessrung im Frieden zu hoffen? Staatsrecht ist in Privatrecht übergegangen
b) was ist zu einem Staat wesentlich nicht Gleichheit der Religion u.s.w.
c) keine höchste Gewalt ist in Deutschland
α) Vertheilung der Staatsgewalt
ist erblich, und gerichtlich, Gerichte
β) Macht, א Kriegs-
ב) Finanzen
ג) Krieg und Frieden
c) α Gerichte

| *Gustav hatte kaum …*

Gustav hatte kaum die Schlacht bei Leipzig gewonnen, als er die Länder der Liga die er nun in Besitz nehmen konnte, für Beute in Empfang [nahm] und damit wie mit anderm Eigenthume schaltete. Die Churmainzischen Besitzungen im Eichsfeld und in Thüringen waren die ersten ligistischen Güter, welche er seinen Klienten den Herzogen von Sachsen zum Geschenk machte; ebenso großmüthig schenkte er, als das Bisthum Würzburg in seiner Gewalt war, die Klöster, Brumbach, Holzkirchen, Triffenstein, und Grünau, nebst den vier Ämtern Remlingen, Laudenbach Freudenberg und Hartheim den Grafen von Wertheim; das Kloster Bildhausen mit dem Amt Neustadt ward dem Grafen von Solms zu Theile; die Grafen von Hohenlohe verdankten dieser königlichen Freyheit die Klöster Schönthal und Scheftersheim sammt dem Stifte Ellwangen; die Grafen von Hanau nahmen von dem Kloster Schlüchtern, die Grafen von Erbach von dem Kloster Amorbach als königlichen Schenkungen, Besitz.

Das Amt Bischofsheim.

Bey allen diesen Schenkungen hatte sich der König so wie das Hochstifft Würzburg[1] selbst, so auch die Oberherrlichkeit für sich und die Krone Schweden vorbehalten, welches deutlich seinen ernstlichen Willen anzeigte, sich für die Zukunft in Deutschland festzusetzen, unter einem mildern Himmel ein neues Reich zu gründen. |

Selbst schwedische Schriftsteller sprechen von seinem Vorhaben, in Deutschland den Grund zu einem grossen Reiche zu legen; von seinem Plane, seine Tochter mit dem Prinzen von Brandenburg zu verheurathen, und dann diesen zum Churfürsten von Maynz und Herzoge von Franken zu machen.

– Nur des Königs Manifeste können verleiten, ihn zu vergöttern; den hinterlistigsten empörendsten Handlungen gingen immer die treuherzigsten menschenfreundlichsten Manifeste vorher; sie waren nur auf Taüschung berechnet, und logen alle. Beynah möchte ich behaupten, Manifeste seyen der ehrbare Schild, den man aushängt, wenn man darauf ausgeht, unehrbar zu handeln. Ich rede wohl nicht zu viel, wenn ich diß auf die schwedischen Manifeste anwende.

1 *Vier Zeilen tiefer mit Verweiszeichen:* hier errichtete er eine königliche Regierung, Kammer und Consistorium, und ließ sich wie dem Erbherrn huldigen; es ist ein Siegel der damaligen Schwedischen Regierung vorhanden, mit dem königlichen Wappen und der Umschrifft: Sigillum cancelariae regiae ducatus franciae orientalis.

Man hat des Königs mehr bekannte Huldigungsformel zu Augsburg gelinder auszulegen gesucht

EXZERPTE

| *Macchiavelli richtet sich …*

Macchiavelli richtet sich an Laurent von Medicis spricht vom gegenwärtigen günstigen Augenblik Italien zu erobern; aber es beherrscht ihn das tiefe Gefühl, daß nur dadurch sein Unglük enden könne.

Macchiavelli Prince livre 26.

Tout ainsi qu'il etoit nécessaire pour voir la vertu de Moise que le peuple [d'] Israël fut esclave en Egypte et pour connoitre la générosité de Cyrus que les Perses fussent foulés par les Mèdes, et pareillement pour louer la probité de Theseus que les Atheniens fussent dispersés et bannis entièrement; de meme il a été besoin, pour faire voir à présent avec évidence la vertu d'un esprit Italien, que l'Italie tombât dans l'extrémité où elle est de présent: et qu'elle fut plus captive que les Juifs, plus esclave que les Perses, plus dissipée que les Atheniens sans chef, sans ordre, battuë, saccagée, pillée et volée, ayant souffert toute sorte de dégat et de destruction. Et encore que quelque vertueux indice se soit cydevant manifesté en quelqu'un qui l'a fait presumer envoyé de dieu, afin de racheter cette pauvre et esclave Province. Neanmoins on l'a depuis vu au plus haut point de ses actions rebuté et abandonné de la fortune: de sorte que ce miserable pays etant dénué de vigueur et de force attend de jour en jour la venuë de celuy qui est destiné pour guerir ses playes et pour mettre fin aux pillages et aux saccagemens de la Lombardie, aux exactions et aux tailles du royaume de Naples et de la Toscane, et la guerir de ses vieilles playes depuis si longtems enracinées. –

La justice de ce dessein est grande, d'autant que la guerre ne peut manquer d'être estimée juste, parce qu'elle est nécessaire, et les armes sont bonnes et raisonnables quand on ne peut avoir secours d'ailleurs que d'elles. |

Toutes ces choses (la mer s'entr'ouvrit une nuée leur a montré le chemin sur la prière de Moise l'eau est sorti, le ciel a plu la Manne) sont recompensées par votre seule grandeur, vous devez executer le reste vous meme. Dieu ne veut pas tout faire afin de ne point nous ôter le libre arbitre et une partie de cette louange qui dépend de nous. – Je ne puis exprimer le contentement avec lequel il seroit recu (celui qui la delivrera de sa servitude) par toutes ces Provinces qui ont souffert ces inondations étrangeres, et avec quel desir de vengeance et d'une fidelité continuelle et avec combien de compassion et de larmes. Où sont les portes qui lui seroient fermées ? Quel peuple est ce, qui refuseroit de lui obéir ? qui oseroit

| *Versuche der katholischen Religion …*

Versuche der katholischen Religion die Obermacht zu geben, durch das Simultaneum Pütter 2. S.226.ff. Zum Theil Toleranz, Fürst foderte ReligionsFreiheit für sich, seinen Gottesdienst; aber auch Staatsmacht, Bekehrung seiner Unterthanen, wollte die Religion von der Staatsmacht abhängig machen, ehmals umgekehrt, die Päbste suchten die Staatsmacht von sich abhängig zu machen. Die Toleranz für den Fürsten in neuern Zeiten gefunden worden; der Fürst PrivatGottesdienst; alle Rechte bleiben seinen evangelischen Unterthanen sogar hat er weniger Rechte, als ein evangelischer Fürst; ebenso bleibt sein Verhältnis zum Reichstag evangelisch; hier zwar eine Bestimmung in der Staatsgewalt durch Religion aber die Bestimmung hängt nicht persönlich vom Fürsten ab, sondern vom Land, diß gilt als Staat. In Pfalz sezte der katholische Fürst noch sehr viel durch. Pütter 2 S.306.

Brunnencuren, Beinbruchssteuer viele Jahre bezahlt. Pütter 2. S.275.

Recht der Entschädigung Pütter 2 S.291. deutsche Reichsstände, insofern sie Theile sind, und das Ganze den Schaden tragen sollte; Entschädigung durch souveräne Staaten

Corpus evangelicorum ist ein Korpus, Pütter 2. S. 240. freilich da die Religion Staatsrechte begründet. Haben katholische ein Direktorium? Pütter 3 S. 250. die Beispiele sind zu alt; Litanei gegen die katholischen Grundsätze aber die katholischen Fürsten machen diese Trennung immer mehr. Lob des westphälischen Friedens in dieser Rüksicht. [Pütter] 3. 255. |

Bisthümer HauptTheile durch welche Staatsrechte, Landshoheit, von der Religion überhaupt nicht nur, sondern sogar von einer bestimmten Einrichtung der katholischen Hierarchie abhängig wird; diese Fürsten müssen nicht blos katholisch seyn, sondern zugleich Geistliche und Bischöffe hindern vorzüglich die Trennung der Kirche und Staat.

Neue Fürsten vom Kaiser Pütter 2 S. 250. S. 270, S. 327. S. 374.

Nicht mehr persönliche Erscheinung der Fürsten, die Gesandten also RepresentantenReichstag Representanten, Gesandte und Fürsten miteinander. Fürst wirft dem Gesandten das Dintenfaß an Kopf Pütter 2 S. 257. (Zwar Fürsten an Fürsten Ohrfeigen Pütter 2. S. 32. ist älter.) – representirt den Fürsten den persönlichen Fürsten, aber ein ganz anderes Pütter 3. S. 231.

Der westphälische Frieden oft gebrochen; die Patrioten wissen nichts besser zu thun, als diß zu verheimlichen, damit er doch als Grundgesez gleichsam ehrwürdig und heilig bleibe.

Veränderte Macht der Reichsfürsten; wenn Brandenburg im vorigen Jahrhundert 5000 oder 6000 Mann hatte; jezt über 200.000 so sah der Reichstag keine Veränderung der Staatsverhaltnisse doch wirklich im innersten verändert.[1]

1 *Über diesem Absatz:* wenn die mehrern Fürstenthümer aus denen die deutschen Länder Preussens bestehen, auch 15000 Mann, nicht vereinigt, und doch ohne Vergleich. |

Religion 6 Generalmajors 2 evangelische zu Pferde, und ein katholischer – 2 katholische zu Fuß und ein evangelischer; ReichsGeneralität durch den Reichstag Pütter 2 S. 284. |

Nimweger Friede durch den Kaiser im Namen des Reichs. Pütter 2 S. 286. Ryswiker Reichsdeputation. Pütter 2. S. 299.

Verlust Deutschlands in den ReichsKriegen a im westphälischen Frieden Pütter 2 S. 59. Frankreich die Kronen, die zugleich deutsche Reichsstände sind; Schweden verlor viel im Nimweger Frieden b) im Nimweger Frieden, Grafschaft Burgund Reichsstadt und Erzbisthum Bisanz; Deutschland erwarb Philippsburg, gegen [Freyburg] c) nach dem Nimweger Frieden durch ReunionsKammern. S. 292. d) Rykwiker Frieden, Strasburg und andres Pütter 2 S. 300. e) Badischer Frieden 1714. Pütter 2 S. 378. ohne Reichsdeputation – Oesterreich bekam Freiburg und Breisach, Oesterreich anerkannte Bayern und Kölln – Der Tod Karls XII und der Friedensschluß Pütter 2. S. 440 brachen die Macht Schwedens in Deutschland f) Wiener Frieden wurde fürs Reich geschlossen, und nicht einmal von demselben bestätigt. Lothringen an Frankreich. g) 7jähriger [Krieg] nicht durch einen Reichsfrieden beendigt. Pütter 3. S. 113.

Einfluß des Kaisers auf Belehnungen (als Staatsämter) und Bischoffsswahlen Pütter 2 S. 369.

Kreisassociationen wegen Krieg. Pütter 2 S. 296. eine Folge des losen, laxen FederationsSystems Deutschlands Pütter 2 S. 366.

Fürsten hielten oft vorher Landtage eh sie auf den Reichstag gingen Pütter 2 S. 349.

ReligionsTrennung zwischen Fürst und Unterthan; vorhin Ein Herz und | Gemüth, und Zutrauen; die Kaiser mußten suchen, diß Band herzustellen; darin eine Verknüpfung was dem Menschen das heiligste ist, Staatspflichten nichts dagegen; izt Staats- und Bürgerpflichten dennoch gültig; daher die Wuth der ReligionsPartheien gegeneinander – durch jene Trennung zwischen Fürst und Unterthan eine andre Gemeinschafft Staat, und darin ist das Land das wichtigere, die Religion des Landes galt in der Folge – früher Pütter 2. S. 346. Anno 1614. und 1685. wurde die Stimme katholisch – (Pfalz hat keine Landstände gehabt Pütter 2 S. 170)

Hingegen Sachsen im Jahre 1697. erklärte seine ReligionsVeränderung für bloß persönlich und übergab die fürstlichen ReligionsRechte einem Vetter Pütter 2 S. 354. auch am Reichstage blieb seine Stimme evangelisch S. 355. Hessen Pütter 3. S. 81. Wirtemberg s. Breyer. S. 104.

Österreichischer SuccessionsKrieg, war kein Reichskrieg; aber durch Bündnisse nahmen viele deutsche Staaten daran Antheil.

| *Kaiserliches KommissionsDekret ...*

Kaiserliches KommissionsDekret den 5 April in Regensburg übergeben; Versicherung wegen dessen, daß der Kaiser Frieden machte; que cet evènement ne préjudiciera en rien pour l'avenir et sous tous les rapports, à la constitution germanique; mais ce meme respect dû à la constitution et l'obligation de la maintenir, imposée à S M par les Electeurs dans la capitulation de l'Election lui font aussi un devoir de protéger de la manière la plus solemnelle en sa qualité de chef suprème, les droits de la constitution germanique contre tous les actes arbitraires qui ont eu lieu durant la guerre qui vient de finir, par lesquels l'unité légale de l'Allemagne a été si vivement ébranlée et les forces de l'Empire éminemment paralysées; afin que les exemples d'une telle conduite arbitraire et illégale ne fassent pas conclure qu'il se seroit effectué tacitement un changement dans les principes importans, qui existent pour la sureté et la prosperité de l'Allemagne.

Kaiserliches KommissionsDekret Regensburg …

Kaiserliches KommissionsDekret Regensburg 7 April.
Aber eben diese pflichtmässige Achtung für die Verfassung und die S Kaiserlichen Majestät von den Churfürsten in der WahlKapitulation auferlegte Hand|habung derselben gebieten auch Allerhöchstdemselben, die Rechte der Deutschen Konstitution wider alle während des Laufs des nun geendeten Reichskrieges unternommenen Eigenmächtigkeiten, wodurch Deutschlands gesezliche Einheit so sehr erschüttert und die Gesammtkraft des Reichs so mächtig gelähmt ward vermöge ihrer kaiserlichen Obliegenheit aufs feyerlichste zu verwahren, damit nicht etwa einstens aus Beispielen der Willkühr und Eigenmacht selbst Schlüsse einer stillschweigenden Abänderung in den zu Deutschlands Sicherheit und Wohlfahrt bestehenden Grundgesezen hergeleitet werden.

| *Schreiben der Reichsstädte …*

Schreiben der Reichsstädte an Seine Kaiserliche Majestät Regensburg 8 May 1801

als dasselbe durch Verlust von Achen, Cölln Speyer Worms der gemeinen Sache bereits ein grosses Opfer gebracht hat, und ein so grosser Theil des Deutschen Handels, Gewerbfleisses und daraus fliessenden National=Wohlstandes auf den übriggebliebenen freyen Reichsstädten beruhet.

| *Sitzung 17ten September 1802.*

Sitzung 17ten September 1802. Regensburg
Churbrandenburg
Bei der beispiellosen Lage, in welcher gegenwärtig das deutsche werthe Vaterland sich befinde, bey dem ausserordentlichen sich täglich mehrenden Drang der Umstände welche die schleunige Entscheidung dieser Krise zur dringenden Nothwendigkeit machten, weil davon einzig die Ruhe, die Ordnung und die öffentliche Sicherheit abhängen, bey den hierauf gerichteten lauten Wünschen und Seufzern nicht allein so vieler beschädigter, wegen ihres künftigen Schicksals in Ungewißheit schwebender deutscher Fürsten und Landesherren sondern auch aller Deutschen Bürger und Unterthanen, bey dem lebendigen Gefühle, welches die beyden hohen vermittelnden Mächte Frankreich und Rußland gleichmässig von der Nothwendigkeit u.s.w. – [belebt ... habe,] könne es derselben (ausserordentliche Reichsdeputation oder die brandenburgische Subdelegation) nicht anders als höchst unerwartet und schmerzlich auffallen, daß Eine höchstansehnliche Kaiserliche Plenipotenz Bedenken tragen wolle, sich mit diesem Concluso zu vereinigen –

| *Erlaß der Kaiserlichen Plenipotenz...*

Erlaß der Kaiserlichen Plenipotenz Regensburg 13ten September 1802. daß in den Begriff der vorhabenden Modificationen jede Erweiterungen und Einschränkungen vorzunehmen seyen,

Churböhmen 14 September 1802.

Churböhmen 14 September 1802.
Einerseits und vor Allem ist die Annahme des Plans in seiner Allgemeinheit unvereinbarlich mit der von dieser ausserordentlichen ReichsDeputation und den zwischen eintretenden Mächten bezielten Gerechtigkeit und Unpartheilichkeit; sie kann daher weder der gegenwärtigen noch der Nachwelt als Frucht ruhiger, jedes Recht und jedes Verhältniß wägenden Prüfung, sie muß ihr vielmehr als Werk entweder der Übereilung, oder des ausschliessenden Vorbedachts erscheinen; zwey Urtheile, welche die Würde des uns anvertrauten Geschäfts und nachdem es vollendet seyn wird, der gerechte Wunsch seiner unantastbaren Fortdauer in gleicher Weite von ihm entfernet halten sollen.

| *Botschafft der Regierung …*

Botschafft der Regierung über den gegenwärtigen Zustand der italienischen Republik

Jene Zeiten sind nicht mehr, in welchen Italien durch Traktate gesichert, in den Früchten eines langen Friedens Ersatz für seine politische Nullität finden konnte. Nachdem die europäischen Armeen die Wege nach Italien wieder eröffnet haben, ist es nothwendig sich zu erinnern, daß Italien seinen Soldaten einst die Wege der Welt eröffnet hat. Unsre neue Lage erfodert andere Sitten andere Eigenschafften, bey ihr können wir nicht mehr ungestrafft schwach bleiben. Es bedarf also hochherziger Aufopferungen und vereinter Anstrengungen, um uns eine Macht zu bilden; so werden wir geachtet sicher und unabhängig seyn; verweigern wir aber die Aufopferungen, und halten aus elenden Leidenschafften den Gang des Staats auf, so werden wir immer das Spiel der Veränderungen und die leichte Beute der Fremden werden, und hundertmal in den verflossenen Zustand zurükfallen. Welches italienische Herz kan die

Schande und den Schaden, welche die Geschichte der verflossenen Jahre bezeichnen, vergessen haben? Und gleicher Schaden, gleiche Schande würde bey dem

| *Nouvelles de Paris ...*

Nouvelles de Paris 2 Novembre
Bonaparte a ordonné qu'il fut ajouté à la pyramide élevée sur le champ de bataille d'Ivri – une inscription qui fît connoitre que les malheurs éprouvés par la France à cette époque, étoient le résultat de l'appel fait par les différens partis françois aux nations espagnole et angloise; et que toute famille tout parti qui appelle les puissances étrangères à son secours a mérité et méritera dans la postérité la plus reculée la malédiction du peuple françois.

Fox Séance du Parlement ...

Fox Séance du Parlement 23 Novembre. Je ne rougis pas d'avouer une opinion qui m'a plus d'une fois valu du ridicule, et je déclare hautement que je considère la défense de l'honneur national presque comme la seule cause légitime d'une guerre. Ma doctrine est fondée sur ce principe que l'honneur national est lié directement et inséparablement avec la défense de soi-même. Quoique je dise que l'honneur est la seule cause légitime pour prendre les armes, je ne prétends pas qu'il ne puisse y avoir d'autres circonstances qui concourent au même effet; mais l'Europe ne nous présente rien de semblable. Jamais notre pays n'a joui d'une tranquillité plus profonde d'une plus grande prospérité.

HEGELS SCHRIFT ÜBER DIE REICHSVERFASSUNG

Von Hans Maier

Hegels Verfassungsschrift war lange Zeit ein Stiefkind der Forschung. Nicht nur, daß es bis 1998 keine kritische Edition gab, die die einzelnen Ausarbeitungen, Textstufen, Fragmente und Ergänzungen dokumentierte.[1] Auch bezüglich der politischen Intentionen der Schrift, ihrer Adressaten, ihrer möglichen Auftraggeber sind wir bis heute in vieler Hinsicht auf Vermutungen bzw. auf mehr oder minder schlüssige Interpretationen aus dem Text selbst angewiesen. Dabei ist die zu Lebzeiten Hegels nie veröffentlichte Schrift ein wahres Ideen-Laboratorium: eine Fülle von Elementen des Hegelschen Staats-, Rechts- und Geschichtsdenkens finden sich hier in verhältnismäßig lockerem Aggregatzustand – spielerisch entfaltet im Rahmen einer Flugschrift (oder Denkschrift) zu aktuellen politischen Fragen, die den jungen Hegel ebenso als Historiker, Juristen, Ökonomen, als Kenner der Verfassungs-, Militär- und Finanzgeschichte Deutschlands wie als Geschichtstheoretiker und Philosophen und nicht zuletzt als Publizisten und politischen Reformer zeigt.

Die Schrift über die Reichsverfassung war ein Kind der bewegten Zeit unmittelbar vor und nach 1800; mehr als einmal liefen dem Verfasser die Ereignisse davon, so daß er die Arbeit unterbrechen und unter veränderten Voraussetzungen wieder neu aufnehmen mußte. Aber auch abgesehen vom Zeitgeschehen, vom Tribut, den eine politisch angelegte Schrift notwendigerweise an die Tagesaktualität zahlt: die Verfassungsschrift enthält auch in sich so viele Spannungen, Ungereimtheiten, terminologische Ungleichheiten, unaufgelöste Widersprüche, daß man sie angemessener als eine mit historischen Exkursen angereicherte Zeitdiagnose – durchaus in politisch-therapeutischer Absicht – lesen sollte. Man beachte nur den Widerstreit zwischen dem Anfang und dem Ende: dem kontemplativen Eingang, der angesichts des verlorenen Krieges und des für Deutschland verlustreichen Friedens zum »Verstehen dessen, was ist« aufruft und ein »in Worten gemässigtes Ertragen« des Unvermeidlichen anmahnt,[2] dem fatalistischen Ton der folgenden historischen Darlegungen zum deutschen Schicksal und seiner »eisernen Nothwendigkeit«[3] – und anderseits, in den offenkundig für den Schluß geplanten Passagen, der jähen Beschwörung Machiavellis als Zeuge dafür, »daß das Schiksal eines Volks das seinem politischen Untergange zueilt, durch Genie gerettet werden könne«,[4] und dem hochgemuten Appell an einen neuen Theseus für Deutschland[5] – in deutlicher Parallele zum Schlußkapitel des »Principe«[6]. Die Verfassungsschrift gehört zu den Schriften mit dezidiert historisch-politischer Thematik in Hegels Werk, neben der Waadtland-Schrift, den Schriften zur württembergischen Politik und der späten Schrift über die englische Reformbill – es ist bemerkenswert, daß Hegel als politischer Schriftsteller begonnen und geendet hat! Freilich führt sie von allen vergleichbaren Schriften Hegels die meiste historisch-philosophische Fracht mit sich. Die politischen Analysen der Verfassungsschrift nehmen ihren Ausgang vom aktuellen Zustand des Deutschen Reiches. Auf der Suche nach den Gründen für seinen Niedergang werden eine Fülle empirischer Materialien präsentiert. Aber sie münden zugleich, spätere Positionen Hegels vorwegnehmend, in weltgeschichtliche Betrachtungen und Erwägungen. Diese halten sich zunächst – setzt man sie in Beziehung zu seinen späteren Einteilungen der Weltgeschichte[7] – ganz im Rahmen der »neuen Zeit«, der »germanischen Welt« (die hier die romanisch-germanischen Völker als Erben des Römischen Reiches seit der Völkerwanderung umfaßt). Aber in einzelnen Bemerkungen greift der Verfasser auch weiter zurück[8] – und an einer Stelle umspannt sein Blick sogar das *Ganze* der Weltgeschichte: dort, wo er von der Repräsentation als dem »System aller neuern Europäischen Staaten« spricht und bedeutsam hinzufügt: »es ist nicht in Germaniens Wäldern gewesen, aber es ist aus ihnen hervorgegangen; es macht Epoche in der Weltgeschichte. Der Zusammenhang der Bildung der Welt hat das Menschengeschlecht nach dem orientalischen Despotismus und der Herrschaft einer Republik über die Welt, aus der Ausartung der letztern in diese Mitte zwischen beyde geführt, und die Deutschen sind das Volk, aus welchem diese dritte universale Gestalt des Weltgeistes gebohren worden ist.[9]

I. Staat und alte deutsche Freiheit

Zunächst gilt es den Grundgedanken hervorzuheben, der sich in der Verfassungsschrift unter mannigfachen, oft sich überkreuzenden historischen Erörterungen und Erwägungen verbirgt. Er wird greifbar in der Gegenüberstellung zweier Begriffe, in denen sich polare geschichtliche Mächte verkörpern: ›Staat‹ auf der einen – ›alte deutsche Freiheit‹ auf der andern Seite.

Hegel sieht im Zusammenstoß des revolutionären Frankreich und des Reiches einen Aufeinanderprall gegensätzlicher Prinzipien: auf der einen Seite die Zusammenfassung aller Kräfte zu einem durch Gesetze bestimmten Mittelpunkt, die Vereinigung in ein Allgemeines in »gemeinschafftlicher freyer Unterwürfigkeit unter eine oberste Staatsgewalt«[10]; auf der anderen Seite eigenwilliges Tun, Besonderung der Einzelnen, hartnäckiges Festhalten am Erworbenen, »Kraise von Gewalt über andere, nach Zufall und Charakter ohne Rüksicht auf ein Allgemeines, und mit wenig Einschränkung von dem, was man Staatsgewalt nennt«.[11] Zentripetale Kräfte dort, zentrifugale Kräfte hier – das führt dazu, daß die revolutionären Heere im Krieg mit Deutschland sehr viel einheitlicher, koordinierter und schlagkräftiger agieren als die an Größe weit überlegene, jedoch aus vielen Kontingenten zusammengesetzte, uneinheitliche, vielfach mangelhaft geführte und schwer bewegliche Reichsarmee.[12] (Ähnliche Analysen gelten den Reichsfinanzen[13] und der Rechtspflege[14].) Da Deutschland infolge seiner kriegerischen Schwäche und des Mangels an Finanzen keine ernsthafte Macht mehr darstellt und sich gegen auswärtige Feinde nicht mehr zureichend wehren kann, droht es seine Unabhängigkeit zu verlieren. Für Hegel ist dieser Ausgang des Krieges kein Zufall. Es liegt in der Logik der Dinge, daß die stärkere Macht über die schwächere siegt, das überholte Prinzip dem fortgeschrittenen weichen muß. Die französische Republik, in der die Macht konzentriert ist wie in keinem Land Europas, zwingt das alte Reich in die Defensive, offenbart vor aller Augen seine Ohnmacht, macht es zum »Gedankenstaat«. Im Krieg mit der französischen Republik wird sichtbar, daß Deutschland kein Staat mehr ist.[15] Es ist nicht mehr ein vereinigtes Ganzes, fähig, sich zu wehren und gegen Angreifer zu behaupten; es präsentiert sich vielmehr als ein loses Bündel unabhängiger, im Grunde souveräner Staaten, die zu gemeinsamem Handeln nicht mehr imstande (und auch nicht willens) sind. Auf die alte Frage der Staatsrechtslehrer nach der Natur des Reiches antwortet Hegel in Anlehnung an Voltaire: der politische Zustand Deutschlands sei eine Anarchie, sein Staatsrecht ein »System von Recht gegen den Staat«.[16] »Die Auflösung des Problems, wie möglich wäre, daß Deutschland kein Staat sey, und doch ein Staat sey, ergibt sich sehr leicht, daß es ein Staat ist in Gedanken und kein Staat in der Wirklichkeit, daß Formalität und Realität sich trennt, die leere Formalität dem Staat, die Realität aber dem NichtSeyn des Staates zugehört.«[17]

Deutschland ist also kein Staat mehr. Aber war es je ein Staat? Auf der Suche nach den historischen Ursachen der gegenwärtigen Katastrophe gelangt Hegel zu radikalen, das Problem verschärfenden und zuspitzenden Formulierungen. Hinter der aktuellen Krise erscheinen ältere Bewegungskräfte, die weit zurückreichen in die Vergangenheit – in die Anfänge deutscher Geschichte, in die Tiefen und Untiefen des nationalen Charakters der Deutschen. Gerade der berühmteste Zug der Deutschen, ihr Trieb zur Freiheit, ist nämlich zugleich die Ursache der verhängnisvollen Schwäche ihrer Staatlichkeit. Denn dieser Trieb ist es, »der die Deutschen, nachdem alle anderen europäischen Völker sich der Herrschaft eines gemeinsamen Staates unterworfen haben, nicht zu einem gemeinschafftlicher Staatsgewalt sich unterwerfenden Volke werden ließ.«[18] Verstockt in Besonderung und Vereinzelung, haben die Deutschen den »freyen persönlichen von Willkühr abhängigen Antheil« nicht in den »freyen, von Willkühr unabhängigen Antheil verwandeln wollen, der in der Allgemeinheit und Kraft von Gesetzen besteht ... «[19] So ist die Staatsmacht zerfallen; die Teile wurden »eine Mannichfaltigkeit von ausschliessendem vom Staate selbst unabhängigem und nach keiner Regel noch Grundsatz vertheiltem Eigenthum ... «[20] Ins Extrem getrieben, schließt die alte deutsche Freiheit den Begriff des Staates von sich aus. Das Allgemeine geht in einer unübersehbaren Fülle des Konkreten unter. An die Stelle zentralen staatlichen Handelns tritt das Verhandeln aller mit allen – eine naturhafte Bewegung, gegen die kein Gesetz ankommt. Ironisch bewundernd sagt Hegel: »Das deutsche Reich ist von dieser Seite wie das Reich der Natur unerschöpflich im Grossen, und unergründlich im Kleinen, und diese Seite ist es welche die Eingeweihten in die Kenntnisse des unendlichen Details der Rechte mit jener Bewunderung, jenem Staunen vor der Ehrwürdigkeit des deutschen Staatskörpers erfüllt.«[21]

Doch man täusche sich nicht: Dem Staatslehrer Hegel mag die alte deutsche Freiheit als Absurdität erscheinen, wenn er gegenüber den Idealbildern des Reichsrechts den Begriff des Staats und seiner Minima politica entwickelt (das »Eigenthum und seine Vertheidigung durch eine Staatsverbindung ...)[22]; der Historiker Hegel mag seinen Spott ausgießen über die deutsche Ehrfurcht vor überlieferten Rechten und den längst leer gewordenen Schein prunkvoller Zeremonien; der politische Reformer endlich, der die Reichsverfassung zu später Stunde effizient und Deutschland handlungsfähig machen will, mag in Zorn und Gewalttätigkeit verfallen, wenn er die »vollendete Absonderung des Einzelnen von seinem Geschlecht«[23] geißelt und nach einem Eroberer ruft, um die Deutschen zur Räson zu bringen: »Der gemeine Hauffen des deutschen Volks, nebst ihren Landständen, die von gar nichts anderem als von Trennung der deutschen Völkerschaften wissen und denen die Vereinigung derselben etwas ganz fremdes ist, müßte durch die Gewalt eines Eroberers in Eine Masse versammelt sie müßten gezwungen werden, sich zu Deutschland gehörig zu betrachten.«[24] Doch man kann bei alledem nicht überhören, mit welcher Leidenschaft, mit welch ungewöhnlichem sprachlichem Atem Hegel in der Verfassungsschrift immer wieder von der alten deutschen Freiheit spricht. Hier ist mehr im Spiel als Nostalgie, hier spiegelt sich die Abkehr von einer reinen, über die Zeit sich erhebenden Subjektivität, die Abkehr auch von Jugendträumen und Jugendfreunden.[25] Jedenfalls ist jener Zustand, »daß eine Menge ein Volk ist, ohne zugleich ein Staat zu seyn«,[26] dem Autor der Verfassungsschrift nicht fremd, wie das lyrische Pathos seiner Schilderungen zeigt: »Es ist die Sage von der deutschen Freiheit auf uns gekommen, von der Zeit, wie wohl wenige Länder eine hatten, da in Deutschland der Einzelne ungebeugt von einem Allgemeinen, ohne Unterwürfigkeit unter einen Staat für sich stand, und seine Ehre und sein Schiksal auf ihm selbst beruhend hatte; in seinem eignen Sinn und Charakter seine Kraft an der Welt zerschlug, oder sie sich zu seinem Genuß ausbildete – da es noch keinen Staat gab da der Einzelne durch Charakter und Sitte, und Religion zum Ganzen gehörte, aber in seiner Betriebsamkeit und That, von Ganzen nicht beschränkt wurde, sondern ohne Furcht, und ohne Zweifel an sich, durch seinen Sinn sich begränzte ... «[27] So spricht niemand, dem der »ursprüngliche nie gebändigte Charakter der deutschen Nation«[28] fremd oder verächtlich wäre, der in dem »eigenwilligen Thun, das allein Freyheit genannt wurde«[29], nur etwas Negatives sieht.

Zur Verdeutlichung des zur Wahl stehenden Antagonismus Staat – alte deutsche Freiheit gebraucht Hegel ein der damaligen Zeit geläufiges Bild: »... die Theilung und

Berechnung, worauf unser Gesetzzustand beruht, daß es für eine geraubte Kuh nicht der Mühe werth ist, den Kopf aufs Spiel zu setzen, noch gegen eine 10fach und unendlich überlegne Macht (wie die [des] Staats) sich unverhohlen mit seiner Einzelheit zu setzen kannte er nicht, sondern war vollständig und ganz in dem seinigen. (Den Franzosen ist entier ganz und eigensinnig.)«[30] Man erinnere sich bei diesen Worten der letzten großen dichterischen Gestaltung der alten deutschen Freiheit (in einer schon individualistisch-rechtskämpferischen Zuspitzung) in Heinrich von Kleists »Michael Kohlhaas« (endgültige Fassung 1810).

Hegel nimmt in der für Deutschland noch ungeschriebenen Literaturgeschichte der ›alten deutschen Freiheit‹[31] einen besonderen Platz ein. Diese Tradition ist alt: sie reicht von den tacitusbegeisterten Humanisten des 16. Jahrhunderts über Osse, Seckendorff und die Verteidiger der ›teutschen Libertät‹ im 17. und 18. Jahrhundert bis zu Möser und zur Rheinbundpublizistik zur Zeit Napoleons; noch die Romantik entleiht Stichworte von ihr – und nicht weniger der Frühliberalismus mit seinem Ruf nach dem »guten alten Recht«. Hegel bricht als einer der ersten mit dieser einseitig verklärenden Darstellung der alten deutschen Freiheit – obwohl er sie noch einmal in großartigen Bildern zu beschwören weiß. Die alte deutsche Freiheit ist ihm ebenso auszeichnendes Merkmal der Deutschen wie tiefster Grund für den Verfall ihrer Verfassung und den Niedergang ihres Staates. Mag sein, daß sie das Gemüt mehr bewegt, daß sie ein wärmeres Klima schafft, daß sie den »schneidenden Luftzug« des modernen Staates vom einzelnen fernhält – dieser darf sich geborgen fühlen in einer älteren Verfassung, einer staatlosen Welt des gemeinen Rechts. Doch das bleibt bloße Erinnerung, und es gilt nur für Normal- und Friedenszeiten. Gegen äußere Feinde bietet die alte deutsche Freiheit keinen wirksamen Schutz. Ein Volk ohne Staat kann sich nicht ernsthaft wehren. In einem Konflikt wie dem mit dem revolutionären Frankreich droht es zerrieben zu werden und zugrunde zu gehen.[32]

II. Eigentum, Gesetz, Repräsentation

Ist also für Hegel die Zuwendung zum Staat die unvermeidliche Folgerung aus dem Scheitern älterer (vorstaatlicher) Freiheit, öffnet für ihn erst der Staat dem Volk den Eintritt in die Weltgeschichte[33] – wie sieht dann der in der Verfassungsschrift al fresco entworfene neue Staat[34] im einzelnen aus? Kann die diffuse Staatlichkeit des Reiches überhaupt weiterentwickelt werden? Kann sie transformiert werden in ein festeres, stabileres politisches Gebilde? Welche neuen Elemente sind dazu nötig – und welche alten? Und in diesem Zusammenhang: Ist die alte deutsche Freiheit für den modernen Staat etwas gänzlich Vergangenes, Abgelebtes? Oder kann etwas von ihr in die neue Verfassung des Gemeinwesens eingehen? Weltgeschichtlich gesehen: Waren alte deutsche Freiheit – und Altes Reich – historische Sackgassen, Engführungen der Geschichte? Oder gibt es Brükken zwischen der jahrhundertalten hartnäckigen »Besonderung« der Deutschen und dem Gang der Weltgeschichte?

Machen wir uns zuerst die sprachliche Situation klar, in der sich Hegel befand, als er vom Staat zu sprechen begann. (Die weit geläufigeren Begriffe der Zeit, die auch er verwendet, hießen ›Reich‹ und ›Stand‹!) Staat war damals ein bereits etabliertes Wort – es hatte den Bezirk der Gelehrtensprache längst überschritten.[35] Ein Monopol für die von ihm bezeichnete Sache hatte es freilich noch nicht. Es stand in einem breiten Umfeld konkurrierender Begriffe wie Herrschaft, Obrigkeit, gemeines Wesen, Landschaft – und eben Reich und Stand. Auch moralisch war der Ruf des Wortes Staat noch nicht gefestigt. Der Staatsbegriff war mit der Ratio-Status-Lehre nach Deutschland gekommen und blieb in diesem Umfeld bis zur Schwelle des 19. Jahrhunderts; kein Wunder also, daß sich die volkstümliche Kritik und Abwehr in einer Fülle boshafter, distanzierender und pejorativer Redensarten Luft machte. Selbst Hegel beteiligt sich an diesem Spiel, wenn er in der Verfassungsschrift geringschätzig von »Katheder-Statistikern« spricht[36] (ein Statistiker war damals noch ein Staatswissenschaftler, ein Erzähler von Staatsdingen[37] – die Verengung des Sprachgebrauchs auf die mathematische Statistik vollzieht sich erst im späteren 19. Jahrhundert!)

Positive und negative Staatsbilder liegen in Hegels Zeit dicht nebeneinander. Dämonisierung und Idealisierung des Staates lösen einander ab – oftmals beim gleichen Autor.[38] Unterschiedliche Vorgänge spiegeln sich im Staatsbegriff: die »Stabilirung« fürstlicher Souveränität ebenso wie die gegenläufigen Tendenzen zu ständischer Mitwirkung und Volksrechten; die objektiven, transpersonalen Ordnungen der Verwaltung, des Kriegs-, Finanz- und Rechtswesens wie die höchstpersönliche monarchisch-patriarchalische Obsorge für das »gute Leben« der Bürger. Die späte Aufklärung holt den Staat nachdrücklich vom Himmel herab, entdämonisiert und verbürgerlicht ihn – gewinnt ihm freundliche Seiten, funktionale Nützlichkeit ab mit den Metaphern der Maschine, der Brandkasse (Schlözer), der Versicherung, in die man »Aktien einlegt« (Möser). Aber gerade gegen diese Funktionalisierungen regt sich bald Widerspruch – so etwa, wenn Schiller aus seinen Mitbürgern »Staatsfreunde« machen will, oder wenn die frühe Romantik (Novalis) sich einen »poetischen Staat« erträumt.

So kommt auch Hegel in der Verfassungsschrift nicht um eine Explikation *seines* Staatsbegriffs herum – angesichts der Vieldeutigkeit des Wortgebrauchs eine schlichte Notwendigkeit und eine Vorkehrung gegen Mißverständnisse. Nicht ohne didaktischen Nachdruck grenzt er den Begriff nach allen Seiten gründlich ab.[39] Der Staat ist kein Gedankenstaat. Er muß *wirklich,* nicht nur in Absichten und Plänen, zur Verteidigung, zur Selbstbehauptung fähig sein. Das ist nicht die vielberufene Hinwendung Hegels zum machtstaatlichen Denken; die enge Verbindung, ja Gleichsetzung von Staats- und Wehrverfassung ist gut deutschrechtlich, wurzelt in der Welt des Alten Reiches.[40] Moderner, fast aufklärerisch klingt es, wenn Hegel das Eigentum in den Staatszweck hineinnimmt[41] – eine Konsequenz, die er in seiner späteren Rechts- und Geschichtsphilosophie bekanntlich wieder abschwächt.[42] Man hat darin zu Recht den Niederschlag der ökonomischen Studien Hegels in der Frankfurter Zeit gesehen.[43] Auch die Zauberformel des Preußischen Allgemeinen Landrechts – »Freyheit und Eigenthum!« – mag man hier wiedererkennen. Freilich spricht Hegel von der *Gesamtheit* des Eigentums einer Menschenmenge, und gewiß handelt es sich hier nicht um die zum Privateigentum gewordenen politischen Rechte des Alten Reiches. Aber Staatsgewalt, Wehrfähigkeit und Verteidigung des Eigentums sind nun einmal die Bleigewichte, die nach Hegel den sonst leicht ins Idealische und Theoretische entschwebenden Staatsbegriff am Boden halten.

Alles andere rückt dagegen in die Sphäre des Zufälligen und Beliebigen. Es kann so, aber auch anders sein. Es ist genau besehen erstaunlich, wieviel Ballast Hegel abwirft, wenn es um die Bestimmung der notwendig zum Begriff des Staates gehörigen Elemente geht: weder die Staatsformen zählen für ihn dazu, noch die Organisation der Gewalten, weder die Gesetze im einzelnen noch die Sitten, die Bildung, die Sprache – ja nicht einmal die Religion.[44] Im Bereich der politischen Adiaphora – so sein Rat – soll man die Freiheit der Bürger so weit wie möglich gewähren lassen. Detailwut führt nur in die Irre; das Prinzip des Staates ist eben nicht »die allgemeine Maschinerie«, in der eine einzige Feder allem Bewegung verleiht. Pedanterie im Regieren und Regulieren erzeugt nur »ein ledernes, geistloses Leben« – eine Dürre, für die Hegel, damals noch sowenig »Philosoph der Französischen Revolution« wie »Preußischer Staatsphilosoph«, zwei sprechende zeitgenössische Staats-Beispiele bei der Hand hat: den preußischen Staat und die französische Republik.[45]

So ausgerüstet mit einem Staatsbegriff, der, eben weil er mit obrigkeitlichen Regelungen spart, an den »freyern und unpedantisirten Geist« des Volkes appelliert,[46] geht Hegel an die Geschichte und Kritik der Verfassung des Deutschen Reichs heran.[47] Dabei weitet sich sein Thema unter der

Hand zu einem historischen Panorama des älteren Europa aus. Es geht um Länder, die Staaten wurden und sich als Staaten bis zur Gegenwart erhalten haben: Frankreich, Spanien, England, Dänemark, Schweden, Holland, Ungarn. Und es geht um Länder, die als Staaten untergegangen sind (wie Polen) oder »sich verteilt« haben (wie Italien). Mitteninne steht Deutschland als Sonderfall – ein Land, das in eine Menge unabhängiger Staaten zerfällt und doch den Anspruch aufrecht erhält, als Ganzes ein Staat zu sein. Nach welchen innewohnenden Bewegungskräften, welchen Prinzipien und Direktiven vollführt Deutschland, vollführen die anderen Staaten ihren geschichtlichen Lauf?

Alle sind, so Hegel, ursprünglich vom gleichen Zustand ausgegangen; historisch erklärlich, da die meisten durch germanische Völker gegründet wurden und ihre Verfassung sich aus dem Geist dieser Völker entwickelt hat. »In den germanischen Völkern hatte ursprünglich jeder freye Mann, so wie auf seinen Arm gezählt wurde, so auch mit seinem Willen Theil an den Thaten der Nation. Die Fürsten so wie Krieg und Frieden und alle Werke des Ganzen wurden vom Volke gewählt. Wer wollte, nahm an der Berathschlagung selbst Theil; wer nicht wollte, unterließ es aus freyem Willen und verließ sich auf das gleiche Interesse der übrigen.«[48] Soweit Hegel. Natürlich hängt seine Sicht von zeitgebundenen, heute problematischen und überholten Vorgaben ab: von der unbefangenen Gleichsetzung von germanisch und deutsch, vom Idealbild einer germanischen Urdemokratie, in der sich freie Männer zur Mitwirkung – oder Nichtmitwirkung – im Staat entscheiden. All diese Konstruktionen, die Hegel mit seinen Zeitgenossen und mit dem frühen Liberalismus teilt, sollen uns hier nicht interessieren. Entscheidend ist, in Hegels Perspektive, ein Staat, in dem oben und unten, Regieren und Regiertwerden, Herrschaft und Volkszugehörigkeit austauschbar sind. Mit der alten deutschen Freiheit, und mehr noch mit der antiken Bürgergemeinde[49], hat diese germanische Welt viele Züge gemeinsam.

Nun kommt freilich auch in Hegels weltgeschichtlichem Entwurf der rousseausche Punkt, an dem »die Dinge nicht bleiben können, wie sie sind«. Die Völker werden größer; es bilden sich verschiedene Stände; die Bedürfnisse differenzieren sich; nicht allen sind die gemeinsamen Angelegenheiten noch so wichtig wie am Anfang. So entwickelt sich das System der Repräsentation: Monarchen, Stände, Adel, Geistlichkeit, Dritter Stand teilen sich in unterschiedlichen Graden und Partizipationsverhältnissen in die Staatsgeschäfte: »... der Monarch besorgt die NationalAngelegenheiten besonders insofern sie die äussern Verhältnisse mit anderen Staaten betreffen, er ist der Mittelpunkt der Staatsmacht, von dem alles ausgeht, was nach den Gesetzen Zwang erfodert, die gesetzliche Macht ist also in seinen Händen; die Stände haben Theil an der Gesetzgebung, und sie reichen die Mittel, welche die Macht erhält.«[50]

Bei Rousseau, bei Hölderlin – auch noch beim frühen Hegel – wäre solche Rationalisierung ein Schritt vom Wege: die Ablösung der Berührung aller mit allen, der gemeinsamen Verantwortung für das öffentliche Leben durch spezielle, hierarchisch gegliederte Zuständigkeiten und Aufträge: der Staat als eine die Wärme menschlicher Beziehungen versachlichende und abkühlende Kompetenzordnung. Nicht so beim Hegel der Verfassungsschrift – und nichts zeigt seine denkerische Entwicklung in den Frankfurter und Jenaer Jahren so ausgeprägt wie die Option für die Repräsentation (nach derjenigen für das Eigentum). Mit der Repräsentation begegnet dem historisch gebildeten Philosophen nach Hegel geradezu ein Universalprinzip moderner Geschichte. Das System der Repräsentation ist das System aller neueren europäischen Staaten. Hegel spricht – wir haben es gehört – von einer dritten universalen Gestalt des Weltgeistes, nach dem orientalischen Despotismus und der Weltherrschaft der römischen Republik. Das ist weit entfernt von Rousseaus schroffen Thesen, daß mit dem Eigentum alle Entfremdung unter Menschen beginnt und daß der, der sich vertreten läßt, seine Freiheit schon preisgegeben hat. Aber es ist sehr nahe an Montesquieus Einsicht, daß die Repräsentation eine Verfassung der Freiheit ist – die einzige, die dieses politische Gut bewahrt und haltbar macht, so daß es unter wechselnden geschichtlichen Bedingungen stets neu aktiviert werden kann.

Es wird immer denkwürdig bleiben, wie Montesquieu im England-Kapitel des *Esprit des Lois* in die Analyse des britischen Regierungssystems unvermittelt die Äußerungen des Tacitus über die Konsultationsgewohnheiten der Germanen einmischt[51] und hinzufügt: »Ce beau système a été trouvé dans les bois.«[52] Bei ihm werden Engländer unversehens zu Germanen – bei Hegel, der den Satz zitiert und »universalistisch« verallgemeinert, sind die *Deutschen* die Erben der Freiheit aus Germaniens Wäldern. Ihr »eigenthümliches Princip« findet seit der Völkerwanderung seine Anwendung »auf das übrige haltungslose Weltwesen«. »So ist die Freyheit der germanischen Völker, als sie erobernd die übrige Welt überschwemmten, nothwendig ein *Lebenssystem* ...«[53]

Aber hörten wir nicht, daß die übergroße Freiheitsliebe der Deutschen ihren Staat zerstört habe? In der Tat: daß ein Volk der Welt einen neuen universellen Anstoß gibt, muß nicht bedeuten, daß es selbst in den Genuß der von ihm ausgelösten geschichtlichen Bewegung kommt. Es ist ein höheres Gesetz, sagt Hegel, daß ein solches Volk »selbst am Ende vor allen übrigen zu Grunde geht, und sein Grundsatz, aber es selbst nicht bestehe«[54].
So breitet sich um die von den Deutschen heraufgeführte »dritte universale Gestalt des Weltgeistes« ein wenig Resignation und hölderlinsche Empedokles-Stimmung aus. Es sind vor allem die anderen Nationen, die das ernten, was die Deutschen gesät haben – diese selbst profitieren nicht davon.

Im übrigen war das System repräsentativ verfaßter Freiheit nicht einfach »in den Wäldern«, wie Montesquieu meinte. Es ist nur aus ihnen hervorgegangen – für Hegel ein wichtiger Unterschied.[55] Die germanischen Wälder sind kein verlorenes Paradies, kein Stück unberührter politischer Natur. Man findet in ihnen bestenfalls die Keime und Anstöße für künftige Entwicklungen; jede Nation muß sie in ihrer kulturellen Entwicklung erst entfalten. So nimmt auch das universelle Prinzip der Repräsentation in der Geschichte ganz verschiedene Formen an, einfache und entwickelte, weiterführende und abschließende. Gewissermaßen spielerisch skizziert Hegel in seiner Verfassungsschrift die Grundzüge einer vergleichenden Entwicklungsgeschichte der Repräsentation.

Dabei stehen sich England und Frankreich prototypisch gegenüber. »In England hat der hohe und niedere Adel mit Landesherrschaft zugleich einen Grad seines Charakters, Representant von einem Theile des Volks zu seyn nicht mehr, aber die Bedeutung im Staate ist darum nicht ganz persönlich geworden ...«[56] Die Existenz des Parlaments sichert die Teilnahme an den Staatsgeschäften und befördert den Austausch adeliger und bürgerlicher Eliten. Anders in Frankreich: infolge der Nicht-Berufung der États généraux verloren der hohe und niedrige Adel und das Bürgertum ihren Charakter als Repräsentanten; ihre öffentlichen Aufgaben verfielen; dafür wurde die Persönlichkeit »auf den höchsten, empörenden Grad getrieben ...«[57] Offensichtlich existiert ein Zusammenhang zwischen der institutionellen Ausstattung eines Staates und der Verfassung der Persönlichkeiten, die ihn tragen: dort, wo Personen nicht mehr in repräsentativen Ämtern und Funktionen fürs Ganze arbeiten können, entsteht das aus den deutschen Verhältnissen bekannte Phänomen der Besonderung und Vereinzelung. Personen werden überlebensgroß, wachsen sich aus zu Originalgenies, in manchmal skurrilen Dimensionen – und verlieren zugleich ihre kommune, zivile, politische Natur. Auch in dieser Hinsicht gehen die Entwicklungen in England und in Frankreich in verschiedene Richtungen auseinander: während sich in England das adelige und das bürgerliche Element einander angleichen, Geburt und Talent, Herkunft und Bildung einander ergänzen und schließlich substituieren, nimmt in Frankreich der Antagonismus zwischen den Ständen zu. So kann der gleiche Ausgang von der mittelalterlichen Lehnsverfassung zu ganz unterschiedlichen Ergebnissen führen: liberal-konservativen auf der einen, absolutistisch-egalitären auf der anderen Seite. Während sich das englische Gemeinwesen in berechenbarer Evolution voranbewegt, überwiegen in Frankreich die Brüche und Sprünge. Rechtzeitig erscheint dann, wenn die Spannung übermächtig wird, ein Richelieu am Horizont, der die »Besonderheiten und Eigenthümlichkeiten« der Menschen zertrümmert und gegenüber den frondierenden Einzelnen der Staatsgewalt Respekt verschafft[58] – oder es erscheint eine revolutionäre Republik, die den Schrecken als Mittel einsetzt, um die öffentliche Tugend zu stärken.

Auf der anderen Seite stehen Deutschland und Italien: Länder, in denen anerkannte repräsentative Einrichtungen nicht existieren, in denen die alte Lehnsverfassung zum Zerfall der Staatlichkeit geführt hat. Hier fehlt ein alle Kräfte sammelnder Mittelpunkt. Hier entwickelt sich aus einem anfangs einheitlichen Reichs-(Staats)körper eine Fülle unabhängiger Staaten. »In Italien erwarb sich jeder Punkt desselben Souveränetät; es hörte auf Ein Staat zu seyn, und wurde ein Gewühl unabhängiger Staaten, Monarchieen, Aristokratieen, Demokratieen, wie es der Zufall wollte; auch die Ausartung dieser Verfassungen in Tiranney, Oligarchie, und Ochlokratie kam auf kurze Zeit zum Vorschein.«[59] Deutschland teilt mit Italien das Schicksal, seit langem Schauplatz von Kriegen und Spielball fremder Mächte zu sein; das Reichsgebiet ist in den neueren Jahrhunderten kleiner und kleiner geworden, die Zuständigkeiten, Abhängigkeiten, feudalen Gemengelagen sind verworren. Vom Prinzip der Monarchie – einer »Staatsmacht unter einem Oberhaupt zur Führung der allgemeinen Angelegenheiten und mit Mitwirkung des Volks, durch seine Abgeordnete«[60] – ist nur eine leere Hülse übriggeblieben. »... in dem langen Schwanken Europas zwischen Barbarey und Kultur, in diesem Übergang hat der deutsche

Staat diesen Übergang nicht vollbracht, sondern ist den Konvulsionen dieses Übergangs unterlegen, die Glieder haben sich zur völligen Selbständigkeit losgerissen, der Staat hat sich aufgelöst, die Deutschen haben das Mittel zwischen Unterdrükkung und Despotismus – dem, was (sie) Universalmonarchie hiessen, und der völligen Auflösung nicht zu finden gewußt.«[61] So bleibt für Italien wie für Deutschland nur der Appell an die Gewalt eines Eroberers – daß von innen her noch Heilung kommt, ist eher unwahrscheinlich. Obwohl Hegel am Ende seiner Schrift zu umfassenden Reformvorschlägen für die Reichsverfassung ausholt, gibt er unmittelbar vorher noch einmal seiner Resignation und seinen Zweifeln Ausdruck: »... wen geht diß Land noch was (an), wo her sollte ein Patriotismus für diß Land kommen. Was die einzelnen Länder auch Landstände passiven Vortheil von Deutschland haben, geniessen sie, erkennen es, thun aber nichts dafür; denn es liegt tief in der menschlichen Natur, sich nur für das zu interessiren, wofür man handeln, wofür man mitbeschliessen und mitwirken kan, wobei der Willen seyn kan.«[62] Auch hier ist das Verblassen und Verschwinden des Prinzips Repräsentation die Wurzel aller Übel, und es ist insofern konsequent, daß Hegel am Ende eine »föderalistische« Lösung der Problematik andeutet: es müsse »den Ländern eine Art der Mitwirkung fürs Allgemeine verschafft werden«[63].

III. Zur Bilanz

Versuchen wir ein Fazit zu ziehen. In Hegels Verfassungsschrift tauchen Elemente seines späteren geschichtsphilosophischen Denkens auf – freilich noch ohne systematische Verknüpfung und theoretische Verdichtung. Die deutsche Geschichte wird in einen weltgeschichtlichen Kontext gestellt, der ziemlich genau dem später in der Philosophie der Weltgeschichte ins Auge gefaßten Vierten Zeitalter, der »germanischen Welt«, entspricht. Vor allem die Repräsentation wird in der Verfassungsschrift als universalgeschichtliche Kategorie entdeckt und gewürdigt. Sie erlaubt es Hegel, einerseits die alten Zeiten mit dem gegenwärtigen Weltgeschehen zu verknüpfen, anderseits grundlegende Entwicklungsdifferenzen zwischen den europäischen Staaten in der Neuzeit zu erklären. So hatte die Französische Revolution mit der Neubelebung seit Jahrhunderten verfallener Repräsentationsmodi begonnen. Doch zeigte gerade dieses Beispiel die Schwierigkeiten eines ruckartigen Rückgriffs auf ältere Verfassungszustände deutlich an. Schon hier werden die Sympathien des Verfassers für die *englische* Entwicklung offenbar, die ohne harte Brüche, im Weg gesellschaftlichen Ausgleichs, fortschreitet und in der mit dem »King in Parliament« die alte »germanische« Form der Repräsentation stets gegenwärtig blieb.

In der Betonung der Repräsentation als einer Verfassung der Freiheit folgt Hegel Montesquieu. Der französische Denker wird zum Gewährsmann Hegels bei seiner Zuwendung zu den »Realien« des Staates und der Geschichte, die mit der Verfassungsschrift beginnt, und sein Einfluß drängt im Lauf der Zeit den Einfluß Rousseaus immer mehr zurück. (Man kann dies an der Entwicklung der Theorie der Repräsentation verfolgen – und mehr noch an Hegels Gesetzesbegriff, der mit seiner Verbindung von Gesetz und Vernunft einem ähnlichen Konzept wie dem des *Esprit des Lois* verpflichtet ist.)[64] Dennoch bleibt Rousseaus Einfluß – über Hölderlin? – auch in der Verfassungsschrift noch greifbar: so klingt in Hegels panegyrischer Vergegenwärtigung der ›alten deutschen Freiheit‹ etwas vom Pathos des ungeschiedenen und ungeteilten Lebens an – *gegen* die Teilung und Berechnung, die Spezialisierung und Professionalisierung, die das Gesetz moderner Zeiten ist.

Vieles, was sich in unseren Vorstellungen mit Hegels (späterer) Geschichtsphilosophie verbindet, bleibt in der Verfassungsschrift noch ausgespart. So kommt die Rolle der Religion – und die spezifische Bedeutung der Reformation – für die deutsche und die Weltgeschichte in Hegels

Darlegungen vorerst nur negativ in den Blick. Der Staat geht nicht unter, wenn die Religion zerbricht; Religion gehört nicht zu den konstituierenden Elementen von Staatlichkeit – das ist die Botschaft, die wir in der Verfassungsschrift vernehmen (wiederum ist der Gegensatz zu Rousseaus Position unübersehbar!). Reformatorisches Pathos, wie es später bei Hegel nicht selten ist, fehlt in den kühlen und luziden Erörterungen der Verfassungsschrift zur Rolle der Konfessionen fast ganz. Über den Glaubenshelden Gustav Adolf spricht der Protestant Hegel hier fast wie ein Aufklärer.[65] Daß die Konfessionen sich in Deutschland gegenseitig bürgerlich ausgeschlossen haben, ist in seinen Augen gewiß ein Unglück und eine Absurdität der deutschen Geschichte. Aber anderseits hat die Glaubensspaltung den deutschen Staat auch auf sich selbst zurückgeworfen. Sie war insofern nicht nur eine historische Entzugserscheinung. »Indem aber die Religion den Staat vollständig zerrissen hat, hat sie auf eine wunderbare Weise doch zugleich die Ahndung einiger Grundsätze gegeben, worauf ein Staat beruhen kan; indem ihre Spaltung die Menschen in dem innersten Wesen auseinanderriß und doch noch eine Verbindung bleiben sollte, so muß sie sich über äußere Dinge, Kriegführen u.s.w. äusserlich verbinden – eine Verbindung, die das Princip der modernen Staaten ist.«[66]

Ähnliches gilt für den deutschen Dualismus, für die exorbitant die Grenzen der Normalität sprengenden »Reichsstände« Österreich und Preußen. Niemand hat ihre Emanzipation aus dem Reichsganzen, ihre Entwicklung seit dem 17. Jahrhundert, ihren möglicherweise bevorstehenden Entscheidungskampf so genau beobachtet und so hellsichtig analysiert wie Hegel – auch der Gedanke taucht bei ihm schon auf, daß Österreich die Kaiserkrone niederlegte und damit als souveräne Macht auf gleichem Fuß Brandenburg gegenüberträte.[67] Auch hier sind die Sympathien Hegels geteilt: Gegenüber dem »Absolutismus« Josephs II. hält er sich an den frondierenden Fürstenbund, während er anderseits die Religionspolitik des Kaisers durchaus zustimmend würdigt. Ähnlich bei Preußen: der »ephemerischen Energie« Friedrichs II. wird ironisch gehuldigt, doch der große König bleibt ein »einzelnes Genie« in einem dürren Land mit einem »völligen Mangel an wissenschafftlichem und künstlerischem Genie«.[68] Vollends für das Ausscheiden Preußens aus der Reichspolitik im Basler Frieden (1795) hat Hegel – wie viele deutsche Intellektuelle – nur Verachtung übrig.

Das ist so unverständlich nicht – man erinnere sich daran, daß selbst ein deutscher Nationalist wie Heinrich von Kleist noch 1808 auf Kaiser Franz setzte und sich, als sich die Erhebung Österreichs abzeichnete, dorthin begab.[69] Und damals waren die Würfel bezüglich des Reiches und der Kaiserkrone schon gefallen! Wieviel offener war die Situation in den letzten Jahren des Alten Reiches, in denen Hegel schrieb. Hier schien noch alles möglich zu sein: eine Regeneration der Reichsverfassung ebenso wie die Bildung eines adelig-bürgerlichen Kulturstaats; eine Dominanz Österreichs oder Preußens oder ein Wiedererwachen der kleineren Reichsstände, des »Dritten Deutschland« (zu dem ja Hegel und Hölderlin als Württemberger aus altständischer Landschaft gehörten). Selbst das Unvorstellbare schien damals noch möglich, Hegel deutet es auf den letzten Seiten an: ein »Theseus« für Deutschland, ein großmütiger Eroberer als Stifter eines deutschen Zusammengehörigkeitsgefühls.[70] Hat Hegel an Napoleon gedacht, wie Karl Theodor von Dalberg (möglicherweise ein Auftraggeber der Reichsverfassungsschrift) dies tat? Ausgeschlossen ist es nicht – wie überhaupt in jenen Jahren alles (oder doch vieles) noch gänzlich offen war. Selbst im späteren Rheinbund, der das Gebäude des Reiches endgültig zum Einsturz brachte, steckten, wie man heute weiß, Elemente eines künftigen deutschen Nationalstaats.

Erst als die Entscheidungen von 1806, 1812 und 1815 gefallen waren, als das Reich endgültig vergangen war und die Staaten des Deutschen Bundes an seine Stelle traten – erst damals rang sich Hegel dazu durch, im emanzipierten

Reichsstand Preußen einen »Staat« eigenen Rechts und eigener Dignität zu sehen; eine Konsequenz, die er in der Verfassungsschrift noch sorgfältig vermieden hatte. Erst in dieser Zeit nimmt dann auch sein auf die Neuzeit bezogenes geschichtsphilosophisches Denken die Elemente »Preußen« und »Reformation« in sich auf und gelangt dadurch zu seiner ausgereiften Gestalt – einer Gestalt, von der das Konzept der Weltgeschichte in der Verfassungsschrift nur eine erste, vorläufige Skizze bietet.

Anmerkungen

1 Inzwischen liegt Band 5 der von der Nordrhein-Westfälischen Akademie der Wissenschaften hrsg. Gesammelten Werke Hegels vor: *Georg Wilhelm Friedrich Hegel, Schriften und Entwürfe (1799–1808), unter Mitarbeit von Theodor Ebert hrsg. von Manfred Baum und Kurt Rainer Meist,* Hamburg 1998. Auf dem dort edierten Text (Fragmente einer Kritik der Verfassung Deutschlands [1799–1803], a.a.O., 1–219) und dem gleichfalls von K. R. Meist verfaßten Anhang (a.a.O., 541–827; zur Verfassungsschrift: 552–611; 750–807) beruht die hier vorgelegte Ausgabe. Die Textanordnung wurde übernommen aus Band 10 der »Bibliothek des deutschen Staatsdenkens«, hrsg. von Hans Maier, München 2002.

2 Hegel, Über die Reichsverfassung, in diesem Band 1–193; das Zitat: 5.

3 A.a.O., 17ff., 64ff., 92 (Zitat).

4 A.a.O., 131.

5 A.a.O., 152.

6 Siehe oben 205f.

7 Hier begegnet uns eine Einteilung in vier Phasen (vier Gestalten des Geistes): die orientalische, griechische, römische, germanische (vgl. *G.W.F. Hegel: Vorlesungen über die Philosophie der Weltgeschichte. Bd. 1:* Die Vernunft in der Geschichte. Ed. J. Hoffmeister, Hamburg [6]1994, Anhang), während in der Verfassungsschrift eine Dreiteilung – Orient, Rom, Deutschland – angedeutet wird.

8 Stets gegenwärtig sind römische Republik und römische Imperatoren als Rechtsvorgänger der in ihr Erbe eingetretenen ger-

manisch-deutschen Welt; den versunkenen Orient repräsentiert das Türkische Reich; und gegenwärtig ist auch – in eigentümlicher Gemeinsamkeit mit der deutschen – die jüdische Nation, der eine ähnliche »Hartnäkkigkeit an dem Besondern«, eine ähnliche (ja noch weitergehende) Tendenz zur Absonderung zugeschrieben wird wie den Deutschen (a.a.O., 152).

9 A.a.O., 107.

10 A.a.O., 62.

11 A.a.O., 63.

12 A.a.O., 19ff.

13 A.a.O., 24ff.

14 A.a.O., 41ff.

15 A.a.O., 3, 37ff., 45f., 47, 58.

16 A.a.O., 3, 60.

17 A.a.O., 37. Ähnlich 60: »Die Deutschen sind wohl das einzige Volk, dessen StaatsVerbindung so organisirt ist, daß keine StaatsVerbindung statt finde.«

18 A.a.O., 62.

19 A.a.O., 62; vgl. auch 3, 54f.

20 A.a.O., 63.

21 A.a.O., 54.

22 A.a.O., 7ff.

23 A.a.O., 152.

24 A.a.O., 152f.

25 Zur Interpretation vgl. *K.R. Meist: Zur Entstehungsgeschichte einer Philosophie der »Weltgeschichte« bei Hegel in den Frankfurter und Jenaer Entwürfen.* Habil.-Schrift (masch.), Bochum 1986, 233f., 265f., 273ff.

26 A.a.O., 46.

27 A.a.O., 49f.

28 A.a.O., 92.

29 A.a.O., 63.

30 A.a.O., 63.

31 Hinweise bei *D. Klippel: Politische Freiheit und Freiheitsrechte im deutschen Naturrecht des 18.Jahrhunderts,* Paderborn 1976; *Chr. Link: Herrschaftsordnung und bürgerliche Freiheit.* Grenzen der Staatsgewalt in der älteren deutschen Staatslehre, Wien/Köln/Graz 1979; *H. Maier: Das Freiheitsproblem in der deutschen Geschichte,* Karlsruhe 1992. – Für Frankreich: *E. Hölzle: Die Idee einer altgermanischen Freiheit vor Montesquieu München* 1925.

32 Verfassungsschrift 3ff.

33 So eine Quintessenz der Verfassungsschrift 62ff., 111ff.

34 A.a.O., 7ff., 68ff.

35 Zum folgenden: *P.L. Weinacht: Staat.* Studien zur Bedeutungsgeschichte des Wortes von den Anfängen bis ins 19. Jahrhundert, Berlin 1968.

36 Verfassungsschrift 47.

37 *M. Rassem/J. Stagl (Hrsg.): Statistik und Staatsbeschreibung in der Neuzeit, vornehmlich im 16.–18. Jahrhundert,* Paderborn/München/Wien/Zürich 1980. 15f.

38 *Weinacht: Staat* (wie Anm. 35). 214ff, 239ff, 255ff.

39 Verfassungsschrift 7ff., 40ff.

40 Vgl. *O. Hintze: Staatsverfassung und Heeresverfassung (1906), auch in: Hintze: Gesammelte Abhandlungen.* Bd. 1, [2]1962, 59ff.

41 Verfassungsschrift 7ff.

42 In der Rechtsphilosophie ist der Schutz des Eigentums durch die Rechtspflege zwar noch ein Moment in der Bildung der bürgerlichen Gesellschaft, aber nicht mehr des Staates; in der Philosophie der Geschichte wird das Bedürfnis nach Sicherheit des Eigentums als ein »Princip der Meinung« bezeichnet.

43 *K.R. Meist: Entstehungsgeschichte* (wie Anm. 25), 267.

44 »So wenig vorher und nachher bey der Absonderung der Völker die Gleichheit der Religionen die Kriege hinderte und sie in Einen Staat band, so wenig reist in unsern Zeiten die Ungleichheit der Religion einen Staat auseinander« (Verfassungsschrift 13f.); vgl. auch 179ff.

45 Verfassungsschrift 18f.

46 A.a.O., 19.

47 A.a.O., 32ff., 49ff., 62ff., 73ff.

48 A.a.O., 106.

49 Hegels Staatstheorie kann man sich ausgespannt denken zwischen drei Polen: dem sinkenden Reich (das für ihn »kein Staat mehr« ist), den emphatischen Versuchen der Neugründung der antiken Polis in moderner Umgebung (Rousseau-Robespierre-Hölderlin) und der schließlichen Bescheidung im Territorialstaat, in der konstitutionellen Monarchie des 19. Jahrhunderts. Zur Zeit der Abfassung der Verfassungsschrift entfernt sich Hegel von den beiden ersten Optionen – doch ist ihm die dritte noch fern. Es ist die Zeit, in der er den letzten Versuch unternimmt, das Reich zum Staat, den Menschen der alten deutschen Freiheit zum Citoyen fortzuentwickeln und Aristokratie und

Bürgertum in einer deutschen Nation zusammenzuführen. – Zum zeitgenössischen Umfeld vgl. O. *Pöggeler: Hegels Option für Österreich*. In: Hegel-Studien 12 (1977), 83–128; *D. Henrich: Hegel im Kontext,* Frankfurt/Main [4]1987; *V. Press: Das Ende des Alten Reiches und die deutsche Nation.* In: Kleist-Jahrbuch 1993, 31–55.

50 Verfassungsschrift 107.

51 Gemeint ist der Satz aus der *Germania*: De minoribus rebus principes consultant, de majoribus omnes; ita tamen ut ea quoque quorum penes plebem arbitrium est apud principes pertractantur.

52 *Montesquieu: De l'Esprit des Lois* (1748), livre XI, chap. 6 (Pléiade-Ausgabe, ed. R. Callois, II, 1958, 407).

53 Verfassungsschrift 107f.

54 A.a.O., 111.

55 A.a.O., 107.

56 A.a.O., 108f.

57 A.a.O., 109.

58 A.a.O., 152.

59 A.a.O., 124.

60 A.a.O., 147.

61 A.a.O., 147f.; siehe auch 46.

62 A.a.O., 149 (auch das folgende Zitat).

63 Dementsprechend faßt Hegel in seinen Reformvorschlägen (a.a.O., 150ff.) eine Verbindung landständisch entsandter und direkt gewählter Abgeordneter ins Auge, die mit der Städtebank des Reichstags einen Repräsentativkörper bilden sollen.

64 Auch hier wird die Zuwendung zu Montesquieu begleitet von der Distanzierung zu Rousseaus voluntaristischem Gesetzesbegriff, der nach Hegels Urteil (in der Rechtsphilosophie) nur auf das Gemeinschaftliche, nicht auf das Vernünftige des Willens abhebt.

65 Verfassungsschrift 183f.

66 A.a.O., 96.

67 A.a.O., 137.

68 A.a.O., 19.

69 *V. Press: Das Ende des Alten Reiches* (wie Anm. 49), 33.

70 Siehe Anm. 5. – Zur Gesamtthematik neuerdings: *Dieter Langewiesche/Georg Schmidt (Hg.), Föderative Nation. Deutschlandkonzepte von der Reformation bis zum Ersten Weltkrieg,* München 2000.